U0941616

2016 年安徽省高等教育振兴计划思想政治教育综合改革计划建设项目——弘扬核心价值观名师工作室（辅导员）结项成果，项目编号（Szzgjh1-2-2016-24）

新时期大学生成长成才的实践与探索

俞念胜　主编

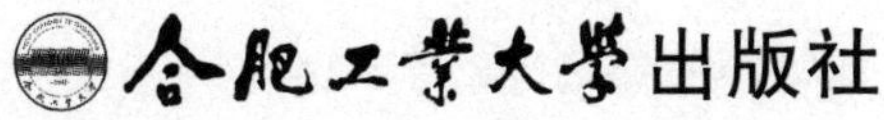

合肥工業大學出版社

图书在版编目(CIP)数据

新时期大学生成长成才的实践与探索/俞念胜主编. —合肥:合肥工业大学出版社,2017.6

ISBN 978-7-5650-3444-2

Ⅰ.①新… Ⅱ.①俞… Ⅲ.①大学生—人才成长—研究 Ⅳ.①G645.5

中国版本图书馆 CIP 数据核字(2017)第 160187 号

新时期大学生成长成才的实践与探索

俞念胜 主编　　　　责任编辑 王钱超

出 版	合肥工业大学出版社	版 次	2017 年 6 月第 1 版
地 址	合肥市屯溪路 193 号	印 次	2017 年 8 月第 1 次印刷
邮 编	230009	开 本	710 毫米×1010 毫米 1/16
电 话	人文编辑部:0551-62903205	印 张	19.5
	市场营销部:0551-62903198	字 数	338 千字
网 址	www.hfutpress.com.cn	印 刷	合肥创新印务有限公司
E-mail	hfutpress@163.com	发 行	全国新华书店

ISBN 978-7-5650-3444-2　　定价: 40.00 元

《新时期大学生成长成才的实践与探索》编委会

主　任　孙晓峰

编　委　（以姓氏笔画为序）

张静平　宛明高　郑龙发

祝中侠　操国胜

主　编　俞念胜

副主编　苏　翔　陈　鑫

编　者　（以姓氏笔画为序）

王文广　王代娣　王海彬

苏　飞　苏　翔　何竞旻

汪义贵　汪迎迎　张　瑜

陆志敏　姚丽娜　徐生梅

黄国萍　谢翠萍

序

习近平总书记在全国高校思想政治工作会议上强调，高校思想政治工作关系到高校培养什么样的人、如何培养人以及为谁培养人这个根本问题。而思想政治工作从根本上说又是做人的工作，必须围绕学生、关照学生、服务学生，不断提高学生的思想水平、政治觉悟、道德品质、文化素养，把学生培养成为德才兼备、全面发展的人才。

高校是锻造优秀青年的大熔炉。立德树人是高校的立身之本、办学之基，是对人才培养的根本要求。大学生是祖国的未来和民族的希望，现在高校学生大多是“95后”，他们朝气蓬勃、好学上进、视野宽广、开放自信，是可爱、可信、可为的一代。加强和改进大学生思想政治教育工作，把他们培养成为中国特色社会主义事业的合格建设者和可靠接班人，对于确保中国特色社会主义事业兴旺发达、后继有人，实现“中国梦”，具有重大而深远的意义。在经济全球化、科技高新化、社会信息化、数字化、网络化和价值多元化的时代背景下，如何用社会主义核心价值观引领多元社会思潮，推动当代中国马克思主义大众化，构筑大学生的精神支柱？如何贴近学生生活与实际，跟上技术进步与话语情境的变化，以理服人、以情感人、增强思想政治工作的时代感和吸引力？如何在高校思想政治工作中贯彻“因事而化、因时而进、因势而新”的具体要求？努力破解这些难题正是广大学生管理干部和思政工作者的神圣职责。深刻认识大学生的思想政治教育工作的新形势，准确把握大学生思想特点和动态，是提升大学生思想政治教育工作实效性的前提条件。池州学院的学生管理干部和思政工作者正是以此为立足点，在切实做好教书育人、管理育人与服务育人工作的同时，深入进行理论与实践研究。

这本论文集是我校学生管理和思政工作理论与实践研究的成果之一，它收录了近年来我校专职学生辅导员和思政理论课教师的部分研究论文，在某种程度上反映了我校学生管理和思政工作的实践背景与理论思考。作为我校青年学生人生道路上的领航者、筑梦人，他们有着较为丰富的学生管理工作经验和较高的理论研究水平，充满着对学生的人文关爱和对学生工作的执着热情。这些论文在立意上有高度，在内容上实事求是，密切联系学生的思想实际与现实需求，既有思想凝练与理论升华，也有实证分析与方法创新；既有对理论研究前沿的探析，也有借鉴学科交叉的工作改进。这些都是大家长期思考与认真总结的成果，颇为不易。

池州学院学生管理和思政工作始终坚持以学生为本，遵循帮助大学生实现全面发展的要求，充分尊重学生的主体性，在校园文化建设、就业创业、困难资助、班级管理以及思政课堂等多方面努力实现全程育人、全方位育人，不断强化学生的知识、能力、素质的培养，使我校“以生为本，以用为先”的人才培养理念贯穿在学生工作的各个环节。无论是高校大学生成长成才的理论研究，还是其实践运作，抑或两者的结合，都是一个系统性工程、发展性工程和创造性工程，需要我们进行长期不懈的共同努力。这意味着本论文集不可能把所有的研究成果都梳理完备并将其囊括其中，只能是立足现实的一项阶段性研究成果。本论文集旨在从大学生成长成才这一视角向大家展现池州学院学生管理和思政工作的特点，通过相互交流、学习和借鉴，对这方面工作在理论研究和实践探索上向深度和广度不断拓展过程中起到积极的推动和促进作用。

新时代呼唤新的学生管理干部和思政工作者，我们应勇担历史责任。期待广大学生管理干部和思政工作者增强本领、积极有为，不忘初心，继续前进，与学生同心同行，为学生成长成才助力。值此池州学院建校40周年之际，谨以此书献给不断发展壮大的池州学院，献给责任重大、使命光荣的学生管理干部和思政工作者。

池州学院党委副书记　孙晓峰

2017年7月19日

目　录

校园主流文化建设与就业指导篇

实践情境模式创新与实证分析篇

何种正义不羞辱

——兼论马克思的正义观

俞念胜

摘　要：20 世纪 90 年代是理论界充分探讨罗尔斯正义理论的年代，而希伯来大学学者马格利特《正派社会》的发表及“不羞辱”理论的提出，却给人们探讨正义问题提供了崭新的视角。从当下来看，“不羞辱”的确应该引起重视，但问题的关键在于何种正义不羞辱。文章从马克思主义的视角对马格利特的正义论进行探讨，对中国的改革开放和市场经济体制改革具有重要的理论及现实意义。

关键词：正义；马克思；马格利特；不羞辱

20 世纪下半叶掀起的关于正义问题的探讨，大致与罗尔斯《正义论》的发表有着密切的关系。在这场大讨论之中，部分学者完成了对马克思正义理论的梳理，完成了从遮蔽到解蔽的过程。也是在这场大探讨中，希伯来大学的马格利特以微弱的声音阐述了自己别样的正义观，其著作《正派社会》被誉为“自罗尔斯《正义论》问世二十五年以来最重要的一部社会正义著作”[1]422。吊诡的是，这部著作及相关的理论并未引起很大的反响，而且长期被忽视。以国内学界为例，目前可查到的关于马格利特正义论研究的文章只有两篇：一是华裔学者徐贲于 2005 年在《读书》上发表的译介性文章《正派社会和不羞辱》，二是武汉大学的阳鸣博士发表于《武汉理工大学学报》的文章——《罗尔斯与马格利特正义观比较——兼论正派社会理论对中国制度建设之意义》。

在《正派社会》一书中，马格利特提出一个尖锐的社会现实问题：“长期以来，社会批评的一个重要的关注点就是弱势群体和社会弱者的生存困境，尤其是他们不能得到满足的生活需要……社会批评当然也会涉及

作者简介：俞念胜（1984—），男，安徽贵池人，池州学院管理与法学院讲师，研究方向为高校党建与思想政治教育。

社会弱者所受到的心理感情伤害，如歧视、排斥、精神痛苦、绝望等等。但是，无论就发生次序还是严重性而言，心理伤害往往被当作从属于物质伤害的第二性伤害”。[1]401不可否认的是，马格利特所关注的问题，在中国改革开放的过程中同样存在。马格利特《正派社会》致思的关键就在于如何解决社会或者制度给人们造成的心理感情伤害问题，马格利特提出了一个基本标准：正派社会是指“制度不羞辱人的社会”[2]1，因为马格利特意识到一个深层次的问题，即：“一个公平的社会就一定是正派的吗？一个公平的社会就不存在羞辱人的制度吗？”[2]271所以，“最紧迫的问题不是构建公正社会，而是正派社会”[2]9。面对目前中国社会出现的诸多复杂矛盾与问题，或许马格利特的正派社会和不羞辱理论，对于我国和谐社会的建设具有更多的启示意义。但问题的关键是，何种正义理论才能用以构建正派社会？何种正义实践才是真正意义上的不羞辱？马格利特的正义论是具有可实践性的还是又一个理论的乌托邦？

一、正派社会理论

对于诸多古典道德哲学家而言，正义本身就已内置于任何道德体系之中，不需要任何逻辑与推理的证明。对于每一位正义理论家来说，都希望自己的理论构想对于当时的社会是恰当的。作为希望解决现实问题的理论体系，每一个正义理论家的正义理论都必须有其核心概念和所追溯的终极目标。例如在罗尔斯那里，“无知之幕”即是其正义论的根基，在此基础上推导出两条基本的正义原则，以期实现“作为公平的正义”。而要理解马格利特的正义理论，就必然要紧紧抓住两个核心概念：“不羞辱”和正派社会。

“羞辱”（humiliation）是马格利特展陈其正义理论的起点，其对立面之“不羞辱”则是其正义理论的核心概念，马格利特从批判羞辱开始，希冀祛除整个社会的羞辱，达到“不羞辱”的理想状态，从而实现他所希望的正派社会，而正派社会从理论层面而言，是比正义社会更为理想的社会。放置于中国语境而言，正派社会就是一种理想的和谐社会。《正派社会》（*The Decent Society*）只有四个章节，每一章节均围绕着“不羞辱”而展开，分别论及了何谓羞辱、尊重的理由、正派为什么要成为社会的考量标准以及如何形成正派社会。处在罗尔斯及其《正义论》的巨大光环之下，马格利特正派社会理论的提出实属不易。毋庸置疑，罗尔斯在探讨正义理论的方法上确实具有深刻和别致之处，但同时不可否认的是罗尔斯的正义理论在某种程度上具有强烈的思辨色彩，其正义理论亦被称为建立在“无知之幕”之上的大厦。而相比于罗尔斯，马格利特在构建其正义理论时，就来得更加务实一些。例如，马格利特认为，社会广泛存在的羞辱状况是正派社会构建的最大障碍，于是就针锋相对地提出“不羞辱”的理念，并且明确指出那些羞辱人的现实必须加以抑制，即“把人不当人，当成物、机器、动物，或者是当作次等人”[2]121。

自柏拉图开启正义镜像以来，各种正义理论林林总总，但大多数关于正义的叙事均有一种共识：制度是实现和维护社会正义的关键。柏拉图、亚里士多德、霍布斯、洛克、马克思、罗尔斯均如此认为。而在马格利特那里，虽然也认同制度是实现正义的关键，但他又给制度本身增加一项衡量标准，即制度本身不羞辱人是正派社会形成的要害。如此，“对政府和社会而言，为了不让制度羞辱人，就应该思考政府和社会应该不做哪一件事，在不做哪一件事的同时应该做哪些事。不做哪一件事的目的是避免对民众造成伤害，在不做哪一件事的同时应该做哪些事，是为了对以往既成的伤害予以补偿，因为弱势群体易受伤害和以往受伤害的经历，易形成屈辱感和羞辱感”[3]。

以马格利特的理论观照以往的正义观念，无疑体现出马格利特对人性的高扬和对人心的关注。在柏拉图那里，为了实现社会良善的秩序和所谓的正义，可以将人明确地划等级，并对应相应的职责。即使在最伟大的正义理论家罗尔斯那里，虽然明确体现出了对社会弱者的关怀，但是“无知之幕”的设立就可以完全消除羞辱吗？为了不使羞辱泛化，马格利特认为，羞辱并不是个人的想法，而是一种社会的高度共识，即便是受到社会或者制度羞辱的当事者不感觉到羞辱，社会的其他成员也可能发出强烈的谴责。马格利特深刻地看到，在人类历史发展的进路中，贫困和极端的物质匮乏已经使部分社会成员失去了对荣誉、尊严的把持与维护，宁愿用进一步的“被羞辱”满足基本需要。这就是一个社会的羞辱惯性，这样的社会必然不是正义的社会，更不可能是正派的社会。

为了解决存在的现实问题，必须厘清产生问题的根源。所以，马格利特指出，社会之所以不把羞辱当作伤害或者没有引起高度的重视，非常重要的原因在于很多人认为“羞辱不一定就是伤害”，某个人或某些人由于自身的因素要在当前社会中生存，必须承担一定的羞辱。例如，穷人之所以贫穷，并不是社会造成的，而是自身原因或者自身努力不够。在马格利特看来，这种辩护恰是对羞辱寻找道德借口。在牵强的借口面前，留给马格利特的任务就是要给出“不羞辱”以充分理由。他认为，每个人来到人世间都有“神的印记”，所以从宗教角度而论，个体均应该受到充分尊重。从宗教角度的论证可能不具备太强的说服力，但从历史唯物主义的角度来看，社会的发展和繁荣是每一个人努力的结果，虽然所贡献的力量有大小、有区别，但既然做出了贡献，每个人也就应该得到尊重。

马格利特的正义理论给学界提出一个现实的理论问题，同时也为正义问题的探讨提出一个崭新的视角。柏拉图以降，正义问题的探讨往往都采取“宏大叙事”的方式，大都是从制度设定以及整个社会的道德提升来实现正义，无论是马克思还是罗尔斯，都采取了如此的论证方式和逻辑进路。但在马格利特那里，却从微观的“羞辱”以及如何“不羞辱”出发去讨论宏观的问题，从问题的反面去指出并论证该问题的重要性，提醒社会注意到“羞辱”被忽略的现实。个人以为，宏观的探讨的确更具魅力，但是微观问题的解决对于现实的个人而言，来得更加务实，更加亲民。但马格利特也给后人留下一个深刻的理论难题：何种正义不羞辱？

二、马克思的正义理论

和柏拉图等正义理论家相比，马格利特的“微观叙事”表达了对“羞辱”状况的高度敏感和深切关怀，这种理论的旨趣就在于高扬人性并塑造一种崇高的政治伦理。所以徐贲如是说道：“既然羞辱渗透在我们生活的每一个领域之中，要做到不羞辱，它本身就已经是一个很高的要求。”[1]401 但是，梳理人类正义思想史的流变，绝大多数正义思想家的叙事都是从宏观出发，力图解决微观现实问题，马克思的正义理论也不例外。

个人以为，马格利特正义理论的表达，与马克思正义思想有着密切的渊源。纵观马克思主义的正义理论，批判性和实践性是马克思正义理论的本质特征。他从批判“非人的”“有辱人格的”历史现状开始，提出“什么是人，怎样才配是人以及什么是人道、什么是有辱人格的当代标准”[4]。从马克思批判思路的历史演进而言，主要遵循了对资本主义意识形态的批判→对异化的批判→对资本主义经济制度的批判→对资产阶级本质的批判这样一种逻辑。马克思在这样的批判进路中发现了唯物史观和剩余价值理论，继而又把唯物史观和剩余价值理论作为批判的武器，将资本主义批判到底。在理论的演进中，马克思对资本主义羞辱人的状况进行了血泪控诉，他说：“资本来到世间，从头到脚，每个毛孔都滴着血和肮脏的东西。"[5]266这无疑对资本主义社会的"羞辱"进行了总体性的定性。他还说："'只要还有一块肉、一根筋、一滴血可供榨取'，吸血鬼就决不罢休"[5]200，"工人创造的商品越多，他就越变成廉价的商品。物的世界的增值同人的世界的贬值成正比"[6]40。不一而足。继而，马克思深刻指出祛除羞辱的理由、实现"不羞辱"的路径以及何种社会"不羞辱"的问题。

在马克思的正义理论中，资本主义制度和资产阶级的存在，是造成一切羞辱的终极理由，所以，无产阶级要实现真正的自由和正义，革命是实现目标的终极手段。因为"没有任何其他的办法能够推翻统治阶级，而且还因为推翻统治阶级的那个阶级，只有在革命中才能抛掉自己身上的一切陈旧的肮脏东西，才能成为社会的新基础"[6]91。但问题却在于，在再造的新社会中，就一定能革除不平等和羞辱吗？马克思从历史唯物主义的视角给予了解释，认为生产力的发展是一个社会的终极因素。在共产主义的初级阶段，即社会主义阶段，由于生产力的限制，劳动仍然是人们取得物质资料的唯一手段，在此阶段物质匮乏依然存在，所以不可能做到完全的平等和不羞辱。以中国目前的改革为例，中国的改革不仅是一场经济体制的改革，还是一场深刻的社会结构变革，更是一场社会观念的大变革。在这样一场宏大的改革过程中，不可能照顾到每一个人的利益，不可能一个人都不伤害。梳理人类历史的演进的宏观过程，从不存在能保证每一个社会成员利益的改革。但是，市场经济体制改革和市场经济运行的结果公正问题就如实地摆在面前。经济学家吴敬琏先生就曾说：中国已经到了矛盾爆发的临界点。民众对公正和正义的诉求导致他们采取了反效率的措施，因为羞辱状况成为实然。即使没有矛盾的爆发，有些情况也必须引起社会的重视，例如一个辍学的农村孩子，希冀在城市找到一份工作，以改变家庭的生存状况。但是，他必须接受非常苛刻的工作环境、工资条件，甚至接受心理伤害，因为他必须接受这份工作。这就是马格利特在《正派社会》中竭力要反抗的残酷社会现实。马格利特认为，社会成员在物质方面受损，不一定会感觉到羞辱，而社会成员即使得到物质方面的所有利益，心理也可能受到伤害。进一步而言，即使心理受到伤害的社会成员自己不感觉到羞辱，而其他社会成员也会因此感到羞辱。

那么，到底什么样的社会才能彻底革除不平等和羞辱呢？马克思从历史唯物主义的立场，为人类的正义事业规划了完美的蓝图——共产主义社会。马克思所构想的共产主义社会是一个完全正义的社会，这样的社会主要具备三个方面的特征，即：基于生产力高度发展、物质财富极度丰富的按需分配；人作为类的精神境界的极大提高，高度和谐的社会关系的形成；每个人自由而全面地发展，人类整体性地从必然王国迈向自由王国。

过分美好的构想总是会受到质疑。马克思的正义理论为人类展开一幅美好的画卷，必然会受到考问。生产力到底要发展到什么程度、物质财富到底要丰富到什么程度才可以实行按需分配？人类的精神境界到底要提高到什么程度，才可以实现高度和谐的社会关系？在共产主义社会里，是否也会存在“正义的两面”？从必然王国向自由王国的跨越，是否能彻底摆脱所有异己的力量？难道在共产主义社会，夫妻之间就不吵架吗？邻居之间就不会反目吗？

其实，这样的质疑是在没有彻底理解马克思正义论本质的基础上提出的。马克思认为，生产力高度发展和社会财富涌流是人类进入共产主义社会的先决条件之一，而在此基础上实施的按需分配并不是想要什么就能得到什么，因为真正的“按需分配”是按照个人的“合理所需”而分配。因为在资源有限的前提下，即使经济增长是无限的，也难以与人类无休止增长的欲望相匹配。贾可卿教授就曾说，按需分配并不是要满足人的一切需求，因为需求有必要和非必要之分。而人类精神境界的提高是一个慢慢积累的过程，毫无疑问，原始社会、奴隶社会的精神境界与当下人类的精神境界是不可同日而语的。人类精神境界发展之历程，完全可以用“仓廪实而知礼节”来诠释。回顾人类的进化史，正义的缘起往往与物质之“寡”相关，若能彻底解决物质之寡这个终极问题，人类的精神境界也会相应地提高。何况，人类的发展总是充满未知，绝不能以当下去否定未来人类社会发展的可能。而对于人类对必然王国的摆脱，恩格斯曾有过大段精彩的阐释：“一旦社会占有了生产资料，商品生产就将被消除，而产品对生产者的统治也将随之消除。社会生产内部的无政府状态将为有计划的自觉的组织所代替。个体生存斗争停止了。于是，人在一定意义上才最终地脱离了动物界，从动物的生存条件进入真正人的生存条件。人们周围的、至今统治着人们的生活条件，现在受人们的支配和控制，人们第一次成为自然界的自觉的真正的主人，因为他们已经成为自身的社会结合的主人了。人们自己的社会行动的规律，这些一直作为异己的、支配着人们的自然规律而同人们相对立的规律，那时就将被人们熟练地运用，因而将听从人们的支配……这是人类从必然王国进入自由王国的飞跃。”[7]共产主义社会无疑是一种美好的设想和未来，但并不是说共产主义社会就是人类历史的终结，那仅仅是人类自由自觉历史的开启。

当然，我们在批驳对马克思正义观的质疑的同时，也不能就此认为马克思的正义理论就是尽善尽美的。任何理论都存在不足之处，否则，理论就失去创新和发展的可能，马克思的正义理论也不例外。例如，马克思的正义理论主要指向于物质经济领域，关注人们基于分配的正义，而对于政治层面的制度正义，马克思却没有充分考虑和涉及。而从人类社会发展经验来看，政治制度的设计与安排往往是实现正义的关键。

三、两种正义观对于当下的启示

任何理论都是对时代的反思和回应。马克思和马格利特站在各自时代的基础上，阐释了两种关注点各异的正义理论。在马克思的年代，资本主义社会的基本矛盾逐步凸显，无产阶级对物质的诉求强烈，资产阶级为了自身利益对劳动工人的压榨与剥削惨烈，所以马克思的正义理论更多仍关注分配正义，毕竟“贯穿于人类历史的是物质的匮乏、强迫劳役、暴力和剥削。而且虽然这些内容在不同的历史阶段可能体现为不同形式，但人类有史以来的所有文明都是以他们为基础建立的”[8]115。马格利特提出不羞辱和正派社会理论，是在生产力有了急速进步、物质不断丰沛的大背景下，是一个社会接纳和排斥问题屡屡困扰人们的年代。学者可能会提出疑问，将默默无闻的马格利特和大名鼎鼎的马克思并置对比，无论是两者在正义理论界的地位还是思想深度，都值得商榷。个人认为，马克思和马格利特的正义理论无疑可以为中国当下市场经济体制改革与和谐社会的建设提供指导意义。

首先，必须继续深化改革，快速发展生产力。虽然经过几十年的高速发展，中国在社会主义初级阶段的基本矛盾仍为人民日益增长的物质文化需求和落后的生产力之间的矛盾，就如伊格尔顿所言，“几乎没有人会相信给一个饥饿的人挠痒会比给他食物更重要”[8]113。虽然在改革过程中，出现了诸多问题，使部分人对正在进行的宏大改革产生了怀疑，但毋庸置疑的是改革过程中产生的问题，也只能在继续深化改革的过程中才能解决。

其次，必须重视在改革过程中对部分社会成员造成了心理的伤害。长期以来，人们总认为，社会对个人造成的心理伤害就一定与物质利益相关。但历史也多次出现人们的物质利益受到损害，却并不影响其对社会的认同和幸福感的情况，这就是马格利特所说的正派社会。这无疑为中国当下的改革提供了重要启示，既然这场改革不能保证每一个人的利益，既然都会存在伤害，就必须让受到伤害的民众认同并支持这场改革，即做到

"不羞辱"。

再次，必须加强中国的制度建设，制度是实现正义的基础。"我们需要的与其说是好人，不如说是好的制度"[9]。正派社会的主要指向即是"制度不羞辱人"。要使制度不羞辱人，必须形成一种"羞辱"共识，树立"不羞辱"的理念，在此基础上，以制度作为切入点，构建人性关怀、人文关怀和心灵关注的好制度，摒弃羞辱人的坏制度，以使制度秉公正之道，谋诚信于民。在此方面，必须从两个维度做出努力：一是在制度设置的过程中，进行充分调研和论证，力争制度本身不羞辱人；二是针对已经给社会成员造成羞辱的制度，进行及时纠错，对民众已经承受的羞辱及时进行纾解。

最后，必须着力加强文化建设，从源头上祛除造成羞辱的根源。毋庸置疑，任何一种社会羞辱都有一个长期的形成过程，其中必然包括文化之因，羞辱总是建立在一种"转化为日常生活方式的具有相当自身能力的文化至上"。儒家文化熏陶中国民众几千年，有些观念在民众思想和生活中根深蒂固，由此而形成的"顺从型"人格让民众能够屈从羞辱，甚至为了生存以羞辱去换取物质利益，将羞辱不当羞辱。亚里士多德曾说，人生来就是政治动物。有些人却从政治生活或者公共生活隐退，这并不是他不需要社会他者的肯定，而是当事人无法成功获得肯定。造成这种局面的原因除了制度本身不合理之外，还有深层次的文化原因。所以，推进文化体制改革，加强和谐文化、先进文化建设，是构建正派社会的题中应有之义。

四、结　语

马克思和马格利特从各自时代的主要问题出发，阐发了两种不同的正义理论。马克思主要着眼于当时社会无产阶级的生存状况，注重物质分配的正义，而马格利特正派社会理论的阐发则是在物质相对丰裕的年代，所以他更注重社会成员在享受物质成果的同时，不受到心理伤害。两位思想家从物质和精神的视角出发所构建的正义理论，对于中国当下的改革和发展均具有重要的理论和指导意义。

诚然，在中国改革开放的伟大历史实践中，利益分配已经成为不可回避的现实问题，贫富差距和羞辱的存在已经成为进一步深化改革的阻力。可真正的问题在于，当下社会羞辱状况的存在，就一定是改革本身带来的吗？如果不进一步深化改革，如何才能够祛除已经存在的羞辱？马克思的正义理论是站在历史唯物主义的高度进行阐发的，所以，马克思紧紧地抓住了生产力标准，因为物质资料的生产是人类第一个基本活动。如果不能解决吃穿住行的基本问题，又怎么能谈及羞辱问题？

所以，站在历史唯物主义高度的马克思主义正义理论，是指导社会主义中国正义实践的根本标尺，也是中国祛除社会羞辱的根本依据。但在通过生产力发展、提高民众物质生活水平的过程中，马格利特所致思的社会羞辱是绝对不可以回避的问题。

参考文献：

[1] 应奇．当代政治哲学名著导读［M］．南京：江苏人民出版社，2010：422.

[2] Avishai Margalit. The Decent Society［M］. Harvard University Press，1996.

[3] 阳鸣：罗尔斯与马格利特正义观比较——兼论正派社会理论对中国制度建设之意义［J］．武汉理工大学学报，2014，(4)：592.

[4]［英］肖恩·塞耶斯．马克思主义与人性［M］．冯颜利译．上海：东方出版社，2008：163.

[5] 马克思恩格斯选集（第2卷）［M］．北京：人民出版社，1995：266.

[6] 马克思恩格斯选集（第1卷）［M］．北京：人民出版社，1995.

[7] 马克思恩格斯选集（第3卷）［M］．北京：人民出版社，1995：757.

[8]［英］特里·伊格尔顿．马克思为什么是对的［M］．李杨等译．北京：新星出版社，2011.

[9]［英］波普尔．猜想与反驳［M］．傅季重等译．上海：上海译文出版社，2001：491.

（原载于《马克思主义哲学研究》2015年第1期）

比较思想政治教育：现状、问题与发展

倪愫襄　俞念胜　郭勤艺

摘　要：比较思想政治教育的研究现状主要集中在比较思想政治教育的研究对象、研究内容和比较方法上。目前，研究中存在的主要问题是理论研究不彻底、系统方法论研究不充分、时代化探索无力等问题。因此，在繁荣高等学校哲学社会科学的背景下思考学科发展的方向，在“跨文化”视域下拓宽学术研究的视野，在批判研究中融入反思精神，是未来比较思想政治教育的发展趋向。

关键词：比较思想政治教育；学科；趋向

比较思想政治教育作为思想政治教育学科的研究方向和重要研究领域，是在学科体系的不断夯实发展的基础上形成的，是对思想政治教育学科内容的重要补充。在思想政治教育学科30年发展的历史进程中，学界有很多学者都先后出版了相关著作，丰富和发展了比较思想政治教育的理论和实践。目前，对比较思想政治教育的研究现状进行梳理，重新审视其现实境遇和发展走向，是提高其学科化、体系化的必由之路。

一、研究的现状

从整体上看，比较思想政治教育研究的现状主要集中在研究对象、研究内容、比较方法这三个方面，对这三点进行整体上的梳理，可以更好地把握当前比较思想政治教育研究的历史脉络和现实境遇。

作者简介：倪愫襄（1965—），女，武汉大学马克思主义学院教授，博士生导师；俞念胜（1984—），男，安徽贵池人，池州学院管理与法学院讲师，研究方向为高校党建与思想政治教育。

（一）比较思想政治教育的研究对象

任何学科都有其特定的研究对象，比较思想政治教育同样如此。研究对象的厘清及科学阐释是比较思想政治教育走向学科化、体系化的重要前提。通过30年来的研究，目前学界对比较思想政治教育的对象的认识由之前的分野走向当前的趋同。

在研究对象这一问题上，有学者指出："一般认为，比较思想政治教育应是以比较世界各国的思想政治教育为研究对象。"[1]有学者指出："当代世界各地的思想政治教育是比较思想政治教育的研究对象，且侧重于政治教育方面。"[2]有学者认为："比较思想政治教育学将属于本国本地区以外的其他国家和地区的思想政治教育研究都纳入自己的学科研究范围。"[3]有学者认为："比较思想政治教育学的研究对象是不同时空形态（包括实践形态、理论形态和制度形态等）思想政治教育之比较。"[4]学者将研究对象集中于世界各国、各地区的思想政治教育或是政治教育，这在一定程度上为我国学者把握其他国家的经验教训，为发展我国思想政治教育提供了现实的素材。

另有学者认为："比较思想政治教育学研究主要研究世界各国或地区的思想政治教育现象的各方面，探索其思想政治教育的经验和发展路径，从而明确可借鉴的内容和思想政治教育的规律。"[5]有学者指出，不同国家思想政治教育的普遍规律和特殊规律是比较思想政治教育学的研究对象。[6]这种对研究对象的论域认为，学者要在把握各国思想政治教育或政治教育的基础上，厘清其他国家思想政治教育内部的相互关系，探索其发展规律，从而推动我国思想政治教育学科的发展。

还有学者认为研究对象是一种"多维度"的概念，他指出："一是在特定的社会历史和文化视野下探索各国思想政治教育的特殊规律和形态，二是构建比较的共时态和历时态分析框架，对不同国家的思想政治教育和我国的思想政治教育进行'共同点和不同点'的分析，从而对我国的思想政治教育进行反思和创新。"[7]有学者从专业建设的角度出发认为，"把中国和国外的德育进行跨时空的比较研究"[8]。有学者从学科性质元理论的角度出发认为，以"实践性建构"为研究对象[9]。有学者从学科意识角度出发指出："研究对象应该包括四个方面：第一个方面是世界上不同的民族、国家、时代的思想政治教育的事实；第二个方面是这些事实之间的相互关系……第三个方面，是通过对跨越民族、国家、时代、语言界限的思想政治教育的事实和关系的研究……第四个方面，是不同的思想政治教育系统之间如何‘对话’……”[10]学者从多维的角度和学科性质、专业建设的角度对研究对象的论域在一定程度上可以推动思想政治教育的学科反思，有助于我国学者开阔研究视野。

思想政治教育是不是我国的专有名词，国外是否有思想政治教育实践活动，对这一问题的思考是我们进行比较思想政治教育的逻辑前提。众多论者在研究早期都对国外有无思想政治教育这一概念进行了争论，其实美国等西方国家的教育研究表明，他们“通过各种渠道、方式，无时无刻不在进行着资产阶级政治观、价值观、道德观的教育”[11]。实际上是一种“无名有实”的状态。故比较思想政治教育的研究应对思想政治教育这一名称作科学界定。笔者认为，“从广义上而言，思想政治教育就是教育者依照教育规律对被教育者进行思想教育、政治教育的过程和活动”[12]。我们进行比较思想政治教育就是要把思想政治教育放在广义的理解上去和其他国家进行比较，这是今后比较思想政治教育研究对象的发展趋势。

（二）比较思想政治教育的研究内容

我国第一篇关于比较思想政治教育的论文是陆象淦 1984 年在《思想政治工作研究》杂志上发表的《罗马尼亚的思想政治工作》，这篇文章对当时罗马尼亚的思想政治工作的内容和方法做了简要的介绍。笔者认为这是当代比较思想政治教育研究的最初萌芽。纵观 30 年的发展，学界对比较思想政治教育研究的成果（著作和论文）颇丰，这里，笔者主要从著作角度进行梳理，比较思想政治教育的研究内容大致可以分为国别研究和思想政治教育的某一领域的具体研究。

在国别研究方面，比较有代表性的著作有：1995 年出版的由苏崇德主编的，作为国内第一本对东西方、国内外思想政治教育进行对比研究后撰写的教材《比较思想政治教育学》。该书从横向对比的角度介绍了美国、西欧、日本、东南亚、苏联、东欧各国以及我国香港、台湾地区的思想政治教育的历史发展、基本内容、主要理论、方法途径。1999 年出版的陈立思的《当代世界的思想政治教育》一书对美国等 8 个国家和中国香港、澳门、台湾地区的思想政治教育、道德教育、法律教育、宗教教育及青年文化问题的发生、发展本质及特征做了详尽的介绍。这两本书的出版为研究比较思想政治教育的学者们提供了良好的研究基础，也推动了学科的发展，但基于研究视角的束缚和当时的历史背景，涉及西方国家的思想政治教育的具体内容仍有着极强的意识形态性。

进入 21 世纪，学界对比较思想政治教育的研究不断深化，呈现为学科化的特点。2000 年出版的王玄武的《比较德育学》一书从专业建设的角度把中国和国外的德育（广义的德育即道德教育、思想教育、政治教育）进行跨时空的比较。2001 年出版的王瑞荪的《比较思想政治教育学》一书运用通观比较、专题比较、综合比较，对我国和西欧国家、美国、日本、新加坡等国家的思想政治教育做了简介，对各个国家思想政治教育的地位作用、理论基础、培养目标、实施方法等做了专题的比较，从思想政治教育的普遍性和特殊性、方法的多样性入手，对各个国家进行了综合比较。2009 年出版的苏振芳主编的《当代国外思想政治教育比较》一书，通过对当代不同类型的 15 个国家的经济、政治、社会发展概况下的思想政治教育的历史沿革内容特点进行比较研究，论述了各个国家思想政治教育存在的问题及对我国的启示。2010 年出版的唐克军的《比较思想政治教育学》，从理论流派、各国思想政治教育目标和内容以及校园文化、日常思想政治教育工作等方面进行了比较研究。2011 年出版的陈立思的《比较思想政治教育》一书，从各国公民教育、各国政党与思想政治教育及全球化条件下跨国的、多层面的思想政治教育这三个方面对各国思想政治教育进行了系统的比较。傅安洲主持结项的国家社科基金项目成果《德国政治教育研究》一书，系统地介绍了德国政治教育的思想渊源与基本理论对我国思想政治教育的启示与借鉴。

在涉及思想政治教育的具体领域，很多学者也有一些成果。如 2005 年出版的袁银传主编的《中外大学思想道德教育比较研究》一书，专门探讨中外大学思想道德教育比较研究。2006 年出版的戴胜利的《大学思想政治教育的比较研究》一书从德育的目标、内容和途径方面对我国大学思想政治教育与国外大学德育进行了比较研究。2010 年出版的教育部思想政治工作司组编的《大学生思想政治教育与管埋比较研究》（分上下篇），对中外大学生思想政治教育的概念、理论、内容、目标、主体、方式、体制以及管理理论与管理原则、教学与实践教育管理、社会与政治活动管理、社团与文体活动管理、组织与自律活动管理等做了翔实的比较研究。2010 年出版的张晓京主编的《美国高校学生事务管理》一书，对美国有代表性的 8 所大学的办学理念、学科特色、学生事务管理等方面进行了描述。教育部思想政治工作司组编的 2011 年出版的《走进美国高校学生事务管理》一书，对美国高校学生事务管理工作做了系统全面的介绍。2011 年出版的苏振芳主编的《思想道德教育比较研究》一书，对中外学校思想道德教育的主客体、目标、内容、教育方法、环境、路径、载体进行了比较。2012 年出版的李云清主编的《当代中外军队思想教育比较研究》一书，对当代中外军队思想教育的体制人员、教育内容、方式方法、核心价值观做了比较研究。2013年出版的倪愫襄主编的《思想政治理论课程的国际视野》一书，从美国、加拿大、英国、法国、俄罗斯、日本、新加坡、韩国等国高校思想政治理论课程的目标、设置、内容、实施等方面对国外高校的思想政治理论课进行了国别的考察。这些针对思想政治教育某一领域的研究成果在一定程度上可以说丰富了比较思想政治教育的内容，也促进了整个思想政治教育学科的发展。

综上所述，通过梳理近30年的研究成果来看，国别研究和专注于某一领域的研究仍是学界对比较思想政治教育的研究的主要内容。这些研究为我们从整体上把握思想政治教育学科的发展方向、深化学科发展提供了宝贵的经验。但与此同时，对思想政治教育学科的元理论的思考，也要求更多的学者提出比较思想政治研究的新内容和新方向，真正提高我国思想政治教育的实效性和针对性，实现学科的科学化。

（三）比较思想政治教育研究的比较方法

比较思想政治教育研究的基本方法有文献法、调查法和比较法。众多论者在相关著作中都普遍采用了以上方法，但比较法仍然是比较思想政治教育研究的基本方法。笔者这里对比较法做一梳理。比较思想政治教育研究的具体方法离不开“比”的方法。比较方法具有深刻的内涵和重要的学理意义，比较方法的完善和丰富，对构建比较思想政治教育学科体系、促进比较思想政治教育的发展具有重要的作用。从目前梳理的学界对比较思想政治教育的研究的成果来看，主要包括以下三个方面：

一是横比和纵比相结合。横向比较是对当前各国的思想政治教育进行比较，是一种强调其现实状态的比较研究。纵向比较是从时空历史的角度对每一国家思想政治教育的发展脉络或发展历程进行梳理从而进行比较。在我国比较思想政治教育研究的早期阶段，学者普遍采取横向的倾向于国别研究的比较。如苏崇德的《比较思想政治教育学》、陈立思的《当代世界的思想政治教育》、苏振芳的《当代国外思想政治教育比较》。随着研究的不断深入，学者对比较思想政治教育的研究进入纵向比较以及横向和纵向两者相结合的阶段，比较有代表性的著作有王玄武的《比较德育学》、陈立思的《比较思想政治教育》。横比和纵比相结合的国别研究方法为我们认识自身的思想政治教育提供了充分的背景借鉴和认知基础。

二是同比和异比相结合。求同比较是对两个或两个以上的国家思想政治教育或德育的相同点的比较。求异比较是对两个或两个以上的国家思想政治教育或德育的不同点的比较。如唐克军在《比较思想政治教育学》中将美、英、日等国家的思想政治教育内容、校园文化、日常工作做了共性的研究。再如陈立思在《比较思想政治教育》一书中对各个国家的公民教育做了系统的阐释，并对世界公民教育的不同点进行了比较。对各个国家思想政治教育的共性和个性进行比较，并用描述性叙述的方式评价各个国家思想政治教育的理论基础、培养目标、内容等，这为比较思想政治教育的持续研究、发展打下了坚实的基础。

三是综合比较。近年来，综合比较研究方法在一些著作中也得到体现。综合比较是一种比较高级的比较研究方法。它以问题意识为统领，在横向比较与纵向比较和同比与异比的比较基础之上，对相关的国家的思想政治教育理论作系统的综合比较，并找出其内在规律。如王瑞荪在《比较思想政治教育学》一书中，对不同国家思想政治教育做横向和纵向比较，并对思想政治教育的地位、目的、手段做同异的比较，再对思想政治教育的普遍性和特殊性做了综合性的比较，这种综合比较的视角为我们把握比较思想政治教育的各要素提供了清晰的思路。

二、存在的问题

经过30年的发展，比较思想政治教育学研究经历了从厘清概念体系到明晰致思路向，从注重宏观研究到转向微观领域，从研究不成体系到凸显学科意识的萌芽、发展、深化三个阶段。虽然成绩斐然，但从一门发展相对成熟的学科立场来检视，比较思想政治教育研究中仍然存在亟待解决的问题。

（一）理论研究不彻底的问题

比较思想政治教育学要成为一门学科，不仅需要丰富的、系统的事实资料，还需要严密的、强有力的解释力，以及能够发现问题、解决问题的科学方法。比照现阶段研究成果，我们不难发现，比较思想政治教育面临着理论研究深度不够彻底的基础性问题，具体表现在：评价性研究欠缺、科学性研究滞后和知识领域不明晰的问题。

第一，评价性研究欠缺主要表现在，目前的研究多偏向对各国思想政治教育现象的介绍、描述，缺乏真正立足于我国思想政治教育理论与实践而进行的系统、深入的考察反思与理论分析。比较思想政治教育不应只解答世界各国思想政治教育实践“是什么”的问题，即对世界各国思想政治教育的基本状况的表象性描述，还要通过探寻世界各国思想政治教育实践“为什么”具有不同形态的规律，把握不同思想政治教育现象之间的内在联系，再对这些现象的未来发展趋向进行预测性的探索。例如，当我们考察美国学校教育形式时，我们会发现美国学校教育形式可以分为显著课程和隐蔽课程两种，就此现象进一步分析，我们会意识到这种教育形式呈现出超时空性、潜隐性、多样性及无意识性等特点。若研究就此止步，那么研究就只是停留在现象的描述阶段。只有做深层次的理论挖掘和客观评析，才能解释表征背后的原因及规律，即揭示这种社会渗透性教育产生的正效果与负效果。评价性研究的欠缺最终导致理论研究的科学性、彻底性、逻辑性不够等学术能力问题。

第二，科学性研究滞后主要表现在两个方面：一是研究二手资料多，原初信息少；二是研究偏重意识形态性。一方面，目前的研究素材来源于其他学科有关道德教育、学校教育、政治教育、公民教育的二手材料远比研究者们掌握的第一手外文资料要多。比较思想政治教育的发展较其他学科来说起步较晚。比较教育学始于 1817 年，比较文学始于 1816 年，因此在年轻学科的发展中无法回避理论视野交叉与研究范式效仿的问题。实际上，这种多偏向复制经验的研究方法阻碍了比较思想政治教育研究过程中创新精神的表达和学科独立性的构建。另一方面，受制于研究者的外语水平以及意识形态的导向性，研究范围限于研究者们感兴趣或是熟悉的国家的思想政治教育。新中国成立初期，我国的思想政治教育从内容到形式上都采取了全盘苏化的生搬硬凑的方式，但事实已然证明了这是行不通的。一直到 20 世纪 80 年代中期，选取的国别仍然跳不出对苏联的思想政治教育的方法、内容进行翻译、介绍。再到 80 年代末期，国别研究视野开始转向同不同制度与文明之间的交流，开始兴起对美国这样的发达国家的研究，继而形成了以美国、日本、法国、新加坡为典型的研究模式。事实上，这种单一的意识形态性的导向，不利于宏观层面上比较思想政治教育学的体系化、整体化、科学化的可持续发展。换言之，如果我们以整个人类社会和个人全面发展的立场来进行研究，就必须坚持以科学性或价值性作为发展的衡量标准。

第三，知识领域的明晰包含了确定的概念、明确的对象、清晰的范畴。比较思想政治教育学研究知识领域不明晰的问题是伴随着学科不断发展、理论视野不断拓宽、研究对象不断丰富的过程而生成的。一方面，比较思想政治教育学知识领域与思想政治教育学其他分支学科研究领域交叉，也存在着比较思想政治教育与思想政治教育比较研究事实上的混淆。另一方面，由于时代的发展、多元文化的交融、研究对象范围的不断扩大，人们对比较思想政治教育的认识越发模糊。有学者提出我们对发达国家的研究多，对发展中国家或相对落后国家的关注少。还有学者提出，应该关注跨民族国家的、地区性的、国际性组织的思想政治教育研究。研究对象范围的无限扩张无疑造成比较思想政治教育学研究对象的不确定，容易自我迷失。因此，明确比较思想政治教育特定的知识领域，有益于清晰地认识比较思想政治教育学的真实存在，从而消除比较思想政治教育学“身份危机”的尴尬境遇。明晰知识领域，是比较思想政治教育学可持续发展的重要基础。

（二）系统方法论研究不充分的问题

思想政治教育学自产生以来，就非常重视研究方法。研究方法的不断演进也是学科存在和发展的重要条件和重要基础。有学者指出，“比较思想政治教育是思想政治教育学的一个分支，所以思想政治教育学中普遍使用的方法都适用于比较思想政治教育”[13]。比较思想政治教育学的研究方法也在随着学科的发展不断进步演进，从主要的文献法、比较法、调查法等到借鉴和引入各社会科学的研究方法，如解释法、因素分析法等呈现出研究方法从单一化到多元化的发展态势。也有学者强调，比较思想政治教育应转向以解释主义为方法论基础的质性研究方法。但是，对于比较思想政治教育学方法论的整体研究还未形成规模。我们也应该看到，研究方法的飞跃式发展还不足以体现学科的严谨性和科学性。方法论研究的缺失，无疑阻碍着比较思想政治教育学独特话语体系和学术规范的形成，因而显得学科基础薄弱，发展潜力尚未启动。比较思想政治教育学的方法论是普遍适用于比较思想政治教育学并起指导作用的范畴、原则、理论、方法和手段的总和；决定着研究方法和研究立场的选择，规定着基本原则和技术路线的方向，体现着话语体系和研究规范的完善。方法论研究的问题如不做及时的跟进，必将长期影响比较思想政治教育学的深层发展。

（三）时代化探索无力的问题

比较思想政治教育学要取得长久健康的发展，就必须回应和解决时代问题。不仅要求理论研究上要有时代性探索，专业队伍的建设也应紧跟学科发展的需要筑建学术共同体。

目前来看，比较思想政治教育学作为跨文化比较研究的学术实践，本身就已经具备了与国际接轨的先决要素。但是在全球化时代视域下，比较思想政治教育学研究中的世界体系分析、全球化理念、国际化交流还没有凸显出来，具体表现在借鉴其他学科痕迹明显、学术研究与交流环境不健全、可供其他学术领域消费的学术观点未成型等方面。正如有学者指出的那样，我们对外交流的工作还处于走马观花的状态。我们需要的是真正从本来意义上准确理解国外思想政治教育信息的原意，而不是望文生义、隔靴搔痒，用中国的概念去套外国的事实[14]。由此，比较思想政治教育的时代化应该是以改革创新为核心，并具备解放思想、科学发展、与时俱进、开拓创新、求真务实的精神品质，力图在国际视野中建立反映时代特征、把握时代声音、解决时代问题的整体、系统的理论框架。

在比较思想政治教育学需要时代化发展的同时，其持续发展动力不足的问题也随之越发突出。这就要求建立比较思想政治教育学的学术共同体，进行持续性的探索与创新性的努力，才能不断推动比较思想政治教育学向更高层次迈进。作为思想政治教育学的分支学科，比较思想政治教育学在理论研究与实践发展中不可避免地同思想政治教育学发生研究领域的交叉，老一辈的学科开创者与研究者也都是思想政治教育学领域的原班人马，中青年教师还未形成一支专门的专攻比较思想政治教育学领域的学科化队伍。比较思想政治教育研究是一个动态持续发展的过程，必须要求有一支具有学科信念与使命感、学科意识与责任的可持续发展的学术队伍为其增强发展动力，共同创新比较思想政治教育学的知识体系，建构比较思想政治教育学的学术规范，形成专业凝聚力，进一步提高学科质量与水平。

三、发展的趋向

比较思想政治教育研究的发展趋向要对存在的问题进行积极有效的建构和反思，我们要在学科发展的方向上、学术研究的视野上、批评和反思中对未来的比较思想政治教育做一些思考。

（一）在繁荣高校哲学社会科学的背景下思考学科发展的方向

《中共中央关于进一步繁荣发展哲学社会科学的意见》指出：繁荣发展哲学社会科学是建设中国特色社会主义的一项重大任务；加强哲学社会科学传统学科、新兴学科和交叉学科的建设。当前，高校哲学社会科学迈入新的发展阶段，赢来了新的机遇和挑战。教社科〔2011〕3 号文件，《高等学校哲学社会科学繁荣计划（2011—2020 年）》指出：“推动马克思主义理论创新。不断丰富我国哲学社会科学的学术思想和理论体系，努力形成具有中国特色、中国风格、中国气派的学术话语体系。”

比较思想政治教育是思想政治教育学科的重要分支。它以马克思主义为指导思想，以世界各个国家“广义的思想政治教育”为研究对象，以比较为最基本的研究方法，吸收和借鉴其他国家思想政治教育的经验和教训，最终达到“为我所用”的目的，即能对我国思想政治教育有所借鉴和启示。我们要对比较思想政治教育在整个思想政治教育学科中的地位和作用有着清醒的认识，比较思想政治教育的研究创新，对发展中国特色的思想政治教育学科和形成中国特色、中国风格、中国气派的思想政治教育的话语体系有着重要的理论和现实意义。只有从整体上把握高校哲学社会科学繁荣的主要任务和建设内容，我们才能建构出适应社会发展需要的、根植于人民群众的比较思想政治教育学科体系，比较思想政治教育的学科化发展之路任重而道远。

（二）在“跨文化”视域下拓宽学术研究的视野

“跨文化”研究，进一步开拓了学术视野，是比较思想政治教育研究的重要趋向。任何一种思想政治教育的理论研究与实践发展都受制于它身处的物质环境、文化情景和历史图景。比较思想政治学是以思想政治教育这一社会实践活动为主要研究对象的学科，思想政治教育的这种“实践导向”决定了比较思想政治教育的研究必然是在一定的社会质态中运行的，而文化是社会质态中不可缺少的重要组成部分。各个学科的比较研究都发生了“文化转向”，比较思想政治教育学科的建设和进一步发展都已然离不开文化视域。

在全球化发展的今天，我们的研究视野不能仅仅局限于国别研究和专题研究，学术研究方向应致力于在“跨文化”视域下系统地了解国外思想政治教育的不同形态、历史发展、现实状况与发展趋势，对国外有关思想政治教育的理论流派、代表人物、代表著作与思想观点进行科学评析，整体把握国外有关思想政治教育的理论动态。具体而言，应对国外关于意识形态、核心价值、政治传播、舆论引导、政治社会化、道德教育、价值教育、公民教育、国家认同等方面的著作进行原著研读和研究，并形成严谨的研究成果。当前，我们仍要拓展观察与思考比较思想政治教育的眼界与视野，在“跨文化”视域下加强学科建设，做到比较思想政治教育学科的学术研究和国际相接轨。

（三）在批判研究中融入反思精神

目前，比较思想政治教育经过30年的研究发展，学科的基础性研究渐趋丰富，学者们在研究的过程中也不断地回应现实，在一定程度上也彰显了学科旺盛的生命力。这种学科生命力正是来源于学科的自我反思和批判借鉴。自我反思就是发现问题，只有看到自己的问题才会有批判与选择，才能有效地借鉴。比较思想政治教育学以年轻的前沿性学科身份跻身于学科建设的洪流之中，只有树立起独立的学科辨识度、完整的学科体系、有力的学科定位、稳定的学科特色，才能有长足的发展空间。因此，比较思想政治教育学研究的发展离不开从反思精神出发再回归批判地借鉴。社会大环境的冲击剥离、各个学科的争相发展、实践导向的必然要求，都在指引我们既不能简单地照搬照抄别国的思想政治教育的经验和教训，也不能将别国的理论在我国简单地进行复制和传播。我们的研究应该是批评与反思相结合，对国外思想政治教育的相关理论、流派进行梳理，关键是要结合我国思想政治教育的理论和实际，结合我国国情的实际需要，结合国际环境的风云变幻，再进行科学的学科建构，形成中国特色的比较思想政治教育的研究范式，更好地服务于当前我国思想政治教育理论和实践的创新发展。

参考文献：

[1] 苏崇德．比较思想政治教育学［M］．北京：高等教育出版社，1995：1.

[2] 苏振芳．思想道德教育比较研究［M］．北京：社会科学文献出版社，2011.

[3] 高峰．关于比较思想政治教育学研究的方法论解读［J］．思想教育研究，2009，(6)．

[4] 杨威．学科视野中的比较思想政治教育学［J］．思想教育研究，2009，(9)．

[5] 唐克军．比较思想政治教育学［M］．武汉：华中师范大学出版社，2010：10.

[6] 王瑞荪．比较思想政治教育学［M］．北京：高等教育出版社，2001：13.

[7] 周琪．关于思想政治教育比较研究的思考［J］．思想教育研究，

2007，(10).

[8] 王玄武. 比较德育学 [M]. 武汉：武汉大学出版社，2003：1.

[9] 曲波. 比较思想政治教育学科性质探析 [J]. 东北师大学报，(哲学社会科学版)，2014，(2).

[10] 陈立思. 论“比较思想政治教育”的学科意识 [J]. 教学与研究，2010，(2)：83.

[11] 杨静云. 美国政治观、价值观教育掠影 [J]. 思想教育研究，1994，(3)：38.

[12] 倪愫襄. 思想政治教育概念的逻辑分析 [J]. 学校党建与思想政治教育，2013，(9)：16.

[13] 秦英君. 比较思想政治教育研究散论 [J]. 首都师范大学学报，1994，(6).

[14] 高峰. 思想政治教育研究的新视野：关于比较思想政治教育学研究的回顾与思考 [J]. 新视野，2000，(3).

(原载于《思想理论教育》2014 年第 6 期)

社会主义公平正义的价值定位与路径思考

俞念胜

摘　要：社会主义的概念最早是以一种价值观、理想信念被提出来的。从政治制度层面上看，公平正义是中国特色社会主义制度的首要价值。"公正"被凝练为社会主义核心价值观十二词之一，标志着中国共产党人对"公平正义"新的理论阐释高度。公平正义也是建设社会主义法治社会的基本前提。为此，必须正确把握社会主义公平正义的价值定位，必须深刻理解公平正义在社会主义核心价值观中的地位和作用，必须充分重视并切实解决当下社会的公平正义问题。

关键词：公平正义；社会主义制度；价值定位；核心价值观

党的十八大报告将公平正义凝练写入社会主义核心价值观，即"倡导富强、民主、文明、和谐，倡导自由、平等、公正、法治，倡导爱国、敬业、诚信、友善，积极培育和践行社会主义核心价值观"。从党的十八大和一系列中央会议精神来看，中国共产党人对公平正义的追求具有内在的逻辑一致性。在新时期，中国特色社会主义制度本身必须努力追求和实现公平正义，我们必须正确把握社会主义公平正义的价值定位，必须深刻理解公平正义在培育践行社会主义核心价值观中的重要作用，必须充分重视并切实解决当下社会的公平正义问题。

一、社会主义公平正义的价值定位

长期以来，人们习惯于从生产关系或者制度视角来理解社会主义，实际上，社会主义概念最早是以一种价值理念和理想信念被提出来的。这种

作者简介：俞念胜（1984—），男，安徽贵池人，池州学院管理与法学院讲师，研究方向为高校党建与思想政治教育。

理念是在对以往诸多不平等、不公平、不正义的社会现象进行深刻批判的基础上被提出来的。人类近现代思想史表明，社会主义的缘起本身就直接蕴含了公平正义的价值诉求。

马克思和恩格斯一生致力于对资本主义制度的批判，希望通过革命的道路实现对资本主义制度的彻底变革，因为资本主义制度的最大弊端就是缺乏公平正义。在马克思和恩格斯的视域中，正义问题主要指向分配正义、劳动正义和制度正义，而这些正义只有在更高的社会制度和形态中才能够实现。世界上第一个社会主义国家苏联建立以后，列宁彻底贯彻马克思和恩格斯的公平正义思想，进一步丰富和发展了社会主义公平正义理论。列宁认为，社会主义社会的正义在于积极生产、公平分配、平等交换和适度消费。由此可见，从社会主义制度的理论构想和真正实践的历史来看，马克思、恩格斯、列宁都将公平正义当作社会主义制度基本的和首要的价值。

从政治制度层面的定位上看，公平正义是中国特色社会主义制度的首要价值。我国正式确立社会主义制度之后，党和政府一直将公平正义作为社会主义政权最本质的价值引领，进行各项制度设计，开展各项社会主义实践。新中国成立后，以毛泽东为核心的第一代中央领导集体高度重视公平正义在社会主义中国的实践，从马克思、恩格斯、列宁的正义思想出发，对新中国工资制度、就业制度、分配制度以及文化制度等等，进行了符合中国国情和特点的设计。从中可见中国共产党人对于公平正义的坚定追求。20 世纪七八十年代，随着改革开放和社会主义市场经济的起步，国内公平正义问题也显露出来。以邓小平为核心的第二代中央领导集体提出了“共同富裕”的重要理念，将公平正义问题与社会主义的本质紧密结合起来。党的十六届四中全会通过的《关于加强党的执政能力建设的决定》指出：“鼓励一部分地区、一部分人先富起来，注重社会公平，合理调整国民收入分配格局。”[1]278这是“社会公平”的理念第一次写入中国共产党的重要会议决定。随着经济改革和扩大开放的深入，中国社会不可避免地出现了利益分化、贫富差距等问题，实现社会的公平正义已经成为我们党刻不容缓的任务。在党的十六届五中、六中全会上，就相继有了“在全社会实现公平和正义为目标”[1]1031、“社会公平正义是社会和谐的基本条件，制度是社会公平正义的根本保证”[2]的提法和表述。之后，中国共产党人继续将公平正义提升到前所未有的理论和实践高度。温家宝同志于 2007 年将公平正义与解放和发展生产力并置，称为社会主义初级阶段的两大历史任务[3]。改革开放的总设计师邓小平认为，解放和发展生产力是社会主义初级阶段的首要任务，因为只有解放和发展生产力才能解决社会主义初级阶段的基本矛盾。温家宝同志将公平正义与解放和发展生产力并置，十分鲜明地表达出当代中国共产党人的价值追求。2009 年 2 月，温家宝同志在接受英国《金融时报》专访时指出，公平正义是社会主义制度的首要价值[4]。改革进入深水区后，中国共产党人对“公平正义”的认识和阐释更加深化，公平正义在社会主义语境中不断得到拓展。

2012 年召开的中共十八大，“公正”被凝练为社会主义核心价值观十二词之一，作为向全党、全国人民普及推广的核心价值理念，标志着我党对“公平正义”新的理论阐释高度。从政治制度层面讲，公平正义是中国特色社会主义制度的首要价值，是社会主义制度所蕴含的价值追求。社会主义制度、社会主义理想之所以能具有强大的号召力和旺盛的生命力，就在于这种制度“使社会变得更加公平正义，使全体人民都能够享受更加平等的政治经济权利”[5]。

二、公平正义是社会主义核心价值观的基本内容

中国共产党人提出的社会主义核心价值观从三个层面进行表述，分别为国家层面、社会层面和公民层面，遵循了从宏观到微观的叙事逻辑；针对社会层面，提出了四个核心价值理念，即“自由、平等、公正、法治”。

自柏拉图开启正义诉说伊始，公平正义就成为诸多理论家关注的问题。适用于当下场域，公平正义已经成为衡量社会文明与进步的标识。政治哲学家罗尔斯曾说：“正义是社会制度的首要价值，正像真理是思想体系的首要价值一样。”[6]可以说，公平正义已然成为任何社会制度的首要价值，但社会主义制度更能实现和保障这种首要价值。社会主义核心价值观的重要意义在于凝聚民众之心，提升百姓信仰，形成中华民族之魂、兴国之魂，那么公平正义必将成为社会主义核心价值观的基本要义之一，并在社会主义核心价值观的表述中凸显出来。

从制度层面看，公平正义是中国特色社会主义制度的首要价值；从价值观层面，公平正义归纳在凝练表述的社会层面，其中具有深刻的寓意。从社会主义核心价值观二十四字表述看，公平正义排在“法治”之前，只有认真理解马克思主义的公平正义理论，才能理解中国共产党人对核心价值观这样的表述。在马克思的话语体系中，公平正义并非仅仅指向经济、物质领域，马克思所关注的公平正义在于一个更为宏大、宏观的视角，即

人的自由全面发展以及全人类的最终解放。马克思在思考公平正义问题时，将其与人的自由、人的平等问题紧密结合，认为自由、平等是主体生存、发展的两项基本权利，也是人之所以为人的本质要求和核心内容。既然马克思给予自由、平等以基底性的地位，那么，真正的公平正义也只有在保证主体自由和平等的前提下，才有实现的可能。马克思不仅指出了公正实现的可能性，还进一步构建了公正实现的路径："真正的自由和真正的平等只有在共产主义制度下才可能实现，而这样的制度是正义所要求的。"[7] 如此，中国共产党人不仅科学地阐释了马克思的公平正义理论，给予了"公正"在社会主义核心价值观中的正确位置，还进一步阐释了公正之实现所必须具备的两个基本要件：自由和平等。我们应该看到，社会主义核心价值观中再次强调了公正，也表明了在今后一个时期改革和建设的价值指向，即公正是社会主义中国必须遵守的基本规则。公正是人类孜孜以求的目标，是人类文明和社会进步的体现，而且，公正是实践我们党的指导思想——马克思主义的社会理想的基本要求。与中国当下的基本现实相结合，中国共产党人对公正的珍视，还在于公正是我国社会主义现代化建设、全面建成小康社会以及和谐社会建设的目标定位和评判标准。

从现实角度看，公平正义是社会主义核心价值观的重要内容，在培育践行社会主义核心价值观中发挥着重要作用。慈继伟教授在其著作《正义的两面》中写道：正义的社会会始终坚持正义的操守，不正义的社会必然陷入不正义的恶性循环。在当下的中国，若公平正义的重要性不能彰显并被全民所认同，经济、物质与消费的浪潮将对社会主义制度的优越性、合法性等问题产生强大的影响和冲击。

三、公平正义是建设社会主义法治的基本前提

《中共中央关于全面推进依法治国若干重大问题的决定》指出：要"依法维护人民权益、维护社会公平正义、维护国家安全稳定，为实现'两个一百年'奋斗目标、实现中华民族伟大复兴的中国梦提供有力法治保障"。人民权益的维护、社会公平正义的维护，就是"两个一百年"奋斗目标和中国梦实现的前提和基础，而人民权益的维护需要公平正义，只有通过公平正义保证了人民的基本权益，才能实现国家的稳定发展。社会主义法治的重要性由此凸显，法律和法治的基本前提和最终目标就是实现社会的公平正义。

在现代语境中，公平正义指向两个基本维度：公正的义理和符合道德的行为。前者大多指法律范畴的正义，后者则偏向道德的考量。当下探讨社会的公平正义，更多指向法律的形式正义和实质正义，中国特色社会主义事业的发展和最终成功需要形式正义，更需要实质正义，这与党的宗旨、社会主义的本质以及共产主义的伟大目标密不可分。在西方法治文化中，法本身就是关乎正义与否的科学。考证中国“法”的起源，汉代古字即“灋”，意思是平直如水，以暴力驱除不正义。因此，无论是西方还是中国，社会的公平正义都是法律和法治追求的目标，而社会的公平正义也只有在法治中才能得到实现。

实现公平正义是建设社会主义法治社会的基本前提。公平正义的实现必须依靠法治途径，实现公平正义是依法治国的根本目标，依法治国是实现公平正义的根本手段。当下，实现公平正义和全面依法治国战略是紧密结合的。随着经济全球化和社会转型的进一步深入，社会矛盾不断凸显，许多民众会以“正义之名”维护自己的利益，正义虽然在某一个时代具有一定的标准，但针对个人和部分群体而言，基于社会分工和经济利益的现实，对正义的理解也千变万化，于是就出现了“满意的人越来越少、知足的人越来越少，而骂娘的人、闹事的人、不满的人越来越多”。这就要求政府和社会要以法律为手段，以法律的刚性体现程序正义和实质正义，给予明确的标准。而法律的完善以及实施必然推动法治社会的形成，让社会抛却个人对正义不正确的主观理解，剔除某些主观道德色彩，这些都有利于社会公平正义的实现。从另一角度而言，中国当下的非公正往往与权力的滥用、不受监管有关，毕竟“权力导致腐败，绝对权力导致绝对的腐败”。社会主义法治社会的构建无疑会将导致腐败的权力关进“笼子”里，真正做到“权为民所用”“情为民所系”“利为民所谋”。

四、解决当下矛盾，实现公平正义的路径思考

经过30多年的改革开放，我国的综合国力、社会物质财富、人民生活水平都有了大幅提升，也就是在这个爬坡的过程中，改革与多数人的利益问题开始凸显出来，公平正义问题已经成为社会最为关注的问题。我国长期存有“不患寡而患不均”的价值观念，若追溯不公平不正义的发生，正是出于物质之“寡”。对于普通民众而言，他们关注的社会公平正义，在于自己能够得到和享有多少应该得到的利益。从目前看来，影响公平正义

的民生问题主要体现在以下方面：

首先，民众物质利益的公平正义问题。从人类历史的演进来看，物质利益本来就是“人民生活中最敏感的神经”[8]，“人们为了能够‘创造历史’，必须能够生活。但是为了生活，首先就需要吃喝住穿以及其他一些东西”[9]。若改革开放的初衷是做大物质之饼，让每个公民和家庭享受“大饼”带来的物质利益，那么当下就是兑现政府、社会承诺的关键时期。从基尼系数来看，我国已经达到了前所未有的峰值，已经到了社会矛盾爆发的临界点。“不同于以往解决人们物质文化需求与生产力水平低下之间的矛盾，现在这种设计不同成员之间利益关系的社会矛盾，并不会随着社会生产力的发展而自行消失，也不是仅仅声称广大人民的利益根本一致就能解决的。”[10]当下中国面临的公平正义问题，还关涉“社会的可持续发展、主客体关系的现代重建、社会交往与世界一体化、历史道路的多样选择、社会结构的调整和控制等唯物史观的现代课题”[11]。要解决上述问题，就必须紧紧抓住社会不公正现象的源头，从制度建设入手，努力实现社会的公平正义。2016 年 4 月，习近平总书记在主持召开中央全面深化改革领导小组第二十三次会议时强调，“改革既要往有利于增添发展新动力方向前进，也要往有利于维护社会公平正义方向前进，注重从体制机制创新上推进供给侧结构性改革”。在新常态下，必须抓好各项制度建设，从源头驱除造成社会不公的各种消极因素，让制度体现社会主义的公平正义，让民众体会到从制度中渗透出的公平正义品质。

其次，社会保障与“再分配”方面的公平正义问题。我国的社会保障水平原本就不高，这是不争的事实。欧洲部分国家用于社会保障的支出所占 GDP 的比例在 2005 年前后就突破 10%，如俄罗斯、波兰、捷克等，有些国家甚至突破 20%，而我国 2009 年的相关数据仅为 6.6%，这与全球第二大经济体的地位是不相符合的。而在 6.6% 的支出中，还没有实现城乡统筹。谈及城乡统筹就要谈到城乡二元结构，这必然使部分人感受到自己的“次国民待遇”。很多学者已经看到社会保障与“再分配”方面的公平正义问题，学界也对如何实现该领域的公平正义做出诸多有益的探讨。法兰克福学派代表人物弗雷泽的正义理念，或许能给我们一些启示。弗雷泽正义理论的旨趣就在于为社会正义图景的实现提供某种方案。她在论及“再分配”问题时，提出两种纠错方案，即肯定性的再分配矫正和改造性的再分配矫正。肯定性再分配主要指向已经形成的不公正结果，改造性再分配则指向造成不公正结果的制度结构，从人类的演进史而言，诸多不公恰好是制度本身造成的。

再次，国民受教育的权利等民生方面的问题。以2009年的数据为例，东部城镇初中生平均预算内公费支出为1104元，而西部相关数据仅为853元。在社会主义的中国，每个人都能享受到生存权，但是与发展权紧密相关的受教育权利还需要进一步得到落实。当下社会的教育不公仅从教育经费的支出上就可显现出来。公平正义问题还体现在就业不公等问题上。这些关系民生的非公正现象的存在，极大地影响了社会的正常运行，影响了民众对社会主义制度、共产主义信仰的认同。因为“一个思想，包括占统治地位的思想，要让人接受，必须提出之所以要让人接受的理由，必须让人们觉得这种理由是站得住脚的”[12]。公平正义永远都是触动普通民众生活中最为敏感神经的主要因素，要让人民群众拥护党的领导，齐心协力建设中国特色社会主义，唯一“站得住脚的”理由就是维护社会的公平正义。

2013年1月，习近平总书记在论述改革开放前后两个历史时期的关系时指出：“不能用改革开放后的历史时期否定改革开放前的历史时期，也不能用改革开放前的历史时期否定改革开放后的历史时期”；“发展起来以后的问题不比不发展时少”，而问题的关键就在于改革开放基本解决了“物质之寡”的问题，却没有切实解决“不患寡而患不均”的问题。解决各种利益矛盾、消除和减少社会的不公正现象，实现社会主义的公平正义，已经成为党和各级政府新时期的重点工作目标。在当前和未来一个时期，公平正义不仅与中国共产党人的宗旨意识相关，还关系到中国特色社会主义制度本质的体现，关系到社会主义核心价值观的培育与践行和社会主义法治中国的建设，更为重要的是，公平正义的实现，最终关系到中国特色社会主义事业的成败。

参考文献：

[1] 中共中央文献研究室．十大以来重要文献选编（中）[M]．北京：中央文献出版社，2006.

[2] 中共中央文献研究室．十六大以来重要文献选编（下）[M]．北京：中央文献出版社，2006：657.

[3] 新华网：http：//news. xinhuanet. com/lianzheng/2007 - 02/26/content_ 5775737. htm。

[4] 新华网：http：//news. xinhuanet. com/world/2009-02/02/content_ 10753101. htm。

[5] 俞可平．论维护和实现公平正义[N]．北京日报，2007-5-28.

[6] 约翰·罗尔斯．正义论［M］．何怀宏等译．北京：中国社会科学出版社，1988：3.

[7] 中共中央编译局．马克思恩格斯全集（第1卷）［M］．北京：人民出版社，1979：582.

[8] 中共中央编译局．列宁全集（第16卷）［M］．北京：人民出版社，1988：136.

[9] 中共中央编译局．马克思恩格斯选集（第1卷）［M］．北京：人民出版社，1995：79.

[10] 周志刚．中国社会正义论［M］．北京：中国社会科学出版社，2012：1.

[11] 夏文斌．走向正义之路［M］．哈尔滨：黑龙江教育出版社，2000：1.

[12] 童世骏．意识形态新论［M］．上海：上海人民出版社，2006：2.

（原载于《学习与实践》2016年第6期）

《反对本本主义》对当代高校德育工作者的启示

俞念胜

摘　要：《反对本本主义》是毛泽东为反对教条主义而撰写的一篇战斗檄文。文章从《反对本本主义》产生的背景和根源出发，要求德育工作者在开展工作时要注意从树立调查研究和实事求是的理念、坚决反对教条主义还要与时俱进、提高具体工作方法的实效性三个方面来提高当代德育工作水平。

关键词：本本主义；教条主义；德育工作者

《反对本本主义》是20世纪30年代毛泽东为了反对红军中的教条主义思想、提出调查研究在实际工作中的重要性而写的一篇反对教条主义的战斗檄文。当前，重温这篇文章，深刻领会其产生的背景和思想精华，对于高校德育工作者开展好德育工作具有重要的理论意义和现实意义。

一、《反对本本主义》的形成及其理论内涵

（一）《反对本本主义》产生的背景概述

《反对本本主义》从问世至今已有80多年历程，在此期间，很多学者从不同角度对这篇文章进行理论阐述，并给予了很高的评价。笔者认为，《反对本本主义》是毛泽东众多文章中较特殊的一篇，它的特殊性主要体现在以下几方面：

作者简介：俞念胜（1984—），男，安徽贵池人，池州学院管理与法学院讲师，研究方向为高校党建与思想政治教育。

第一，重要的历史背景。毛泽东的这篇文章写于1930年，他曾经指出："这篇文章是经过一番大斗争以后写出来的，是在红四军党的第九次代表大会以后，一九三〇年写的。"[1] 1927年至1937年，是中国人民在中国共产党领导下进行第二次国内革命战争时期，在这期间，中国革命在共产国际的指导下遭到了严重的损失。当时，共产国际在不了解中国革命现状和具体国情的状况下指导中国革命，出现了以斯大林的"第三阶段"理论、罗明纳兹的"无间断革命论"以及"第三时期理论"为代表的错误观念，造成当时中国共产党内部严重的"左派"风。其中以瞿秋白的"左"倾盲动主义、李立三的"左"倾冒险主义和王明的"左"倾教条主义以及当时在红四军中指导工作的刘安恭的"一长制"错误思想为主要代表。毛泽东正是在这种背景之下，针对党内错误的思想对当时中国革命造成的损失撰写了这篇《反对本本主义》。这篇文章为中国共产党纠正错误观点和中国革命的最终成功奠定了坚实的基础。

第二，曲折的发现经过。《反对本本主义》这篇文章经历了丢失到重新发现的曲折过程。由于当时处于紧张而复杂的革命时期，毛泽东直到1931年之后才重新看到这篇文章。他说："我对自己的文章有些也并不喜欢，这一篇我是喜欢的。过去到处找，找不到，像丢了小孩子一样。"[2]关于这篇文章的发现经过，学界有很多不同的看法，比较公认的说法是20世纪五六十年代中国革命博物馆在福建地区征集革命文物时被重新找到[3]。1961年，在中共八届九中全会召开前后，毛泽东在很多场合发表讲话多次强调要发扬实事求是的优良传统，号召要大兴调查研究之风。在此背景之下，《反对本本主义》才得以重见天日。

第三，反复的文章命名。《反对本本主义》的原题为《调查工作》。毛泽东曾经回忆："当时先写了一篇短文，题名'反对本本主义'，是在江西寻乌县写的。后来觉此文太短，不足以说服同志，就改为《调查工作》的长文，内容基本一样，不过有所发挥罢了。"[4] 1964年，该文被收编入毛泽东著作选读时经过认真的审定，又将题目改为《反对本本主义》。可以说，《反对本本主义》的最终命名是经历了实践检验的正确过程。

（二）本本主义的根源及其科学内涵

本本主义就是教条主义，那时候没有用"教条主义"这个名称，而叫作"本本主义"[5]109。马克思主义认识论是马克思主义哲学的重要组成部分，本本主义是马克思主义认识论中一种错误的唯心主义观点。马克思主义认识论指出："感性认识和理性认识是辩证统一的，统一的基础是实践。

感性认识是在实践中产生的，由感性认识到理性认识的过渡，也是在实践的基础上实现的。如果割裂二者的辩证统一关系，就会走向唯理论和经验论，在实际工作中就会犯教条主义和经验主义的错误。”[6]我们在认识世界和改造世界的过程中，如果片面夸大理性认识在认识中的作用，否认感性认识的重要性。就会犯本本主义错误，在哲学史上，笛卡儿曾经指出："感性是骗人的，对它不要相信。”这是一种典型的唯心主义观点。在实际的工作中存在的教条主义就是违背了感性认识和理性认识的辩证关系的极端化表现。教条主义者片面夸大书本知识的作用。“没有调查，就没有发言权”[5]109便是毛泽东对本本主义的最直接的回答，是彻底的唯物主义回答。“一切结论产生于调查情况的末尾，而不是在它的先头”[5]109又进一步指出了认识论中实践决定认识以及实践和认识的关系问题，对唯物主义认识论做了深刻的揭示。

《反对本本主义》中的“本本”有何含义，从这篇文章中可以清楚地理解毛泽东反对的“本本”有广义和狭义两方面。在文中，毛泽东提到了狭义的本本主义：“党的第六次代表大会的‘本本’保障了永久的胜利，只要遵守既定办法就无往而不胜利。”[5]115-116狭义的本本主要指的是党的六大通过的各项决议案，这样一个决议案形成的本本对当时党内和红军内部造成了很大的影响，导致教条主义在红军内部蔓延。文中广义的本本指的是唯心主义的教条主义，正如毛泽东所言：“我们需要‘本本’，但是一定要纠正脱离实际情况的本本主义。”[5]111当前，我们在领会这篇文章的实质精神时，除了对狭义的本本内涵把握之外，最重要的是对广义的本本主义内涵及其对当代德育工作的现实意义进行思考。

二、当前高校德育工作现状分析

对高校德育工作现状进行分析，需把握高校德育工作者的概念和掌握当前大学生的思想状况新特点，只有了解思想变化及其规律，才能提高高校德育工作的针对性和实效性，为德育工作者创新工作方法提供指导。

（一）高校德育工作者概念的界定

对高校德育工作者概念的界定，学界有不同的看法。从作用和功能上来看，有学者认为，“高校德育工作者的主体力量是直接面向学生的‘两课’教师、辅导员、班导师等”[7]。有学者认为，“高校德育工作者特指高校从事‘两课’教育的教师和政工干部、学生管理工作者”[8]。还有学者认为，“高校德育工作者是大学生思想政治教育重要而具体的执行者，是思想政治规范的传播者，是思想政治工作的组织者”[9]。从角色定位上来看，有学者认为，高校德育工作者是“‘伴奏者’和‘加油者’的角色”[10]。有学者认为，高校德育工作者“是指那些专门从事德育教学和管理的党政干部和教师”[11]。还有学者认为，“高校德育工作者身兼着教师与管理者的双重身份”[12]。

随着当前我国改革开放的不断深化，全方位和国际社会的交流日益扩大和加速，各种西方政治思潮的涌入对当前德育工作带来了严峻的挑战。在这种情况下，对高校德育工作者的概念界定对我们进一步把握大学生思想状况以及拓宽德育工作者的工作方法有着重要的意义。笔者认为，高校德育工作者应该是伴随大学生在校期间全过程，对大学生思想教育、政治教育、道德教育起影响作用的群体和个人。它按发挥作用和功能效度大小分应包括辅导员、班主任、学生管理工作者、教师、政工干部等。

（二）当前大学生思想状况新特点分析

第一，当代大学生思想独立性增强。大学生的思想状况在全球化背景下随着时代的发展而变化发展，但又有其自身的历史逻辑性。当代大学生有较强的独立意识和自立意识，不喜欢通过传统灌输的方法接受相关理论和知识；相反，喜欢德育工作者引导进行独立思考，相互讨论得出结论。伴随着思想的独立性，大学生也呈现出一种自我价值和功利性交织的思想观念，这种观念如不加以纠正、引导，会对大学生成长成才起干扰作用。

第二，当代大学生的知行脱离趋势增强。部分大学生存在着认识和行为的不一致，具体表现在：在学习过程中，只注重知识水平和能力的提高，忽视了思想道德品质的养成，实用主义进一步增强；在工作中，很多学生干部不愿创新，按照以往的工作内容和模式开展工作；在日常生活中，过分地以自我为中心，与班级和他人的联系减少，人际交往能力减弱。这些都对德育工作者的工作方法提出了挑战。

第三，当代大学生浮躁心态增强。改革开放和社会转型期带来的社会经济、政治和文化的变迁对大学生的思想产生了深刻的影响。当前，大学生对国家大事尤为关注，表现出极高的爱国热情，但涉及班集体、寝室的建设却显得漠不关心，在对待问题和处理问题上，缺乏足够的耐性和韧性，这与我国教育培养“四有”青年的标准有一定的差距。

三、《反对本本主义》对当代高校德育工作者的启示

《反对本本主义》一文是毛泽东关于调查研究理论的系统阐发，在当时对红军内部起到了非常重要的作用，而“经典文献的价值不仅在于在特定的历史条件下提出新的理论观点或纠正错误思想，更在于不断在新的时代条件下给当代人以重要启示”[13]。当前，对高校德育工作者在高校开展工作大兴实事求是和调查研究之风，是优化德育工作者工作方法的必由之路。

（一）树立调查研究和实事求是理念

高校德育的教育对象是有知识、有思想、有个性的群体，要发挥德育工作的有效性，让大学生接受教育主体的教育理念，德育工作者在工作中必须贯彻调查研究和实事求是理念。毛泽东在文章中指出：“没有调查，就没有发言权”，“调查就像‘十月怀胎’，解决问题就像‘一朝分娩’。调查就是解决问题”[5]109-110。德育工作者要准确地把握大学生的思想脉搏，必须进行调查研究，不能停留在表面。例如大学生中的困难生的认定工作是新生入校之后非常重要的一项资助工作，如果辅导员不进行细致的调查研究，就很难保证公平、公正。辅导员应深入班级、寝室进行调查走访，“学习孔夫子的‘每事问’”[5]110，然后结合授课教师、班主任的集中意见，再在班级进行公开、公正、公平的评选，这样才能保证该项工作的科学有效完成。文章要求：“到群众中作实际调查去”[5]116。当前，德育工作者在开展德育工作的过程中要避免传统的灌输方法，要以学生为主体，深入学生中去，采取学生喜闻乐见的大众形式对学生进行教育。一切为了学生、为了学生的一切、为了一切学生，正是毛泽东在文章中提到的群众路线雏形的观点在高校德育工作中的具体凝结。

（二）坚决反对教条主义还要与时俱进

当今时代是一个大数据时代，高校德育工作者在工作中要反对教条主义，但还要注意紧跟时代潮流、转变工作方法。教条主义这一唯心的思想和工作方法在高校德育工作者和大学生开展工作中有时仍在隐性地发挥作用。江泽民指出：“马克思主义具有与时俱进的理论品质。如果不顾历史条件和现实情况的变化，拘泥于马克思主义经典作家在特定历史条件下、

针对具体情况作出的某些个别论断和具体行动纲领，我们就会因为思想脱离实际而不能顺利前进，甚至发生失误。这就是我们为什么必须始终反对以教条主义的态度对待马克思主义理论的道理所在。”[14]当前，各种思想在高校大学生中激烈交织，一些错误的观点也在一定程度上干扰着大学生的思想和影响大学生的行为，如近年来提到的西方的“普世价值”等观念对于“三观”正在形成中的大学生来说，就需要德育工作者采用科学、务实的方法进行引导、影响和教育，将反对教条主义和与时俱进的工作方法相结合，创造性地运用时代话语向大学生传播正能量。

（三）提高具体工作方法的实效性

毛泽东在文章中提出了调查的具体方法，他对调查的方法做了具体的、分条目的阐述。文章写道：“要开调查会作讨论式的调查；调查会到些什么人；开调查会人多好还是人少好；要定调查纲目；要亲自出马；要深入；要自己做记录”[5]117-118。这些详细的方法为德育工作者开展工作提供了理论的指导，调查的具体方法不仅仅是德育工作者开展工作的世界观，也是德育工作者的方法论。高校德育工作者事务繁杂众多，学生工作千头万绪，这就需要德育工作者采取正确的工作方法。有些工作需要德育工作者深入第一线，到学生中去，掌握第一手资料，以便工作的高效开展；有些工作需要德育工作者提前制定纲目，拟定座谈会的人数和对象，充分发挥意识的能动指导作用，得出正确的调查结果。科学的工作方法需要正确的理论作指导，更重要的是要在具体的实践中去检验、修正，才能提高高校德育工作者的工作的实效性。

参考文献：

[1] 中共中央文献研究室．毛泽东文集（第8卷）[M]．北京：人民出版社，1999：253.

[2] 逄先知．毛泽东传1949—1976（下）[M]．北京：中央文献出版社，2003：1133.

[3] 燕凌．从历史上看毛泽东思想的活的灵魂 [J]．北京：中国社会科学，1991，(6)．

[4] 董边．毛泽东和他的秘书田家英（增订本）[M]．北京：中央文献出版社，1996：96.

[5] 中共中央文献编辑委员会．毛泽东选集（第一卷）[M]．北京：人民出版社，1991.

[6] 本书编写组．马克思主义基本原理概论［M］．北京：高等教育出版社，2012：69.

[7] 乔硕功，徐建军．高校德育工作者职业倦怠产生的原因及干预对策［J］．现代大学教育，2006，(3)：66.

[8] 刘文芳．论高校德育工作者的素质结构［J］．高等教育研究，1999，(12)：46.

[9] 陈钰萍．谈高校德育工作者的情感思维和理智思维［J］．四川教育学院学报，2005，(5)．

[10] 赵可军．高校德育工作者职业形象定位与结构［N］．光明日报，2004-8-26.

[11] 温日锦．试论高校德育工作者的必备素质［J］．广西社会科学，1999，(4)：77.

[12] 柴永红，孙长林．要加强高校德育工作者的服务意识［J］．思想教育研究，2003，(6) 21.

[13] 金民卿．中国化马克思主义初步形成的重要标志——《反对本本主义》的思想价值及其当代启示［J］．马克思主义研究，2010，(4)：32.

[14] 江泽民．在庆祝中国共产党成立八十周年大会上的讲话［M］．北京：人民出版社，2001.

（原载于《景德镇高专学报》2014 年第 5 期）

论邓小平的群众观及其当代价值

俞念胜　黄利顺

摘　要：马克思主义群众观是邓小平群众观的核心价值理念，中国传统文化中的“重民”思想是邓小平群众观的理论基础，中国共产党人百年的奋斗历程是邓小平群众观的实践路径。邓小平群众观的主要内容是，坚持人民主体地位，实现人民当家作主；确立人民价值标准，谋求人民大众福祉；推动制度优化升级，践行党的群众路线。学习、研究这些思想，对于建设新时期和谐的党群、干群关系，巩固和拓展党的群众路线教育实践活动成果，有着重要的启示和重大的现实意义。

关键词：群众；人民利益；当代价值

群众观是马克思主义思想武库中的一件重要法宝，也是我党一直倡导的优良传统和政治优势。邓小平创造性地把马克思主义同中国具体的国情、民情相结合，形成了科学、务实、发展的群众观。在进行“三严三实”专题教育活动和全面推进“四个全面”战略布局的背景下，学习和研究邓小平同志的群众观，无论对于坚持、发展马克思主义、毛泽东思想和中国特色社会主义理论体系，还是对于学习贯彻党的十八大及十八届三中、四中全会和学习习近平总书记系列重要讲话精神，进一步提高我党的执政能力和水平都有着重要的指导意义。

一、邓小平群众观思想的理论来源

对邓小平群众观形成的理论来源进行历史的考察，研究它的形成和发展，对于我们进一步把握其理论实质，在新时期更加自觉地进行“三严三

作者简介：俞念胜（1984—），男，安徽贵池人，池州学院管理与法学院讲师，研究方向为高校党建与思想政治教育。

实”专题教育活动有着极其重要的现实指导意义。

（一）马克思主义群众史观是邓小平群众观的核心价值理念

邓小平的群众观不是自己头脑中固有的，也不是从天上掉下来的，它是在继承前人的基础上产生和形成的，从根本上说，邓小平的群众观是对马克思主义的继承和创造性发展。马克思、恩格斯、列宁、斯大林等一批马克思主义经典作家都从不同方面对群众观做了系统的论述。

马克思、恩格斯早在1884年就指出：“历史活动是群众的活动，随着历史活动的深入，必将是群众队伍的扩大。”[1]恩格斯1886年也指出：“构成历史的真正的最后动力的动力……不如说是使广大群众、使整个整个的民族，并且在每一民族中间又是使整个整个阶级行动起来的动机。”[2]在这里，马克思、恩格斯指出了历史与人民群众之间的重要关系，承认并尊重人民群众对历史发展的重要性。

列宁、斯大林也肯定了人民群众在社会革命中所发挥的作用，列宁还对群众概念有了新的认识，第一次将人民群众的“哲学概念”变成“政治概念”。列宁1908年指出：“没有群众汹涌澎湃的英勇气概，没有马克思在谈到巴黎工人在公社时期的表现时所说的那种‘冲天’的决心和本领，是不可能消灭专制制度的。”[3]列宁指导俄国人民革命并取得了开创性的胜利，建立了世界上第一个社会主义国家。斯大林在苏联建设过程中也指出：“干革命的不仅是先进集团，不仅是党，不仅是个别的即使是‘高级的’人物，而首先和主要的是千百万人民群众。”[4]社会革命的主体力量是人民群众，革命的主观条件就是人民群众的革命意愿，人民群众的积极性是社会革命成功的前提条件。

马克思主义经典作家同样也强调全心全意为人民服务是共产党人的根本宗旨，马克思、恩格斯在指导工人运动并参加革命的实践过程中，认真进行调查研究，虚心向广大的人民群众学习，并坚持领导和群众相结合。马克思主义唯物史观、群众观为邓小平正确处理党群和干群关系，制定我党正确的路线、方针和政策提供了世界观和方法论的指导。

（二）中国传统文化中的“重民”思想是邓小平群众观的理论基础

中国古代没有“人民群众”的概念，群众一词提得也不是非常多。群众在中国古代各个朝代是以“民”的概念出现的，“重民”长期以来都是中国古代政治思想的重要内容[5]。在历史上，“重民”思想对于维护国家统一稳定起着重要的作用，其实质最终还是维护君主的统治和利益，这与我们今天坚持的“以人为本”思想还是有很大差异的。但辩证地看待这一思想，仍有些精华，对于邓小平的群众观点的形成以及坚持群众路线思想产生了积极的影响。

早在夏商周时期，《尚书·盘庚》就记载了盘庚的爱民思想：“重我民，……视民利用迁。”春秋战国时期，著名思想家孔子曾指出，“先之，劳之”，“使民以时”，认为执政者在使民的过程中还要注意方法，自己要做好榜样，先带头，再让群众去干。汉代著名的政治家贾谊曾在《贾谊新书》（大政）中指出：“民无不为命也，国以为命，君以为命，吏以为命。故国以民为存亡，君以民为盲明，吏以民为贤不肖。”他认为人民决定国家的命运，人民决定国家的存或亡，决定君主是明智还是昏庸，决定官吏是贤还是不肖，这里体现了朴素的“以人为本”思想。唐太宗李世民在君民关系上，提出了：“有道则人推而为主，无道则人弃而不用。”他认为，做天子的人，如果是有道之人，那么百姓就会推他做国君；如果是无道之人，就会被百姓抛弃。宋朝的思想家李觏提出：“古之天下，君养民也；后之天下，民自养也。”他认为，古时候是君养民，而现在则变成了民养君，这种现象的出现是不正常的。明末清初，黄宗羲、顾炎武等人倡导并阐述了中国早期的民权思想。

我们对于传统政治中的“重民”思想要有一个整体和客观的正确认识，梳理古代的“重民”思想，其中包括执政者（君主）和思想家对“民”的重要性的方方面面的论述。一方面，“重民”思想对当时思想家和执政者为维护统治者的统治而提出的治国策略，对维护君主统治和国家统一发挥了积极的作用，但我们也要看到其历史局限性，即在君主专制的体制下对执政者和人民关系的思考；另一方面，中国古代的“重民”思想包含着朴素的“以人为本”思想，对人民尤其是执政者（君主）也提出了要求，这对于邓小平群众观的形成具有深远的影响。

（三）中国共产党人的奋斗历程是邓小平群众观的实践路径

任何一种理论的发展都离不开本土土壤的培育和依托，中国共产党人对马克思主义群众观的发展，为邓小平群众观的形成提供了直接现实的理论来源。毛泽东等党的领导人在革命过程中对马克思列宁主义的群众观进行了创造性的运用和发展，提出了重要的党的领导方法和工作作风。

中国共产党人创造性地将马克思主义群众观点转化为具体的工作方法，逐步形成了我党的群众路线。1929 年，周恩来第一次指出了“群众路线”概念，这被视为我党的群众路线的形成萌芽。1945 年，毛泽东指出：

"全心全意地为人民服务，一刻也不脱离群众"。[6]1094这进一步阐述了党的群众路线的核心内容是全心全意为人民服务。在党的七大上，毛泽东从党的性质和宗旨出发，认为密切联系群众是我党的优良作风之一。他不仅从世界观、方法论的高度看待群众问题，而且在工作中发明了党的群众路线，培育了我党和人民群众紧密联系在一起的作风。这既是对中国人民抗日战争和世界反法西斯战争历史经验的提炼，也是关于人民群众伟大历史作用的精辟论述。此外，刘少奇也强调党的群众路线的极端重要性，并将它提到了党的根本的政治路线和组织路线的高度。他指出："党的群众路线，是我们党的根本的政治路线，也是我们党的根本的组织路线。"[7]中国共产党人是一个密切联系群众的党，党的领导人在不同的历史时期对党群关系的探索，丰富了党的群众路线理论，也为邓小平群众观的形成提供了直接的现实理论来源。

此外，邓小平的施政实践也是邓小平群众观形成和最终确立的实践基础。邓小平同志作为党的第二代中央领导集体的核心，有着丰富的人生阅历和施政实践。早在留学法国期间，邓小平就积极投身于革命和群众工作中，被广大群众冠以"油印博士"的雅号。回国之后，邓小平参加和领导了土地革命，在广西右江领导群众进行工农武装起义；在抗日战争时期，邓小平在太行山前线、大别山地区，都始终号召干部要和战士群众打成一片；解放战争时期，中国共产党依靠广大的人民群众，取得了最终的胜利，正是在具体的实践过程中，邓小平的群众观最终得以形成、发展、确立。邓小平经历了我们党和国家的重要历史时期和特殊时期，他在"三落三起"中奋斗不息的精神和人生态度，也是其群众观的一种深刻的写照。党的十一届三中全会以后，邓小平将群众路线和党的政治路线以及党的事业紧密结合起来，拉开了改革开放的大幕。他继承和发展了毛泽东同志的群众路线思想，总结了"文革"时期的教训，创造性地提出了人民群众利益至上的群众观，极大地调动了人民群众的积极性，带来了翻天覆地的变化。邓小平同志在几十年的施政实践中，对人民群众问题进行了长期的探索和思考，积累了丰富的执政经验，为其群众观的形成和确立奠定了实践基础。

二、邓小平群众观的主要内容

邓小平群众观是邓小平对待人民群众的基本看法和基本观点，邓小平的群众观与马克思经典作家的群众观是紧密联系和一脉相承的，邓小平在革命和改革开放的实践中对群众观问题提出了一系列的新的论断，赋予了其鲜明的时代特色。

（一）坚持人民主体地位，实现人民当家作主

无论是革命战争时期还是社会主义建设时期，邓小平始终坚持人民群众创造历史的唯物主义的基本观点，始终坚持对马克思主义重要性的认识。民主革命时期是邓小平的群众观思想的萌芽时期，主要包含着“一切向着群众”的思想，这也为领导中国革命胜利和“人民群众的利益高于一切”观点的提出打下了良好的基础。1941 年，邓小平指出：“党的优势主要在于群众的拥护。”[8]9 他清楚地认识到群众的拥护对于我们党的发展有着至关重要的作用。“群众运动有其自身的规律，党在指导群众运动中，必须掌握住这种规律。”[8]68 在社会主义建设时期，邓小平多次指出了人民群众是革命胜利的基石，并要求党要认识到人民群众的伟大力量，在这一时期，他的群众观也在实践过程中得到了发展和确立。1956 年，邓小平在党的八大上做《关于修改党章的报告》时对党的群众路线作了系统论述。他从马克思主义认识论和方法论统一的基础之上，揭示了党和群众的辩证关系，同时将群众路线和领导方法结合起来，指出了共产党员必须树立群众观点，对党的群众路线和群众观点做了系统、全面、详细的阐述。邓小平对人民群众主体地位的认识还体现在深刻阐发了“知识分子是工人阶级一部分”的科学论断，扩大了群众的有机构成要素。他曾指出：“必须造就宏大的又红又专的工人阶级知识分子队伍。”[9] 在此之后，各地大批优秀的知识分子加入党内，优化了党的结构，提高了党的整体素质和先进性。

邓小平作为党中央第二代领导集体的核心，站在历史的高度重新界定了人民群众的概念和实践内涵，并把人民群众推到了历史舞台的前面，带领人民群众书写自己的历史，为改革开放取得的翻天覆地的变化增添了浓重的笔墨。

（二）确立人民价值标准，谋求人民大众福祉

邓小平 1978 年在天津听取天津市委工作汇报时，首次提出“先让一部分人富裕起来”的思想[10]。而后，邓小平也在不同场合不同时期反复提到这一思想，社会主义价值目标的提出为邓小平群众观的核心内容的确立指明了具体方向。

人民群众创造性、积极性、能动性的发挥是“共同富裕”这一社会主义价值目标的实践主体，而人民群众能动性发挥的内在驱动力是人民群众

利益的需要与满足之间的关系。在"人民群众利益"这一现实问题上，邓小平有着自己独特的认识。邓小平深刻认识到"得人者昌、失人者亡"的历史道理，他运用辩证唯物主义思想将人民群众的物质利益、政治利益、精神文化利益结合起来，提出了一切以人民利益为最高标准的观点，极大地推动了生产力的发展，为改革开放的巨大成功奠定了坚实基础；与此同时，也衍生出了人民群众的意愿观，即把人民群众的呼声、意愿作为我党制定各项方针政策的出发点和归宿的观点。邓小平在面对农村家庭联产承包责任制和农村的乡镇企业这一新生事物时，特别强调尊重人民群众的首创精神，让人民群众在实践中将改革开放的政策变为自觉行动。邓小平在南方谈话中提出的"三个有利于"标准，其实质就是一切都要以群众利益为出发点和归宿。

邓小平群众观的精髓是把人民群众的利益满足作为党的执政理念，把赢得民心作为社会主义建设过程中各项方针政策执行的深厚根基，我们党和国家在改革开放以来取得了巨大的成就，人民群众的生活水平极大地提高，我国的综合国力也空前增强。

（三）推动制度优化升级，践行党的群众路线

新中国成立以后，中国共产党在执政地位的转变过程中出现了脱离群众的现象，改革开放初期，官僚主义作风在党内有蔓延趋势。面对这种情况，邓小平在总结社会主义运动和我党的历史经验教训时做了深入的思考，并认识到社会主义民主制度化、法律化的重要性。在南方谈话中，邓小平又指出："对干部和共产党员来说，廉政建设要作为大事来抓。"[11]在制度建设上，邓小平作为党的第二代中央领导集体的核心带领全党进行了艰辛的探索，取得了制度建设的伟大成就。同时，邓小平认为制度建设必须有配套的监督机制，才能发挥积极的正能量作用。群众监督是社会主义民主政治的重要属性和人民当家作主的重要形式。邓小平在改革开放初期就把党风廉政建设和反腐败斗争同群众观紧密结合起来，改革开放之后党确立了以经济建设为中心的方针，邓小平特别强调在经济建设过程中党的干部要发扬密切联系群众的优良传统和作风。1983 年，中共十届二中全会通过了《中共中央关于整党的决定》，对党内出现的错误思想予以有效整顿，在一定程度上端正了党风。

邓小平认为，只有搞好党内外的监督，才能促进我党不断改变作风，增强党的纯洁性。改革开放以来，党的作风整体上得到了良性的发展，这也确保了我们党经受住了复杂的国际和国内形势的考验，成为社会主义现代化建设的坚强领导核心。当前，制度建设和监督建设相配套的机制是新

形势下党风建设的指向标并发挥着积极的成效。

三、邓小平群众观的当代价值

理论需要实践来检验，但一经实践检验是正确的，就会反过来指导我们的实践。邓小平的群众观经受了改革开放30多年来的实践检验，对邓小平群众观的梳理和研究，其当代价值不言而喻。

（一）为建设新时期和谐的党群、干群关系提供了基本的价值遵循

党群、干群关系是我党在推进中国特色社会主义建设过程中常抓不懈的系统工程，这不仅关系到我党的执政之基是否牢靠，也关系到我党的生死存亡。邓小平的群众观反复强调把人民群众的利益放在第一位，正是因为如此，在改革开放的进程中，我们党牢牢遵循权为民所用、情为民所系、利为民所谋这一执政理念，始终保持党和人民群众的密切联系，构建了积极和谐的党群关系。同时，也有部分党员干部在改革开放过程中，将自己卷入了物质浪潮之中，把自己凌驾于人民群众之上，颠倒了党员干部和人民群众的“主仆”关系，对群众反映的问题置之不理、漠不关心，违背了全心全意为人民服务的党的宗旨，给党的形象带来了极大的损害，极大地伤害了广大人民群众的感情。密切联系群众需要党员干部不断改进工作方法，提高自己的领导水平。这关乎党的执政能力和执政水平的提高，同时也是党的建设达到科学化水平的重要衡量标杆。邓小平同志对人民群众的崭新界定和以是否有利于提高人民生活水平为标准的执政思路，给党员干部做到密切联系群众指明了具体的实践路径。学习邓小平的群众观就是要求我党在制定方针、政策时，要处处把人民群众和人民群众的利益放在第一位，党员干部要与群众积极沟通，不断解放思想，在发展中解决党群、干群关系中出现的新问题。

浙江枫桥镇20世纪60年代在处理群众问题时采取了比较灵活的工作方法，形成了“发动和依靠群众，就地解决”的“枫桥经验”，并在全国推广。在新时期，这些新经验和新做法受到了习近平总书记的高度重视。他指出：“各级党委和政府要充分认识‘枫桥经验’的重大意义，把‘枫桥经验’坚持好、发展好，把党的群众路线坚持好、贯彻好。”[12]因此，重新加强对邓小平群众观的学习，对广大党员干部进一步发扬密切联系群众的作风，树立正确的党群、干群关系，自觉践行群众路线有着重要的

作用。

（二）为新时期巩固和拓展党的群众路线教育实践活动成果提供了实践动力

马克思主义的群众观是邓小平群众观的理论基础，马克思、恩格斯一直十分重视人民群众在历史中发挥的重要作用并且创立了唯物史观。邓小平群众观不仅吸收了马克思主义群众观的精髓，而且对其在理论上进行了一系列新的阐发，对群众观的内涵和外延有着独特的见解，形成了符合中国国情和广大人民群众要求的群众观。它是贯穿“建设有中国特色社会主义”伟大理论的哲学基础之一，是马克思主义中国化成果的体现。它对于明确全心全意为人民服务的共产党人的根本宗旨和树立一切为了群众、一切依靠群众的群众观点，以及加强廉政建设、改善党群关系的战略性举措，具有十分重大而深远的意义。邓小平以“人民群众利益”为中心的观点极大地改善和提高了人民群众的物质、政治、精神生活，有利于密切党群关系，夯实和巩固了我党的执政基石和群众基础。邓小平提出并践行的制度建设与监督建设相配套，对于新时期发挥人民群众的能动性、主动性以及推进我国政治体制改革和加强党的建设有着重要的理论价值。

改革开放的不断深化带来了越来越多的新问题，当前群众路线工作充满了新挑战和新要求，邓小平的群众观科学概括了新时期我党如何坚持群众路线的问题。在新时期，我们应吸取和继承邓小平的群众观这一宝贵的精神财富，在全面深化改革过程中运用这一行动指南，为全面深化改革做出贡献。新时期，群众工作的首要问题是党为谁领导和怎样执政、怎样领导的问题。“什么叫领导？领导就是服务。”[11]121 邓小平一生始终把人民群众及人民群众的利益放在心中，这里讲的“领导就是服务”有着丰富的内涵，要求领导为群众提供物质条件和创造物质手段，深入基层和群众打成一片，到群众中去，带领和引导群众前进，在领导人民中服务人民。这也是当前群众路线教育实践活动中对党的领导干部最基本的道德诉求。当前群众工作的形势日趋复杂和严峻，要求我党的群众工作要开拓创新、与时俱进。党的群众路线教育实践活动是针对新形势下保持党的纯洁性的一项重要工作内容，当前，党内存在的“四风”问题是我们党的建设面临的巨大考验。习近平总书记在关于推进作风建设的讲话中，提出了“三严三实”的重要思想论述，即“既严以修身、严以用权、严以律己，又谋事要实、创业要实、做人要实”，这是新时期关于作风建设的精辟论述。在新时期，我们在改革过程中有一系列的“险滩”等着去涉、“硬骨头”等着去啃，我们党只有紧紧依靠群众、密切联系群众，广大党员领导干部以

“三严三实”来要求和对照自己，才能形成强大的力量，带领广大群众完成各项任务。

在全党上下全面践行“三严三实”精神的背景下，我们应牢牢把握和践行邓小平同志的群众观，只有这样，我们党的事业才能永远立于不败之地；只有坚定走中国特色社会主义的道路的信心，坚持道路自信、理论自信、制度自信，我们才能实现中华民族伟大复兴的宏伟目标。

参考文献：

［1］中共中央编译局．马克思恩格斯文集（第1卷）［M］．北京：人民出版社，2009：287.

［2］中共中央编译局．马克思恩格斯选集（第4卷）［M］．北京：人民出版社，1995：249.

［3］中共中央编译局．列宁全集（第17卷）［M］．北京：人民出版社，1988：151.

［4］中共中央编译局．斯大林全集（第9卷）［M］．北京：人民出版社，1954：317-318.

［5］祝灵君．一致与冲突——政党与群众关系的再思考［M］．北京：人民出版社，2006：165.

［6］中共中央文献编辑委员会．毛泽东选集（第3卷）［M］．北京：人民出版社，1991：1094.

［7］中共中央文献编辑委员会．刘少奇选集：上卷）［M］．北京：人民出版社，1981：342.

［8］中共中央文献编辑委员会．邓小平文选（第1卷）［M］．北京：人民出版社，1994.

［9］中共中央文献编辑委员会．邓小平文选（第2卷）［M］．北京：人民出版社，1994：104.

［10］中共中央文献研究室．邓小平思想年谱（1975—1997）［M］．北京：中央文献出版社，1998：152.

［11］中共中央文献编辑委员会．邓小平文选（第3卷）［M］．北京：人民出版社，1993：379.

［12］创新，答好群众工作新考卷（新形势下如何做好群众工作）［N］．人民日报，2013-10-11（1）.

（原载于《淮海工学院学报（人文社会科学版）》2015年第8期）

高校美育的瓶颈及其突破分析

张 瑜

摘 要：美育是高校教育的重要组成部分，是培养全面发展人才不可缺少的环节，然而，美育在我国高校教育中的处境窘迫。目前，高校对美育的重要性认识不足、对美育本身理解错误以及在实际运行中存在的课程滞后和师资匮乏等问题已成为高校美育发展的瓶颈，如何突破至关重要。

关键词：高校美育；瓶颈；大美育观；创新

1999 年，中共中央国务院颁布的《关于深化教育改革全面推进素质教育的决定》中指出：实施素质教育，必须把德育、智育、体育、美育等有机地统一在教育活动的各个环节中，《决定》正式将美育列入教育方针，使美育在学校教育中的地位得到确定，美育被提上了高等院校的工作日程，已经取得一些成绩，但是依然没有作为独立的学科得到应有的地位与相应的学科建设，高校美育发展正进入瓶颈阶段。

一、美育在高校教育中的缺失现象

从我国高等教育的现状来看，高校的美育远不及德育、智育、体育各方面完善。在高校中，大学生审美缺失的现象比比皆是，主要表现在两个方面：

首先，大学生审美能力不足，审美趣味低下。例如，当下一些大学生盲目追时尚赶潮流，或浓妆艳抹，或穿着暴露，完全不懂得自然清纯、朝气蓬勃才是真正属于他们的美。审美鉴赏能力普遍不强，一些大学生醉心于各种流行文化的刺激，包括流行歌曲和各种商业大片，很少有人去阅读

作者简介：张瑜（1982—），女，安徽宿州人，池州学院助教，硕士，主要从事美育、文化美学研究。

和欣赏一些文学艺术作品，即使在相关的美育课堂上也不能从中获得审美愉悦和心灵的净化。

其次，审美活动匮乏。一部分学生沉溺于网络游戏或者肥皂剧之中，一部分同学把所有的精力和学习热情都投入各种“考级”“考证”与社会工作之中，完全忽略自己精神品位的提升，逐渐形成了片面发展的“工具人”。因此，本应处于风华正茂年代的大学生，却不能使人看到一种朝气蓬勃的精神风貌。

以上不良现象如不能得到有效的纠正，将不利于高等教育事业的发展，必将造成严重的社会后果。因此，高校美育必须加强，而现实情况是，高校审美教育却日益呈现出弱化倾向。近年来，伴随着我国素质教育的深入开展，特别是自1999年美育被正式列入国家的教育方针后，高校美育受到了前所未有的重视，其实施也获得了一定的进展和成效，但是，在美育的实施过程中也暴露出许多薄弱环节和缺陷。

问题一：领导体制缺失。虽提倡德育、智育、体育、美育并重，但其中唯有美育没有完整的领导体系。以德育为例，每一所高校都具备相对健全的德育系统，具体为：校领导有分管学生工作的党委副书记，职能部门有学生工作部（处），学院或系有党总支副书记、政治辅导员、班主任。在这一系统中形成了分工合作、各司其职的工作格局。但目前各省、市教育厅及各高校都没有专门分管美育的处室，而教育部2004年颁布的全国普通高等学校本科专业目录，也没有美育方面的专业。作为高校考核优秀学生的标准之一的“三好学生”，指的是“德好”“智好”“体好”，唯独没有“美好”。由此可见，美育并没有引起各级教育主管部门和各高校的重视。

问题二：课程建设落后。目前国内多数高校课程设置中的人文社会科学类的课程主要以“两课”为主，具体包括《马克思主义哲学原理》《思想道德修养》等8门必修课程。为了加强人文素质教育，部分学校要求学生必须选修人文社科类选修课，如《诗词鉴赏》《音乐欣赏》等课程，但是选修课程一般不受学生重视，通常是为了完成学分而选，相比较而言，学生更愿意去选修一些有一定实用性的课程，如《现代公关社交与礼仪》等，美育在高等教育的课程里没有明确的地位。另一方面，在各高校的美育课程中存在一种普遍现象，即偏重于艺术技能技巧的传授和训练，而忽视对人的审美情感和审美能力的培养和提高。其结果是，培养出来的人才在技能方面可能是高超的，但是在审美素质和人格涵养方面却表现得严重不足。因此，美育课程如何开，怎样开，开哪些？这已成为高校美育工作亟待解决的问题。

问题三：师资匮乏。美育是一门边缘学科，融合了美学、教育学、心理学、伦理学等各种专业学科的知识；同时美育又是集艺术教育、审美教育、人文教育、情感教育于一体的综合性教育。美育学科的综合性和实践性，决定了美育师资队伍必须具备较高的综合素质，要具备多种艺术的基本素养。所以高等教育需要的美育教师应是一种复合型人才。而现有院校中接受过较为系统的美育理论教育的教师很少。由于受师资的限制，高校美育师资多以中文或艺术类学科的老师为主，艺术类教师容易将美育课当作艺术普及课讲授，而忽视审美基本理论的传授和审美具体方法的指导；文学类教师容易将美育课当作美学知识的简略课或文学鉴赏课讲授，而忽视其他艺术美的陶冶作用。

二、模糊的美育观是瓶颈

如上所述，高校美育从领导体制到课程建设到师资培养等一系列环节中都存在严重问题，这首先反映出人们对于高校美育观的认识偏差。长期以来，很多人对高校美育的理解和认识存在很多不足和误区。

首先，对美育不了解甚至误解。很多大学生包括高校领导对美育知之甚少或者根本不了解，不仅理工科专业的学生不清楚何谓美育，人文社科专业的学生也不清楚美育到底为何物。更有一些人对于美育本身存在着某些错误的理解，要么将美育视作德育或情感教育，要么把美育等同于美学理论的教育或艺术教育。美育与道德教育、艺术教育、情感教育、美学教育等范畴之间的关系一直纠缠不清。

其次，认识不到美育的重要性。很多人对高校美育的重要性以及要达到的最终目标没有清晰深刻的认识，把美育放在可有可无的地位。高校美育最终所要达到的目标是通过审美、创造美等实践活动，帮助大学生树立正确的审美观，培养对社会美、自然美和艺术美的感受、理解、想象和创造能力，完善审美心理结构，促进身心健康发展，从而造就一代人格完美的社会主义新人。而在大多数高校，美育的目标根本没有在教学计划中涉及，更谈不上美育任务的相关规定。学校工作中没有明确美育与德育、智育、体育以及艺术教育的关系，多把美育寓于德育或艺术教育之中，美育得不到与其他教育同等的地位。

再次，对于美育持功利态度。美育不像其他教育那样易于实施和评价，其成果也不能立竿见影地体现出来；同时，美育还缺乏相关的评估方法和机制，这使得一些人对于美育抱功利的态度。更有人错误地认为美育是中小学校的主要任务，大学生应该自己把握审美的价值和方向。事实上，大学生正处于人生成长的关键时期，这一时期，高校适当对其进行美育，对于学生陶冶性情、塑造人格有着重大意义。

这些认识的偏差和误解严重制约了我国美育学科地位的确立，已经成为高校美育发展的瓶颈。

三、创新寻突破——高校美育提升的根本出路

（一）更新美育观念，以新的理念指导美育实践

首先，要增强美育意识，给审美教育以独立的地位。无论是在西方还是在中国，美育很早就受到人们的高度重视。在西方，古希腊的毕达哥拉斯学派、柏拉图、亚里士多德都十分重视美育。到了18世纪末，席勒第一次明确地提出美育的概念，他的《审美教育书简》一书，是西方美学史上讨论美育的一本最重要的著作。在中国，孔子是最早提倡美育的教育家。孔子非常重视美育，认为人生最高的境界是一种审美的境界："莫春者，春服既成；冠者五六人，童子六七人，浴乎沂，风乎舞雩，咏而归。"（《论语·先进篇》）这是一种人和自然的和谐，是一种审美的境界。古代教育家的育人规律值得我们深思和借鉴。

其次要树立"大美育观"，还美育之真实面目。观念是行动的指南，美育观念直接制约美育实践，是美育实践成功的前提和保证，但美育究竟是什么，其内涵与外延如何界定，对于这些美育研究中的根本性问题，教育界一直没有统一的认识，这就势必给美育实践带来很多问题。

1987年，教育理论家滕纯先生正式提出"大美育"这一术语，认为"在所有的课程中，在一切的教育教学生活中，在青少年的全部生活中，都有美育的因素，可以说美育是无时不在，无处不在"。所谓大美育，是指着眼于教育整体的美育化，着眼于"对100%的儿童在100%的教育时间和空间里，实施全面的美育"，它主张按照美的规律和原则开展教育教学活动，充分挖掘教育教学中的美育因素，旨在通过融美育于学校教育教学的全过程，促进学生认知和审美的和谐发展，促进学生的全面健康发展。大美育包含了教育的非功利取向、美学文化追求、情感特质、人格内涵、

艺术教育、自由思维、形象思维等内容。这种大美育观将美育视为整个教育的一种境界，把美育当成一种自觉的行为，最终使教育达到一种自由创造的境界。

“大美育观”，是在美育概念经历了“艺术教育”“美感教育”“情感教育”“全面育人的教育”等发展演变的基础上产生的一种新的美育观念，具有新的特征。以前一提到美育，人们就以为是文学、音乐、美术等艺术学科的事情，把美育和其他学科分裂开来，把美育和其他学科教育分裂开来，认为抓美育是中文或艺术学科专业教学的事情。“大美育观”是对以往狭隘的美育观的一种革新，主张把美育渗透在各学科教学和学校教育的各个方面，从而达到美育普及的效果。树立“大美育观”，以新的理念指导美育实践，必将推动高校美育的创新和发展。

（二）创新美育体制，完善教育体系

美育本源性价值的回归离不开体制上的保障。近年来，国家颁布的一系列教育方针对高校美育学科建设起到了有力的促进作用，但这还不够，我们还需把国家的教育方针落实到具体的行动中。

首先，要建立并完善美育管理体制。要设立专业管理机构，规划、督导和组织教研活动，进行教学评估，定期检查实施情况，使高校审美教育经常化、制度化。各高校都要结合各自的情况，建立和健全美育方面的教学制度、教学大纲，建立相应的美育教研室，确保美育的实施。现行学校美育实施体系中没有美育大纲的现象必须加以改变，要尽快制定专门的《高校校美育大纲》《高校美育实施办法》等文件。只有不断提高美育管理水平，才能促进高校美育的持续深入推进。

其次，要把美育师资队伍建设、美育教材建设及设施的完善结合起来。在师资队伍建设上，根据“大美育”的精神，高校可以成立专门的“美育师资培训中心”，对各科教学老师进行短期培训，确保美育观念渗透在全部的教育教学生活中。同时，学校要成立专门的“美育教研室”，根据学校自身师资力量和美育课程设置的需要，整合教育资源，并有计划引进美育方面的专兼职教师，促进师资培养和优化；同时，还要在办公场所、教学条件、建设经费等方面进行统一筹划。

在美育教材编制方面，教育主管部门要依据高校美育课程的教学目标，组织专家编写一套科学的美育通识教材。要改变以往美学与美育教材的“冰冷”面孔，减少专著性教材追求的沉重的理论表述，使美育教材体现中国传统文化精神、反映地方特色、注重时代气息和现代精神、和学生

同步、与时代同行。

同时要重视相关美育设施建设，投入一定的资金进行图书馆、多媒体教室、音乐厅、美术馆等设施建设，为高校美育的实施提供物质保障。

（三）实践创新，开创大美育新模式

“大美育”精神要求高校要建立起完整开放的美育系统，课堂内外相辅相成，促进学生的全面发展。

首先，要合理设置高校的美育课程。美育课程的类型要多样，除了设置一些音乐欣赏、诗词鉴赏等赏析类课程外，还要设置美学理论、美学史方面的理论类课程，以提高学生对美的认识与分析能力。同时要因材施教，不同的专业设置的课程要有偏重，做到文理有别，理工类专业上可以多设置一些工艺审美的内容。另外，可将美育渗透到各类课程的教学之中。不论是人文社会科学还是自然科学都蕴含丰富的美育因素，如数学学科中的和谐美，历史学科中的遗迹美、悲壮美，物理学科中的统一美、对称美，化学中的实验现象美、化学反应规律美，旅游学科中的自然美，建筑学中的建筑美等等，凡是学校所有的课程，都没有与美育无关的。因此，在高校智育过程中应充分发掘各门学科教学中蕴含的美的因素，高校美育要主动渗入学校教育的各类课程的教学之中。

其次，创新模式，开发美育导向型隐性课程。作为传统课程的对应领域，隐性课程在20世纪60年代一经提出，便引起了各国课程研究者的极大兴趣，并迅速为人们所接受。隐性课程概括起来就是指学校通过物质的、组织制度的、校风教风等校园一般文化氛围，以内隐的方式向学生传递的非学术影响。在显性课程的实施环节，课程实施主体是教师，即教师在整个教学过程中起主导作用，学生是在教师的引导下进行学习。而美育导向型隐性课程完全是环境学习过程，整个学习过程是通过周围环境以无言的方式对人产生潜移默化的影响。对于高校美育而言，加强校园文化建设是实施美育隐性课程的重要内容，校园文化建设主要包括以下两点：

第一，物质层面的校园文化建设，主要指校园的物质设施。审美化校园环境的条件是：建筑规划设计优美，绿化充分，文化氛围浓郁。校园环境建设包含自然环境和人文环境。自然环境是经过人工创造的自然物的组合，包括校园的整体绿化和布局，它应该是一个充满生命活力的和谐的生态环境，是有利于学生健康成长、深造成才的理想场所。人文环境既包括物质层面的建筑设计，也包括精神层面的物质载体，如标语、格言、宣传栏、广播站、电视台及校园网等。校园建筑的整体设计要合理、实用、美

观，不仅要干净整洁、设备齐全，而且要富有个性，具有艺术化的气息。

第二，精神层面的校园文化建设。一方面可结合大学生的特点，精心开展各种形式的社团活动，引导学生参与书画社、文学社、艺术团等各种文艺社团，使他们接受艺术与美的熏陶和感染。同时，开展艺术的鉴赏和实践活动，如书法展、摄影展、美术作品展等，让学生在亲身体验中感知美。另一方面，广泛开展各种主题鲜明、富有特色的大型文艺活动，如卡拉OK大赛、话剧表演、经典诗词诵读、书画比赛、主题征文等活动，逐渐提升学生的审美趣味和审美能力，并营造出良好的校园文化。

参考文献：

［1］漆书青．职业技术教育师资培养模式研究［M］．南昌：江西高校出版社，1998.

［2］朱光潜．西方美学史［M］．北京：人民文学出版社，1979.

［3］陈育德．西方美育思想简史［M］．合肥：安徽教育出版社，1998.

［4］曾繁仁．美育十讲［M］．济南：山东教育出版社，1985.

［5］〔德〕席勒．美育书简［M］．徐恒醇译．北京：中国文联出版公司，1984.

［6］赵伶俐．审美化教学原理与实践［J］．长春：吉林人民出版社，2000.

［7］曾繁仁．审美教育现代性新论［J］．南京师范大学文学院学报，2002，（1）．

［8］曾繁仁．审美教育：一个关系到未来人类素质和生存质量的重大课题［J］．山东大学学报（哲学社会科学版），2002，（6）．

［9］董洪哲．以“大美育观”填补美育意识的空白［J］．教育科学，1994，（1）．

（原载于《池州学院学报》2011年第5期）

案例式教学法在“马克思主义基本原理概论”课实践教学中有效运用研究

俞念胜

摘　要：案例教学法在“马克思主义基本原理”概论课实践教学中的运用已经过几年的探索并形成了一些好的做法和经验。案例教学法的提出和运用是理论联系实际的学风、增强“原理”课实效性、提高学生学习兴趣的需要。在新时期，“原理”课教师要在对案例教学法的认识、案例的选择上下功夫，做到教师主导、学生主体、知识性和信仰性“原理”课教学目标的实现。

关键词：案例教学法；实践教学；实效性

高校实施“05 方案”以来，思想政治理论课教学已经走过了 7 个年头，党中央和教育部一直关注思想理论课的教学情况。从 2004 年中共中央、国务院《关于进一步加强和改进大学生思想政治教育的意见》，到 2005 年中宣部、教育部《关于进一步加强和改进高等学校思想政治理论课的意见》，再到 2008 年中宣部、教育部《关于进一步加强和改进高等学校思想政治理论课教师队伍建设的意见》，都强调了思想政治理论课的实践教学。

周济曾经指出：“在‘原理’课的教授过程中，必须贴近实际、贴近生活、贴近大学生，把课程讲到大学生的心里去，使学习这门课成为大学生内在的强烈需要，把他们的积极性和主动性充分调动起来，把学习的过程转化为自觉、自主的行动。”[1] 袁贵仁也曾经指出：“教学方法决定着课堂教学的实际效果。通过鼓励教师转变教学理念，积极采用案例式等更加灵活、多样、有效的教学方法，探索开展社会实践活动的途径和方法，激

作者简介：俞念胜（1984—），男，安徽贵池人，武汉大学马克思主义学院博士生，池州学院政法管理系讲师。

发了学生的学习热情"[2]。可见，有效地开展创新教学方法是增强思想政治理论课实效性的重要途径，案例教学法正是思想政治理论课实践教学的重要内容。

一、案例教学法的提出及其意义

实践教学是当前高校思想政治理论课普遍开展的教学模式，它既是思想政治理论课教学系统的重要环节，又是提高思想政治理论的实效性的重要途径。简而言之，"实践教学主要有基地教育、社会实践、案例教学、阅读理解、校园文化、研究实践六大基本类型"[3]。其中，案例教学是思想政治理论课课堂教学的重要组成部分，也是实践教学的重要内容之一。案例教学法最初是哈佛大学商学院采用的一种教学方法，并在教学过程中取得了较好的效果。随着我国的改革开放，案例教学被引入我国高校，近些年在思想政治理论课课堂上被诸多教师普遍采用。高校思想政治理论课的案例教学不仅在"原理"课中，而且还贯穿于其他三门课之中。案例教学法是指"由案例作为教学材料，结合教学主题，通过讨论、问答等师生互动的教学过程，让学习者了解与教学主题相关的概念或理论，并培养学习者高层次能力的教学方法"[4]。在新时期，各种社会思潮在对大学生的思想和行为产生深刻影响的同时，如何增强思想政治理论课的实效性和针对性，要求高校思政课教师要在教学方法上下功夫。

"马克思主义基本原理概论"是高校思想政治理论课中理论性、抽象性较强的一门课，而"案例教学具有'以案论理、活化教学内容，讨论为主、调动学生的主体性，问题分析、提高学生掌握并应用所学理论分析、解决实际问题的能力'三大功能"[5]。在实际的"原理"课教学过程中充分地运用案例教学法，对于"原理"课以及整个思想政治理论课来说具有非常重要的意义。

（一）案例教学法是增强"原理"课实效性的重要途径

近些年来，特别是从"05 方案"实施以来，学界、理论界都提出要增强思想政治理论课的实效性，并且也做出了一些理论研究和实践，就"原理"来说，实效性仍然是一个关键的现实问题。案例教学法的实施在一定程度上可以增强课程的实效性和针对性，因为案例教学法在"原理"课各个章节的具体运用中，可以将抽象的原理、理论转化为具体的案例展现出来。黄伟力认为，传统教学“这种理论教学很难引起学生的兴趣，很难赢得他们的思想共鸣，甚至反被误解为是一种说教而产生抵触情绪、逆反心理”[6]。比如，在“原理”课的哲学、政治经济学、科学社会主义这三部分，如果采用一支粉笔、一本书的传统灌输法，“原理”课的实效性就要大打折扣，所以在“原理”课中针对每一章、每一节的具体基本的概念、原理恰到好处地运用案例教学法，可以将以往的思想政治理论课课堂的教师“一言堂”的纯粹理论的灌输，转变为“教师主导、学生主体”的双向互动的课堂，让学生在讨论、辩论的过程中主动地、积极地掌握马克思主义的相关原理。

（二）案例教学法是提高学生自主学习能力的关键前提

思想政治理论课是高校大学生必修的公共必修课，它在大学生的“三观”建设形成过程中发挥着重要的角色，而大学生对思想政治理论的认同感不强也是当下摆在思政课教师面前一个棘手的问题，这就要求我们思政课教师要在教学方法上下功夫。案例教学法在“原理”课堂上的合理运用在一定程度上可以提高大学生的自主学习能力。案例式教学通过教师精心组织案例，结合“原理”课中具体章节抽象的原理并且借助多媒体这一中介，将马克思主义的相关原理通过活生生的案例形式展现出来，可以促使学生在课堂上积极思考，发挥学生的积极性。在案例的讨论过程中，要充分发挥“学生主体”这一特性。要给学生一定的时间阅读，教师要引导学生思考、讨论。在相互讨论的过程中，学生会提高思考问题的能力，在一定程度上提高学生自主学习的能力。

（三）案例教学法是贯彻理论联系实际学风的重要环节

作为当代大学生，在新时期，学习“原理”课，掌握马克思主义的基本原理，是理论联系实际的学风的客观要求，是树立大学生正确的世界观、人生观、价值观的重要保证。我们学习思想理论课的最终目的是理论联系实际，理论联系实际也是增强“原理”课实效性的内容之一。马克思主义理论是科学性和革命性的统一，在当前新时期，各种社会思想激荡交融，理论联系实际必然要求将国内外发生的重要事件同“原理”课结合起来，这种结合就需要案例教学法在“原理”课中的有效运用。思政课教师要充分运用案例教学法，教会当代大学生用马克思主义的理论、观点来认识世界，积极地投身于改造世界的过程之中。

二、案例教学法在“原理”课中的运用现状

案例教学最重要的是要以授课教师为主导、以教育对象学生为主体，教师积极地引导学生参与案例的讨论，并将其和课本的相关原理、观点相结合，这样才能发挥案例教学作为实践教学的有效性。从“05 方案”实施至今，案例教学法在“原理”这门课中已经得到实施，但也出现了一些问题。

（一）“原理”课教师对案例教学方法认识不到位

从“05 方案”实施以来，教育界和理论界出版了相关的“原理”课实践教学案例百例或相关丛书。案例教学在“原理”课中的运用已经经过了几年的探索，形成了一定的经验。但就“原理”课来看，大部分教师在“原理”课教学过程中使用案例教学法的比例不是很高。本课题组针对“原理”课的案例教学对安徽各高校发放问卷共计 1000 余份，从收回的问卷来看，其中：对“您在‘原理’课教学过程中使用案例教学次数”的回答，有 38% 的教师选择没有使用过，43% 的教师选择部分章节使用。从问卷调查的结果来看，案例教学在“原理”课中的运用还有待加强，究其原因仍是高校教师要加强对案例教学的认识，对整个思想政治理论课的实践教学要充分了解。在问卷调查中，有的老师把案例教学等同于带学生参观实习、看视频录像教学片这类形式的教学，弱化了案例教学的重要性。

要想提高思想政治理论课的针对性和实效性，高校教师必须提高对案例教学的认识，并且积极主动地组织案例教学。本次问卷针对安徽各高校进行调查，数据显示，从事“原理”课教授的教师，青年教师（35 岁以下的）占整体教师比例的 58%，但由于青年教师在案例教学的组织实施过程中难以掌控整个局面，导致部分青年教师回避案例教学这一有效的方法，而以简单的学生参观考察、课堂播放视频教学片取而代之，这也是以往的“老师讲、学生听”的固化教学模式的体现，在一定程度上暴露出“原理”课实践教学的教学弊端。

（二）“原理”课教师在选择案例中的困境

案例教学要发挥其特有的教学实效性，最终还是要看教师针对具体章节选取的案例。马克思曾经指出：“理论只要彻底，就能说服人。”[7] 对于课堂教学的对象——大学生来说，有时代代表性且能引起大学生共鸣的案

例可以激发学生的积极主动性。目前，高等教育出版社出版的《〈马克思主义基本原理概论〉教学案例解析》是随课本下发给高校教师的教辅材料，但随着改革开放的不断深化和网络时代的迅速发展，该教材的大量案例因其内容陈旧，已不适应新时期大学生的思想变化需求，不能正确地反映新时期的特点，不能发挥该教辅教材的有效性，也在一定程度上造成了教师在教学中选择案例时的捉襟见肘。

目前，“原理”课中使用的案例的针对性不强，也是案例教学的突出的问题之一。“原理”课教师由于受到时间及各方面因素的影响，在采用案例时通常是“拿来主义”，这样就导致了案例联系“原理”课的实际效果减弱。问卷调查显示：对“您在选择案例时主要突出哪些方面”的回答，有35%的教师选择了趣味性。这在一定程度上也反映了目前“原理”课案例教学的现状。部分教师为迎合当代大学生的喜好，选择趣味性强的案例而忽视了其相关原理的理论性讲授，这也使“原理”课的教学效果大打折扣。

（三）案例教学的实施受到内外部条件的制约

目前，一些主客观的条件也给案例教学的实施开展产生了限制。马克思说：“环境的改变和人的活动或自我改变的一致，只能被看作是并合理地理解为革命的实践。”[8]高校的师生比是目前各个高校评估中以及发展中的突出矛盾，尤其是思想政治理论课教师，目前的思想政治理论课教师队伍除了专职教师外，还有辅导员等从事学生工作的兼职教师。尽管思想政治理论课的师生比仍高于其他专业师生比，但从本课题组的问卷调查统计来看，大部分高校的师生比都达不到教育部的要求，这就导致了目前思想政治理论课的一个共性出现——大班（合班）教学模式。根据调查报告统计显示，有92%的教师都在采用大班（合班）教学这一模式。大班（合班）教学在一定程度上可以缓和师生比的矛盾，但给课堂的实效性以及“原理”课实践教学案例教学的发挥带来了制约。案例教学最初在哈佛大学商学院是分小组（15~20人）的讨论式教学，现在的思想政治理论课课堂动辄100多人，有的学校甚至达到了150人以上。

目前，各个省都加强了思想政治理论课专项项目的建设，每年或每两年都会出台一些针对省内高校思想政治理论课项目的申报文件，但由于受众面及惠及面有限，思想政治理论课教师积极创新实践案例教学的主动性不强，这就要求各个高校要加强思想政治理论课的专项项目建设，其中必然要包括思想政治理论课的实践教学项目建设。根据调查报告的统计结果来看，只有33%的高校实施了每年度针对思想政治理论课的专项项目建设工作，这也在一定程度上影响了教师主体创新教学方法的积极性。

三、案例教学法在“原理”课中有效运用的思考

要增强案例教学法在“原理”课中的有效运用，必须在案例的选择和课堂教学过程中下功夫，真正地做到“原理”课的知识型和信仰型教学目标的实现。

（一）处理好案例的经典性与及时性的关系

案例的选择是否得当，是案例教学法实现其有效性的关键因素，在“原理”课的教学过程中，要把握好案例的经典性和及时性的关系。首先，对于授课老师来说，所选案例要能契合所授章节的基本原理、观点，但在新时期，有些经典的案例往往不能引起学生的兴趣，从而影响实效性。例如：“今天再讲绪论的时候，就不一定要用 8 年前世纪之交的上述案例，而是要用更能说明问题的案例。”[9]这个时候，授课教师要积极思考，用更加新颖及时的且与“原理”课原理相关的案例取而代之。例如，教师可在 2008 年美国次贷危机引发的全球金融危机背景下西方国家对待马克思的态度上积极构建案例。

其次，案例教学还应突出其及时性。“一个好的案例描述的应该是近 5 年发生的事情，学生更愿意接触这样的案例，而不愿意接触时间较长的那些案例”[10]。当代大学生在新时期有其新的特点，他们思想活跃，如果在教学过程中案例没有及时地更新，在一定程度上会弱化案例教学的有效性。对于授课教师来说，每学年案例都要针对当前国内、国际上发生的重大事件进行调整。现在各高校思想政治理论课基本上能做到集体备课，在每学期的集体备课会上，授课教师要积极交流、相互探讨，形成最优化的案例，而不能让集体备课流于形式。

最后，在“原理”课具体的教学过程中，还要注意经典性和及时性案例的结合使用，这样可以从不同的具体案例出发，更好地认识、掌握相关原理。例如，在“原理”课第一章第三节的客观规律性和主观能动性部分，可以直接采用案例教学这一形式，采用大禹治水的典故这一经典性案例和中国高铁快速发展的弊端这一及时性案例相结合的方法，让学生充分思考、讨论，从而更直观地掌握相关原理。

（二）处理好教师主导和学生主体的关系

“原理”课的案例教学最关键因素是教师在课堂教学过程中的统一协

调能力。案例教学相比于其他教学法有其灵活、开放等特点，这对于授课教师来说是一个不小的挑战，故有些教师在“原理”课教学过程中为省去一些不必要的麻烦，就不采用案例教学这一教学方法，这是不可取的。“教师主导、学生主体”是“原理”课案例教学要把握住的最关键的原则，在“原理”课的教学过程中，授课教师要处理好两者之间的关系。首先，教师要起主导作用，要精心准备相关案例。针对课本的具体章节，教师要在集体备课的前提下，结合自己的教学风格和特点，在上课之前将案例的现实情况以及背景和反映的相关原理熟记于心，并在课堂上针对讲授的相关章节及时导入案例；同时，在讨论的过程中起主导作用，在学生回答偏离或有悖于相关问题时，教师要及时干预并引导回归学生正确的思路，引导他们在认识世界的过程中树立正确的世界观、人生观、价值观。

其次，案例教学法要以“学生为主体”。以学生为主体就是在“原理”课的课堂上采用案例教学时，要实实在在地以课堂内的学生为主体，在给予一定的时间思考后，充分尊重学生的主体地位，营造轻松自由的环境，让学生积极主动地思考、阐述相关看法。列宁曾指出：“如果要进行论争，就要确切地阐明各个概念。”[11]案例讨论过程中，还应给学生讲清楚“原理”课的基本概念，讲清楚基本的概念要以学生为主体，让学生自主思考、主动辩论，共同形成结论。这也是“原理”课教学目标和采用案例教学法的客观要求。

（三）处理好知识型和信仰型教育的关系

“原理”课作为高校思想政治理论课之一，主要目的是向广大大学生讲授马克思主义基本原理、观点，让大学生在认识世界和改造世界的过程中树立正确的世界观、人生观、价值观。当前，在高校中增强以马克思主义为指导的社会主义主流意识形态的认同，也是新时期“两课”教师所要面临和思考的问题，“原理”课教师因这门课程的理论特殊性更应多一点思考，所以“原理”课案例教学法要在注意知识和信仰教育相统一上下功夫。教师在案例教学的过程中尤其是在案例教学的准备阶段——对如何选择案例要做认真的思考和准备。例如：在教材第四章第三节的资本主义的政治制度和意识形态这一部分，教师可结合美国大选这一案例，通过文字和视频相结合的案例，让大学生在讨论案例的过程中，掌握资本主义国家的政治制度以及意识形态的本质这一基本理论，并通过这一案例的教学，引导大学生树立以马克思主义为指导思想的意识形态，在当前社会思潮的冲击影响之下，能够清晰认识我们党和国家肩负的历史使命，真正做到内化于心、外化于行。

案例教学法在“原理”课实践教学中的有效运用，是让大学生更好地掌握马克思主义相关原理、观点、理论，是帮助大学生用马克思主义观点提高思考问题的能力和掌握正确的方法，从而使大学生在认识世界和改造世界过程中树立正确的世界观、人生观、价值观，达到自觉学习、运用、发展马克思主义，努力实现中华民族伟大复兴中国梦的宏伟目标。

参考文献：

[1] 周济. 努力使“马克思主义基本原理概论”成为大学生真心喜爱、终身受益的优秀课程 [J]. 思想理论教育导刊，2007，(增刊)：4.

[2] 袁贵仁. 努力建设一支“让党放心，让学生满意”的高素质教师队伍 [J]. 思想理论教育导刊，2010，12 (144)：5.

[3] 柳礼泉. 论思想政治理论课实践教学的形式 [J]. 思想理论教育导刊，2007，(3)：66.

[4] 张民杰. 案例教学法理论与实务 [M]. 北京：九州出版社，2006：7.

[5] 戴艳军等. 思想政治教育案例分析 [M]. 北京：高等教育出版社，2001：13-15.

[6] 黄伟力. 应把案例教学引入“马克思主义哲学原理”课 [J]. 思想理论教育导刊，2010，(10)：21-23.

[7] 中共中央编译局. 马克思恩格斯文集（第 1 卷）M]. 北京：人民出版社，2009：11.

[8] 中共中央编译局. 马克思恩格斯选集（第 1 卷）[M]. 北京：人民出版社，1995：55.

[9] 石云霞. 关于撰写“马克思主义基本原理概论”课程教案的几点体会 [J]. 思想理论教育导刊，2009，3 (123)：90.

[10] 郑金洲. 案例教学指南 [M]. 上海：华东师范大学出版社，2000：48.

[11] 中共中央编译局. 列宁全集（第 23 卷）[M]. 北京：人民出版社，1958：34.

（原载于《学校党建与思想教育》2014 年第 8 期）

论高校思想政治理论课有效教学

陈　鑫　姚丽娜

摘　要：思想政治理论课是高校思想政治教育教学的重要组成部分，是大学生思想政治教育的主渠道和主阵地。然而，目前高校思想政治理论课的实际教学并未实现它所承担的历史使命和责任。因此，必须转变观念，深化思想政治理论课教学改革，实现思想政治理论课有效教学。

关键词：思想政治理论课；有效教学；改革

任何教学活动都要产生一定的教学效果，并要实现一定的教学目标，都应追求有效。英国学者基里亚科认为："有效教学主要关心某种教学活动怎样促成了理想的学生学习。"[1]有效教学虽是一种全新的教学理念，但也是广大教育工作者长期以来的追求。有效教学是教师教的活动即教学过程的有效性——教学符合教学规律，教师通过采用科学的教学方法，运用恰当的教学形式，展现良好的教学艺术，将教学内容有效地传达给教学对象，获得预期目标的实现，表现为教学有效果、有效益和有效率。

思想政治理论课的有效教学，是指思想政治理论课教师通过教学过程的有效性，引发学生的学习兴趣，相对有效地让大学生了解和掌握马克思主义理论，形成以马克思主义理论为指导的科学的世界观、人生观、价值观及思维方法，并具有较高的理论素质和道德素养的教学[2]。

大学生是党和国家宝贵的人才资源，是祖国的未来、民族的希望，他

基金项目：安徽省质量工程思政教研课题"文化多元化背景下高校思想政治理论课有效教学研究"（2013SZXM095）；池州学院教研课题"高校思政政治理论课有效教学研究"（2010YJ046）。

作者简介：陈鑫（1980—），男，安徽池州人，池州学院思想政治理论课教学研究部讲师，南京师范大学硕士研究生，主要研究方向为马克思主义与思想政治教育；姚丽娜（1982—），女，安徽舒城人，池州学院政法管理系专职辅导员，安徽师范大学政法学院硕士研究生，主要研究方向为马克思主义与思想政治教育。

们肩负着历史的责任和人民的重托。大学生的素质尤其是思想政治素质如何，直接关系到国家的命运和前途。高等学校思想政治理论课是高校思想政治教育教学的重要组成部分，是大学生思想政治教育的主渠道和主阵地，在大学生世界观、人生观和价值观的形成过程中有着不可替代的作用。然而，由于受学生的重视程度、教师自身的教学水平等诸多因素的影响，现阶段高校思想教学政治理论课的教学效果并不理想，也并未真正实现有效教学。

一、思想政治理论课有效教学存在的问题及原因分析

近年来，在党和政府的高度重视下，高校对思想政治理论课教学进行了积极的探索，虽取得了可喜的成绩，但仍有许多教师在思想政治理论课教育教学过程中感到力不从心，也未达到预期的教学效果。

另一方面，相当多的学生对思想政治理论课的学习不感兴趣，上课不认真，出勤率低，使思想政治理论课教学处于不受欢迎而又相对低效的窘境。

导致当前高校思想政治理论课教学失效的原因有很多，其中社会消极因素的影响、高校思想政治理论课教师自身存在不足、思想政治理论课教学内容的重复性等因素，是引起高校思想政治理论课未能实现有效教学的主要原因。

首先，社会消极因素的影响。市场经济以获取最大利益为出发点，这种功利性使一些人的价值取向和价值标准发生了扭曲。大学生正处于世界观、人生观、价值观形成和发展时期，对市场经济负面影响的“免疫力”不强，极易受社会上功利性价值取向的影响，降低了高校思想政治理论课的教学效果。

其次，思想政治理论课教学内容在纵向和横向上都存在着重复性。纵向内容重复是指大学思想政治理论课中的内容与高中政治中的部分内容有重叠，横向内容重复是指思想政治理论课具体课程之间内容存在重复，这些重复内容削弱了学生的求知欲，诱发了学生的逆反心理。

再次，教学方法与手段单一。目前，高校思想政治理论课主要采用传统的讲授法。虽然这种教学方法能充分发挥教师的主导作用，便于控制教学过程。但这种单向性的注入式教学使教师处于绝对权威地位，学生处于被动接受地位，不利于调动学生学习的积极性、主动性和创造性，也不能

增强课堂教学的吸引力、凝聚力和实际效果。

最后，教师主体素质存在问题。教学效果的好坏，既取决于学生的“学”，更取决于教师的“教”，而且“教”更难于“学”。“为什么教难于学？这并不是因为做教师必须腹笥宏富，常备不懈。教难于学，乃因教所要求的是：让学。实际上，称职的教师要求学生去学的东西首先就是学本身，而非旁的什么东西。”[3]思想政治理论课程的特殊性决定了担任思想政治理论课教学任务的教师应与其他教师有所不同。思想政治理论课教师是马克思主义理论和党的路线、方针、政策的宣讲者，是社会主义意识形态和精神文明的传播者，是大学生健康成长的指导者和引路人，承载着国家赋予的塑造和培育学生政治立场、政治方向、政治观点、政治责任的使命[4]。

他们应该是教师队伍中的一面旗帜，客观上要求思想政治理论课的教师既要有扎实的理论基础知识，又要有一定的实践能力水平；主观上更要严于律己、以身作则、言传身教、为人师表；并且还要与时俱进，不断研究新的方针政策，关注社会中的热点问题，了解、解决学生内心世界中的矛盾，也要具有沟通、协调等能力。然而，由于教师自身的主体因素，在思想政治理论课课堂教学过程中，教师并没有真正实现“让学”。

二、思想政治理论课有效教学策略

（一）优化教育生态

“教育生态是教育的外部环境系统”[5]，它由社会环境、学校环境和家庭环境共同组成。因此，要提高思想政治理论课有效教学确实是一个系统工程，它“需要学校、家庭、社会全方位的关注，需要学生、家长、教师及广大教育工作者的共同努力”[6]。

（二）改进教学内容

思想政治理论课是一门与时代的发展紧密联系的课程，要增强针对性、实效性，提高吸引力、感染力，就必须解放思想，实事求是，与时俱进。

思想政治理论课教师应本着贴近生活、贴近实际、贴近学生的原则，以大学生真心喜爱和终身受益为宗旨，立足于大学生做人成才，不断加强和改进思想政治理论课教学，以提高其有效性[7]。

教学是一个互动过程，高校思想政治理论课的教学活动要想取得成效，既取决于教师的“授”，也取决于学生的“受”。教学的有效性与教学内容直接相关，针对思想政治理论课教学过程中存在的内容重复及内容多课时少的弊端，我们应合理规划教学内容，通过整合教学内容来增强教学的有效性。打破传统的章节授课模式，在吃透教材的基础上构建专题，教学专题应主题鲜明，并体现时代性和科学性，使教材体系向教学体系转变，增强选题内容的吸引力。只有思想政治理论课教学内容与时俱进，才会让学生有新鲜感和认同感。

此外，思想政治理论课教师还要增强教学内容的现实性和针对性。当前，思想政治理论课教师应了解大学生的现实需要，并深入研究社会现实，及时更新教学内容。通过对社会热点疑点和难点问题的探讨，提高大学生运用所学理论分析问题和解决问题的能力，增强教学内容的感染力和吸引力。

（三）改革教学方法

思想政治理论课教育教学方法的单一，是制约教学效果提高的主要因素。思想政治理论课的有效教学，不应是学生被动接受外部刺激，成为知识灌输的对象，而应使学生成为知识信息的加工主体及建构者。

因此，必须改革传统的思想政治理论课灌输式教学模式，充分发挥任课教师的积极性和主动性，鼓励教师在课堂教学中，结合学生的特点，大胆尝试新的教学方式和方法，加强思想政治理论课教学的说服力和感染力。淡化单向灌输，加强双向互动，突出学生的主体地位，发挥学生的主动性，实现由单向传递灌输向双向交流互动的转变，以达到教育者与受教育者的双赢。

思想政治理论课教师在教学过程中要以大学生为中心，以调动学生主动性、积极性为出发点，针对一些基本理论做一些引申和拓展，将教学内容外延拓展，从理论到实际，引导学生积极思考、主动进行知识建构，使学生对理论有全方位的深入了解与认识，提高思想政治理论课教学的针对性和实效性。

此外，思想政治理论课教师还应确立由单一课堂教学向多维教育教学转变的理念，灵活运用启发式、辩论式、讨论式、案例式等教学方法，综合运用多种教学手段，强化实践教学，拓展教育空间和领域，开创思想政治理论课教学新局面。

（四）改革考核方法

考试是检验教育成果的重要手段，是教学的有机环节之一。科学的考核机制具有筛选和鉴定、检查、判断、导向、激励和反馈等功能，有利于科学设置教学内容、提高课堂教学效果，对建立先进的教育理念、实现教学目标起着重要作用。

衡量一门课考试是否需要改革的标准有三个方面：一是看考试的内容和方法能否体现课程的教学目标；二是看考试能否科学地检测出学生的学习和教学效果；三是看考试能否促进学生的学习和教学改革。

中共中央宣传部、教育部在《关于进一步加强和改进高等学校思想政治理论课的意见》中明确指出："要改进和完善考试方法，采取多种方式，综合考核学生对所学内容的理解和实际表现，力求全面、客观反映大学生的马克思主义理论素养和道德品质。"

然而，传统的思想政治理论课程考试，在内容上重视学生对马克思主义理论基本知识的掌握，忽视了学生对这些知识的理解和分析问题、解决问题能力的提高；在方法上重视期末测试，忽视了学生平时的学习过程和生活表现。这种传统的考核方式更多地侧重于对学生记忆力的考核，而不是用来激发学生的思维力和创造力，是对学生"智力"的测量而不是对其"德行"的测评，并没有充分体现本课程的教学目标和教学效果，也不能真实地检测出学生的知识水平和实际能力。

因此，要提高思想政治理论课教学效果，实现有效教学，必须对课程考核进行改革。建立"理论知识考核+平时考核"的考核模式：理论知识考核为40分，占总分比例的40%；平时考核为60分，占总分比例的60%，即学生期末总评成绩=期末考试成绩×40%+平时考核成绩×60%，使思想政治理论课的考核由原来的终结性评价向过程性评价转变。

期末的理论知识考核内容应以考核学生分析和解决问题能力的主观题为主，平时考核主要考核学生的听课态度和参与教学的积极性以及平时的日常行为，具体考核内容包括上课出勤、听课状态、实践教学考核和日常行为考核。

希望通过思想政治理论课教学和考核的改革，能建立多元化的考核机制，充分发挥课堂教学在大学生思想政治教育中的主导作用，提高大学生的思想政治素质，增强思想政治理论课教育教学的有效性，开创思想政治理论课教学的新局面，真正实现由"教书"向"育人"的转变，使思想政治理论课成为大学生真正喜爱并终身受益的课程。

参考文献：

[1] Kyriacous, C. Effective Teaching in school [M] . Basil Blackwell Ltd, 1986: 140.

[2] 胡余清. 思想政治理论课有效教学研究 [D] . 长沙：中南大学, 2008：11.

[3] [德] 海德格尔. 人，诗意地安居 [M] . 郜元宝译. 桂林：广西师范大学出版社，2002：20.

[4] 林海. 何谓高校思想政治理论课有效教学 [J] . 安徽理工大学学报（社会科学版），2010，(4)：83-85.

[5] 高汝伟. 高校思想政治理论课教学低效的成因及对策 [J] . 山西农业大学学报（社会科学版），2006，(3)：326-327.

[6] 张玉. 改革教学内容，提高思想政治理论课教学的实效性 [J] . 文教资料，2008，(9)：199.

[7] 李庆华，肖强. 深化教学改革提高思想政治理论课有效性 [J] . 思想政治教育研究，2008，(6)：58-59.

（原载于《池州学院学报》2014 年第 2 期）

新建应用型本科院校就业指导课教学实效性思考

苏　翔

摘　要：目前新建应用型本科院校就业指导课教学过程中存在课程教学体系不规范、师资力量薄弱、指导理念陈旧、教学模式单一和学生重视程度不够等问题。加强新建应用型本科院校就业指导课教学实效性的有效途径包括：准确定位，进一步完善课程教学体系；明确辅导员职业导师角色，加强师资队伍建设；丰富教学手段，强化实践教学。

关键词：新建应用型本科院校；就业指导课；教学实效性；途径

随着我国高等教育的不断普及，高校毕业生就业问题备受关注。这不仅关系到大学生个人职业生涯的发展，更是国家经济发展与社会稳定的重要基石。一些刚由高等专科升格为本科不久的地方院校，部分称之为“学院”，因受办学时间、政策支持、经费投入、经验积累、文化沉淀等方面因素制约[1]，无法与综合性研究型大学竞争，故谋求错位发展，提出了培养应用型人才的口号，将培养具备一定知识、能力和综合素质，面向生产、建设、管理、服务等一线或岗位群的高级应用型人才[2]作为办学定位与目标，这一类的院校又被称为新建应用型本科院校。

就业指导课程自从被作为公共课纳入教学计划以来，一直是高校就业指导与服务的重要形式与有效途径，在促进毕业生顺利就业方面取得了一定的成效。但对于新建应用型本科院校，因就业指导课程设立较晚、缺乏完善的课程体系与教育机制、教学实效性不强等诸多因素，导致该门课程整体教学质量不高，培养出的毕业生在市场上缺乏竞争力或不占优势，甚至难以就业。这不仅有悖于应用型高校的办学定位与培养目标，更制约了高等教育的持续健康发展。因此，规范就业指导课程体系，提高课程教学

作者简介：苏翔（1984—），男，池州学院外语系教师，硕士。

质量与实效性，对于新建应用型本科院校全面提升大学生的职业素养和就业服务有着十分重要的意义。

一、就业指导课教学现状与存在的问题

（一）课程教学体系不够规范，缺乏系统性与规划性

多数新建应用型本科院校虽已按照教育部关于《大学生职业发展与就业指导课程教学要求》将就业指导课纳入课程大纲中，根据自身情况制订了相应的教学计划，但实际并未把就业指导工作放在学校发展的重要地位。课程起步晚，重视程度与经验不足以及课程发展欠规划等原因造成了教学体系不够规范，存在着如教学课时不足，教学内容不实用，课程设置形式、教学进度安排、考核方式随意及教学监督反馈机制匮乏等一系列问题。例如，在高校就业指导职能不断深化阶段，应用型本科院校应强调“个性化”和“全程化”的就业指导理念。这意味着高校就业服务工作不能仅局限于毕业生的“终端”直接就业期，还要贯穿于大学教育的始终，且针对不同专业人才的指导模式也应不同。但部分新建应用型本科院校课程创新不足，只在特定学期开设就业指导课，课时短缺使整个教学体系出现断层，缺乏全程性指导，满足不了在校大学生的需求；另外，因缺少统一规范的教学大纲，课程设置的形式、讲授内容、教学进度、考核等方面都存在随意性，受授课教师的主观因素影响较大，教学质量参差不齐；因对课程建设重视度不够，缺乏规划性，很多地方高校没有成立相应的教研室，课程教学的监督反馈机制匮乏，教学水平停滞不前。

（二）师资力量薄弱，专业知识结构偏失

师资队伍的专业化水平是决定课程教学质量高低的主导因素。就业指导课作为一门应用性很强的学科，涉及包括经济学、心理学、社会学在内的多门类知识[3]。因此，它对教学人员专业知识结构要求较高，并不低于对其他专业教师的能力要求。目前，新建应用型本科院校受地方政府支持力度的限制，财力和人力相对贫乏，就业指导课专职教师很少，主要授课人员是专兼职辅导员，整体师资队伍呈现出人员缺口大、专业化水平低、流动性强、不稳定的特点。一方面，教学人员不足和错位，常常是一个辅导员带好几个班的课程，因对部分班级学生不了解，无法进行有效的、针

对性的指导，浮于形式；另一方面，因大部分辅导员所学专业不对口、缺乏系统性培训，专业知识结构偏失严重，在教学过程中市场经验和实践指导能力不足，讲课照本宣科，内容偏离实际、枯燥无味，学生收获甚少。同时，部分兼职辅导员，在平时教学中把更多的精力用于自己的专业课，对就业指导课重视不足，只当作任务完成，也在很大程度上影响了教学效果。

（三）指导理念陈旧，教学模式单一，形式僵化

就业竞争力是应用型本科院校人才输出的显著标志，是毕业生赢得社会认可、能够服务地方经济的关键条件。而职业素养则是就业竞争力当中的核心能力。高校在就业指导与服务工作中应根据自身办学特点，进一步明确“能力为先，素养为基”的教育理念，将养成教育、礼仪教育、诚信教育等德行素养和心理健康教育渗透在课程教学当中，帮助大学生树立正确的人生观和就业观念，培养学生基本职业素养和社会适应力。但由于职业指导理论在国内高校的研究与践行时间较短，很多新建本科院校在教育理念方面依然比较陈旧，存在“功利化”与“形式主义”的误区，教学目标只为单纯提高毕业生就业率，指导过程重技巧、轻德育，重理论、轻实践，忽视学生个人的发展。同时，教学模式单一，多以课堂短期集中讲授为主，理论性、政策性过强，缺乏实践教学和市场模拟环节。个性化的全程指导和定制式的职业规划在这些院校仍然难以开展。

（四）学生缺乏职业规划意识，课程重视度不够

我国大学生在职业生涯规划中普遍存在主体意识淡薄，目标缺失，职业定位不准，求职就业道路盲目、狭窄等问题[4]，这在地方高校尤为明显。就业指导课开设的目的是帮助毕业生提升就业质量和实现个人的职业生涯发展目标，但实施效果不尽如人意。绝大多数大学生虽然都肯定了职业规划课开设的必要性，但教学质量不高、教育引导不足、教学管理混乱等因素，使他们失去上课兴趣，课程重视度不够。有些高校的职业规划课甚至成了名副其实的“自习课”或者“班会”课，学生出勤率和课堂表现明显差于其他专业课。再加上常见的浮躁心态与急功近利的思想，学生对就业指导课的态度往往只在乎考试成绩的高低，而忽视了学习过程中自身能力与素质的提升，最终结果就是毕业时仍然茫然，面对社会束手无策。这与应用型本科院校的培养目标是背道而驰的。

二、增强就业指导课教学实效性的路径分析

（一）准确定位，进一步完善课程教学体系

在应用型本科院校就业服务体系当中，就业指导课作为学校培养人才和社会使用人才的结合点，在帮助毕业生树立正确的规划意识、形成科学的就业观与择业观，并解决实际就业难题方面起到关键作用。完善的课程教学体系是课程实施的重要保障。如何在原有的专科基础上进一步构建符合本校特点的本科就业指导教学体系，是一个亟待解决的重要问题。为此，笔者认为要做好以下几方面工作：一要规范教学管理，成立专门的就业指导课教研室，开展包括制定教学计划和大纲、教学研究、教学督导和就业市场调研等基础性工作。二要明确课程定位，强调“地方高校培养应用型人才服务地方”的特点，以市场为导向，统筹教学课时，针对不同专业、年级的大学生进行分层教学和个性化指导，充分体现素质、能力和知识“三位一体”的课程教学目标。三要重视学科建设，加强课程理论与实践教学研究。可通过市场对毕业生的反馈与评价适时优化课程结构，调整教学内容以适应现代大学生特点。同时在课程教学过程中出现有价值的问题，可以组建课题组加以研究，丰富课程理论体系。新建应用型本科院校在对就业指导课程理论深入研究与实践的同时，会不断明晰社会对人才的具体需求，这不仅有助于就业服务体系的完善，更为学校的专业设置、学科建设、人才培养及招生等各方面提供借鉴。

（二）明确辅导员职业导师角色，加强师资队伍建设

师资队伍水平决定教学质量。学生在成长过程中不仅需要生活与学习的引导者，更需要将来就业择业的领路人。辅导员一方面作为育人工作者，与学生年龄、背景相仿，利于沟通；另一方面又是基层管理者，对学生的家庭背景、专业能力、性格特征、综合素质等充分了解，因此是承担大学生职业规划教育和就业指导的理想人选。地方高校在就业指导课师资队伍建设方面，应整合资源、优化结构，让更多责任心强、素养高的辅导员承担自己所管班级的就业指导课，进一步明确他们职业导师的角色，让他们充分发挥自身职能、有的放矢地开展学生的就业辅导，培养学生良好的职业素养与就业观，积极解决学生就业难题。同时，高校还应设法为提

升指导教师队伍的专业化水平搭建新的平台，如强化职业培训与研讨、促进教师外出交流学习、鼓励申报专项课题、积极引进双师型人才等。通过制定相关的考核与激励机制，促进教学人员发挥主观能动性，积极开展教学反思，提升教研水平。总之，一支高素质、专业化、稳定的就业指导教师队伍，是新建应用型本科院校就业服务体系中不可或缺的中坚力量。

（三）丰富教学手段，强化实践教学，提升学生的学习兴趣

以一线生产实际需要的人才为教学目标的应用型本科院校，强调实践性、参与性与体验性等非认知性目标[2]。因此，在就业指导课这门社会性与应用性很强的课程教学过程中，教师更应强调和凸显实践环节，注意淡化理论，强化应用，突出学生为主体的教学方式。地方高校要想提升就业指导课教学实效性，实现人才培养与社会需求的无缝对接，必须在有限的教学课时内，摒弃传统单调的快餐式理论教学法，积极探索和创新教学手段，构建立体化教学网络。例如可采用团队辅导与心理测试、案例分析、情景教学、户外素质拓展、小组讨论、市场模拟和网络资源共享与互动等形式，让学生完全融入课堂当中，通过体验式教学激发学生的学习兴趣并提升认知力，让他们发挥自身主观能动性，将所学到的理论与技巧内化成实际能力。同时，积极促进校企、校地合作，努力开辟第二课堂，加强校内外实习实训基地建设，这是应用型本科院校办学定位的核心体现。一方面可邀请具有市场经验的校外专家学者、企业界人士和优秀校友来校讲学，增进学生对市场经济的了解，掌握社会对人才的具体需求情况；另一方面带领学生深入企业参观访学，了解企业运作形式和行业状况，以提升自我感受。只有深入加强与用人单位的合作联系，新建应用型本科院校的就业服务体系才能趋于完善，学校发展才能得到更多的社会支持。

三、结束语

总之，大学生就业指导课是我国高等教育发展到大众化阶段的必然产物，是一门必须认真对待且要遵循教育规律的综合性学科。新建应用型本科院校的应用型人才质量观和培养目标，对就业指导课程建设提出了更高的要求。应注重借鉴国内外优秀高校在课程教学方面的先进经验，积极探索提升就业指导课教学实效性的有效途径，切实为促进大学生个人发展和实现顺利就业做出努力。

参考文献:

[1] 赵小荣，贾杰华．地方应用型本科院校大学生就业指导体系的构建［J］．甘肃科技，2013，29（22）：85-87.

[2] 牛金城．应用型本科院校办学定位研究［J］．现代教育管理，2009，（11）：29-31.

[3] 张冕．关于高校就业指导课教学工作的思考［J］．思想政治教育研究，2008，24（3）：117-119.

[4] 刘维利．高校辅导员在大学生职业生涯规划中的作用［J］．潍坊学院学报，2008，8（5）：131-133.

[5] 邓强．高校辅导员担任职业导师的意义及对策——以广东白云学院为例［D］．上海：华东师范大学，2012.

[6] 师海荣，沈玲．关于新建本科院校就业指导课程的思考［J］．滁州学院学报，2007，9（4）：127-128.

（原载于《池州学院学报》2014 年第 3 期）

浅析高校思想政治理论课教学改革

俞念胜

摘　要：思想政治理论课在大学生思想政治教育工作中发挥着非常重要的作用，在新时期，高校如何发挥思想政治理论课的实效性是做好大学生思想政治教育工作的前提和基础。因此，应加强和创新思想政治理论课教学改革，把二者有机结合起来，切实做好思想政治工作。

关键词：思想政治理论课；思想政治教育；实效性

中宣传部和教育部为了全面贯彻和落实《中共中央国务院关于进一步加强和改进大学生思想政治教育的意见》（中发〔2004〕16 号文件），于 2005 年联合颁布了关于高校思想政治理论课改革的“实施方案”（简称“05 方案”）。根据“05 方案”的具体要求，全国高校从 2006 年下学期开始，原来 8 门高校思想政治理论课整合为“4+1”五门课程体系，即思想道德修养与法律基础、毛泽东思想邓小平理论和“三个代表”重要思想概论（2008 年更名为毛泽东思想和中国特色社会主义理论体系概论）、马克思主义基本原理概论、中国近现代史纲要和形势与政策，这就标志着我国高校思想政治理论课课程改革已经进入一个崭新的阶段。

一、当前高校思想政治理论课存在的问题

高校思想政治理论课是大学生思想政治教育的主阵地、主渠道，同时也是推进大学生思想政治教育系统工程中的重要一环。思想政治理论课教学的实效性和大众化在高校学生的思想政治教育工作中起到的作用越来越

作者简介：俞念胜（1984—），男，安徽贵池人，武汉大学马克思主义学院博士研究生，池州学院政法管理系讲师，主要研究方向：高校思想政治教育。

重要。而作为大学生思想政治教育工作的主渠道、主阵地——思想政治理论课，可以说，作为主体的教师在学生思想政治教育工作中担负着重要的责任和任务。从当前全国高校思想政治理论课教学现状来看，思想政治理论课教师面临着一系列的问题，具体来说，主要问题有以下三点：

（一）思想政治理论课教学内容相对单一

对于新时期的大学生而言，思想政治理论课教学内容相对滞后，主要表现为思想政治理论课教学内容相对单一，落后于新时期的大学生思想实际。在高校思想政治理论课教学过程之中，还存在着有些学生上课只是简单地为了应付学校的考试，这样更不能使思想政治理论内化转变为大学生的精神信仰。大部分学生上课只是为了应付期末考试，这种情况无疑制约着思想政治理论课的教学效果以及学生的思想道德修养的提高。

（二）思想政治理论课教学方法欠佳

当代大学生处在一个新时代、新时期，他们的思想特点具有明显的新时期特征。具体而言在认识事物、处理事情方法上偏重于直观化，越来越注重自己个性的发展，而不重视理论知识的学习，他们更倾向于形式多样、双向互动的教学模式。而当前大部分高校思想政治理论课教师还是坚持课堂讲授和理论灌输的教学方式，由于这种教学方式的局限性，教学方法相对单一，在一定程度上忽视了课堂内学生的想法，导致有些学生对思想政治理论课提不起学习兴趣甚至产生逆反心理[1]。

（三）思想政治理论课课堂实效性不强

目前，一方面各高校都存在着思想政治理论课教师配备不齐、教师资源短缺问题，很多学校采用“合班教学”模式。“合班教学”模式通常由2~4个不同班级、不同专业的学生组成一个班级，由于上课人数过多（有些学校合班人数达190人），这样教师在授课过程中，难以实施适合学生的教学方法，教师与学生之间的互动难度提高。有些学校教师还要受制于教学多媒体，从而导致课堂秩序往往难以维护，这样，既大大减弱了教与学的乐趣，又不利于学生思想道德水平的提高。另一方面，在部分高校，有的教师为了在教学过程中吸引学生听课，有的时候甚至为了迎合学生心理，往往不是循序引导学生深入思考相关原理、灌输相关理论，而是把课堂大部分的时间都用在讲故事、说笑话上，使得思想政治理论课变成了“聊天课”，也使学生认为思政课不重要。这样的课堂教学方法已经严重偏离了“思想政治理论课”的教学目标和任务，背离了当前思想政治理论课知识型与信仰型教学的特点[2]。

二、如何提高和创新思想政治理论课的实效性

（一）改变传统的教学模式，实行全新的课堂模式

传统教学模式把课堂上的教师讲授作为主要的内容，而现代教育的观念是“以学生为本”，主张将学生能力的培养放在第一位。人的全面发展是国家教育的出发点和归宿，应把学生的全面发展放在第一位。因此，思想政治理论课课堂教学要真正达到它的教学目的，就必须实行全新的课堂模式，教师要发挥自己的主观能动性，分层、分级地针对不同专业的学生开展教学。

（二）切实加强思想政治理论课的实践教学

思想政治理论课重在教育学生把知识与信仰结合起来，要达到这一要求，高校思政课老师在教学过程中必须坚持理论联系实际，讲授的内容要结合当前国际形势，贴近学生生活实际。教师要采取第一课堂和第二课堂相结合的方式，引导学生树立正确的立场、观点，从而更理性地分析问题，切实提高思想政治理论课的实效性，使学生从内心感受到思想政治理论课是一门能使自己终身受益的优秀课程。

三、思想政治理论课与大学生思想政治教育相结合

（一）突出思想政治理论课课程的主渠道功能

大学生的思想政治教育工作与思想政治理论课是紧密联系在一起的，两者之间只有做到合理最优的结合，才能发挥相应的功能。作为大学生思想政治教育工作主渠道之一的思想政治理论课课堂，应与学生在校期间开展的日常活动实践相结合，这样才能保证和提高思想政治理论课课堂教育的实效性。

（二）加大力度开展实践教学环节

高校思想政治理论课必须实事求是、坚持理论联系实际。学生在课本上学习到的相关原理、观点和方法只有与现实中的实际问题相结合，才能更好地为学生所掌握。近几年，各高校的思想政治理论研究部与学校各职能部门，与学校的团委、各系团总支加强联系、相互协调，把学生日常开展的文体活动、志愿服务活动作为思想政治理论课的实践教学，将其纳入教学计划，进行规范化管理。

（三）进一步改进思想政治理论课的考试模式

传统的各高校的思想政治理论课的考试在新时期还是闭卷考试多，开卷考查少；相对来说，开放式的考试如提交论文、考查还是比较少。这样的考试模式在一定程度上制约了思想政治理论课育人功能的发挥。因此，各高校应对思想政治理论课课程的考核进行改革，主要是要把学生在校期间的劳动课和平时的思想道德实践活动涵盖进去，实施全方位考核模式，严格执行全校统一考试制度。

高校思想政治理论课肩负着育人的崇高使命，我们要把高校思想政治理论课建设成为大学生真心喜爱、终身受益、毕生难忘的一门优质课程，一方面要加强思想政治理论课课堂教学，另一方面还必须紧密联系学生的实际需要，把教学与学生的日常思想政治教育紧密结合起来，使二者相互联系、相互作用，形成高校思想政治理论教育的有利环境，充分发挥思想政治理论课在大学生思想政治教育工作中的重要作用。

参考文献：

[1] 胡飒．角色理论视野下高校思想政治理论课教学方法探析［J］．学校党建与思想教育，2009，(5)：43.

[2] 张套锁．思想政治理论教学探索［J］．河北大学成人教育学院学报，2009，(1)：98-99.

（原载于《池州学院学报》2012 年第 2 期）

虚拟学习共同体：高校辅导员专业成长的新路径

王文广　汪　枫　徐生梅

摘　要： 高校辅导员虚拟学习共同体可为辅导员间的经验交流与协作提供平台，对促进高校辅导员专业成长具有重要价值。高校辅导员虚拟学习共同体具有引领学生更好发展的共同愿景，能借助网络实现互助及共同进步，辅导员间高度相似的“价值、情感和信念”易于凝聚核心等特点。高校辅导员虚拟学习共同体可通过建立明晰网络“空间”主题、实践共同的问题或项目、集成必要的学习资源、营造便捷舒心的学习氛围、组织丰富的在线和线下互动活动来实现构建。

关键词： 虚拟学习共同体；高校辅导员；辅导员专业成长

一、引　言

2004 年，《中共中央国务院关于进一步加强和改进大学生思想政治教育的意见》发布以来，党中央和国务院对大学生思想政治教育工作高度重视，教育部针对高等学校辅导员的建设和培训也在 2006 年和 2013 年分别印发了普通高等学校辅导员培训计划（规划），部署了辅导员队伍建设和

作者简介： 王文广（1979），男，安徽长丰人，池州学院；汪枫（1963—），男，安徽怀宁人，高级经济师，池州学院党委副书记，主要从事高校思想政治教育工作；徐生梅（1980—），女，安徽泗县人，池州学院教育第讲师，硕士。

培训的相关工作。通过齐抓共管，当前我国高校辅导员队伍的建设有了很大的起色，各校基本配备了专职与兼职相结合的辅导员队伍。但当前国际国内形势和大学生思想政治动态日趋复杂，高校辅导员队伍的专业成长还不能满足高等教育发展的需要，所以《普通高等学校辅导员培训规划（2013—2017）》要求从思想政治理论教育、专业素养提升、职业能力培养等方面，实施国家、省级、高校分级培训，以进一步增强辅导员的职业能力[1]。

高校教育管理与人才培养模式改革的深度推进呼吁建设具有较高专业水平的辅导员队伍，因为辅导员专业成长关涉高校人才培养的思想与品德规格，是高等教育教学改革成败无法回避的重要因素。而当下高校辅导员队伍专业建设存在培训内容不规范、无标准等一系列问题。关于安徽省的 93 所高校参与的调查显示，“参加教育部培训的辅导员不到辅导员总数的 0.4%；教育厅培训 1077 人次，占辅导员总数的 21.6%；学校培训 8483 人次，占培训总数的 62%；其他各类专项培训 4341 人次，占培训总数的 32%”[2]。由这组数据可以看出，安徽省的高校辅导员符合辅导员培训规划要求的国家、省级、高校的三级层次，但国家（教育部）和省级（教育厅）培训所占的比例明显偏低。从笔者所在高校以及其他高校走访了解的情况来看，高校基本每年秋季开学前进行辅导员培训，大多为 9 月份秋招的新生班辅导员岗前培训，教学内容主要是学生管理的具体工作介绍，如学生资助、突发事件处理、大学生心理健康工作等，较短时间的集中培训难免存在系统性和专业性缺乏等问题。从应然层面说，国家、社会及就业市场对人才规格要求不断提升，这种不断提升的要求不同程度地转化为对大学生直接管理者——高校辅导员专业能力要求上的高标准。从而使高校辅导员专业成长的实然状态和应然憧憬出现了严重冲突，而传统学习方式（培训、进修、外出考察）又无法有效支撑高校辅导员专业成长的迫切要求，这种难以调和的问题也成为诸多高校辅导员队伍建设改革的出发点。

当今的信息化数字环境为各类学习者创造了丰富的学习机会，也使高校辅导员专业成长模式有了创新的机会和可能，因为通过信息化数字环境高校辅导员能得到各类高质量的在线专业成长的机会，可与专家与同行进行合作、交流磋商。同时，信息化数字环境也可打破时空界限，使得不同院系，甚至不同高校间的辅导员不再处于相互隔绝的状态，而可以交流协作、共享问题、分享经验，从而提升辅导员队伍整体的工作水平，最终提高大学生的培养质量。

二、虚拟学习共同体可有效促进高校辅导员的专业成长

虚拟学习共同体是在虚拟的网络信息技术环境中，以知识建构与意义协商为内涵的学习平台，非线下的交互式学习更加强调成员间的交互，在学习中注重发挥群体动力作用。高校辅导员虚拟学习共同体可为高校辅导员交流与协作提供平台，在日常学生管理等各项工作中，通过交流协作，促进高校辅导员专业技能知识的建构和隐性专业技能的显化、传播，对辅导员的专业成长具有重要价值。

（一）虚拟学习共同体有助于高校辅导员之间的交流与协作

学习共同体要求成员之间更多地进行交流对话、沟通协调、互助合作，从而促进知识的传递、实现专业上的共同发展。辅导员虚拟学习共同体基于信息化数字环境，适合高校辅导员之间开展同步、异步、小组、群体等不同形式的学习活动。高校辅导员因为繁杂的事务性工作占据大量的时间和精力，所以集中的专业学习、交流难以实现，且当前国内高校辅导员基本实施校—院系两级管理体制，日常的工作大多由高校的二级学院或系进行安排和管理，即使同一高校，辅导员间的工作经验交流也较为欠缺。建立基于网络的辅导员虚拟学习共同体，可以打破时空限制，从而使高校辅导员的交流与协作成为现实。

（二）虚拟学习共同体有助于高校辅导员隐性知识的显化与传递

辅导员的工作职责要求辅导员不仅要具备专门的教育工作能力和相应的思想政治教育基础知识，还要具有教育学、心理学、管理学、社会学等相关学科专业背景知识。但在实际的工作中，高校在招聘辅导员时，一般仅要求中共党员和研究生学历，对专业学科一般没有过于严格的要求。所以“从专业结构上看，大多数辅导员没有专门学习过思想政治教育、教育学、心理学等相关专业知识与理论。特别是刚出校门又进校门的非专业年轻辅导员，既缺乏理论素养，又缺乏直接从事学生工作的经历和经验”[2]。高校辅导员可以通过虚拟学习共同体平台的资源和反思活动，撰写工作反思日记、上传经验资料，将隐性知识显性化，实现实践性知识的外化传播、集体分享和内化吸收，并通过实践性知识的显化和传递，促进学习共同体成员也就是高校辅导员专业水平的共同提高。在讨论中，有经验的辅

导员可以提醒新辅导员诸多工作中要注意的事项，避免因业务不熟悉造成学生管理工作不到位。如发放毕业班学生的获奖证书时，通过在线讨论交流，有经验的辅导员可以提醒新辅导员汇总和归档留存受资助学生获奖材料，从而在毕业生离校后仍可以做好资助绩效统计等工作。

（三）虚拟学习共同体有助于提升高校辅导员职业归属感

高校辅导员是大学生群体的直接管理者，几乎关涉大学生的方面都包含在辅导员工作的范畴中。高校辅导员的时间和精力一度被学生的琐碎事务所占据、控制。繁重而琐碎的工作容易带来沉重的压力和一定的职业倦怠感，虚拟学习共同体为辅导员提供交流和倾诉的平台，这有助于缓解辅导员的工作压力和职业倦怠，有助于提升高校辅导员的身份认同感和凝聚力，有助于辅导员群体保持对工作的积极情感，从而有助于提升辅导员的职业归属感。

三、高校辅导员虚拟学习共同体的内涵与特征

（一）高校辅导员虚拟学习共同体的内涵

“学习共同体”是以完成共同的学习任务为载体，以促进成员全面成长为目的的学习平台。虚拟学习共同体则是在信息化数字环境的空间中构建的，基于共同的学习目标建立起来的，以资源共享和协作学习为核心的新型学习共同体，需要借助信息化数字环境的优势，经过有意识的设计才能形成，目标是真正提高共同体成员的学习效果，提升学习共同体全体成员的整体水平。辅导员虚拟学习共同体是指在数字化空间中高校辅导员构成的团体，他们之间在学习中进行沟通、交流，分享各种工作经验或学习资源，实现了资源的共享和人际联系的重构。

（二）高校辅导员虚拟学习共同体的特征

1. 通过“共同愿景”，形成合力

共同愿景是组织或团体中人们所共同持有的意象或景象，它创造出众人一体的感觉，并遍布到组织或团体全面的活动，而使各种不同的活动融汇起来[3]。如果一个学习型组织具备共同愿景，则可以因共同愿景而促进组织成员紧密团结起来，共同为组织的发展贡献力量。从高校辅导员群体

来看，提升班级管理的专业水平，促进大学生身心健康成长，帮助大学生更好地提升综合素质，是所有辅导员一致的目标和追求，因此高校辅导员群体具备了天然的“共同愿景”，这也为高校辅导员虚拟学习共同体的形成和发展提供了前提和基础。

2. 借助“社会性交互”，实现互助

高校辅导员虚拟学习共同体中的“社会性交互”，主要是指高校辅导员借助网络平台（留言板等）、即时交互平台（QQ 群等）与其他辅导员相互交流信息、情感、观念和价值观的人际交流活动。这种社会性交互可以“实现学习者之间的信息交流，达到知识建构、知识共享的目的”，并且还可以“满足学习者的自尊和归属需要，增强学习者对共同体的参与程度，维持他们持续、努力的学习活动”[4]。高校辅导员学生管理事务繁杂、问题多样，需要辅导员之间借助社会性交互实现必要的互动，在成员间的讨论和交流中，寻找解决问题的可行性策略。同时对高校辅导员来说，还有许多新的问题与挑战，如网贷泛滥、学生抗挫折能力弱等，需要虚拟学习共同体的全体参与者共同面对，通过相互交流遇到的新问题和处理方法以及处理结果的讨论，从而更深入地认识新面临的学生管理难题，并优化出更好的方法。

3. 通过“价值、情感和信念”，凝聚核心

高校辅导员建立虚拟学习共同体，并通过共同体持续学习和提高，促进辅导员的专业发展，更多的是要依靠辅导员间的价值认同，以共同认可的“价值、情感和信念”，来引领群体的学习活动，实现参与成员的专业成长。高校辅导员的学习不是一种外源性的附加功能，相反，学会如何持续性地共同学习，这应当成为高校辅导员这一群体的“习惯性活动”[5]；同时，辅导员学习共同体也通过培育弥漫于高校辅导员、学生和学校领导者专业生活中的相互关怀的伦理，实现由一般意义上的组织向“共同体”的转变[6]。当前国内高校的辅导员群体，绝大多数为中共党员，以“全心全意为人民服务”为宗旨；对高校辅导员来说，所带的班级和学生就是要服务的群众对象，共同的价值观和情感信念是高校辅导员参与建设高校辅导员虚拟学习共同体的核心所在。

四、建立高校辅导员虚拟学习共同体的策略

近几年，世界各国出现了许多基于网络的高校教师专业成长项目，其

中运作较成功的主要有：TAPPED IN（http：//www.tappedin.org/）、Teachers.Net（http：//teachers.net/）、求师得教育实验室（http：//www.qiusir.com/）等。这些成功的高校教师专业成长项目，为高校辅导员虚拟学习共同体的建设和辅导员群体的专业成长提供了参考和借鉴。

（一）建立明晰的“空间”主题

凭借信息化数字环境建立数字空间，解决虚拟学习共同体成员“在哪学”的问题，并把辅导员专业成长作为明确目标，解决“学什么”的问题。在共同体活动中确定虚拟学习共同体讨论的问题，再通过有针对性的问题创设、频繁的经验交流，增强学习者之间的信任感，使参与学习的高校辅导员高频次参与网络学习交流活动，在虚拟学习共同体中找到“主人翁”的感觉，是建设和发展辅导员虚拟学习共同体的必由之路。另外，让高校辅导员明晰高校辅导员虚拟学习共同体的主题是高校辅导员虚拟学习共同体形成和发展的首要任务，比如求师得动态创造社区（http：//www.qiusir.com/bbs/）是以数理教学为主题的论坛；活跃在各地的多用户blog平台（如海盐高校辅导博客、苏州教育博客等）主题是促进中小学教师的专业成长。高校辅导员虚拟学习共同体可以班级班干部选拔、奖助学金评选、学风建设、团日活动开展等工作为主题，进行讨论交流，通过明确主题的讨论、交流，提升共同体对具体问题的认识，从而促进高校辅导员的专业成长。同时，具体事务性主题的探讨，也可以使高校辅导员成员们更多地加入讨论交流中来，促进群体成员整体的专业成长。

（二）实践共同的问题或项目

虚拟学习共同体活动以共同的问题为中心。在高校辅导员虚拟学习共同体实践共同问题的过程中，需要围绕问题发展成员的“共同体”意识，提升成员的凝聚力。对所实践的问题应注意以下方面：第一，选择的问题要具有共性，能激发高校辅导员成员参与学习活动的兴趣，比如大学生学风引导、宿舍人际关系适应等多数辅导员都要面临的问题，就可以选择作为虚拟学习共同体的讨论问题；同时，问题要具备激发共同体成员的交流积极性，即具备一定的复杂性。第二，建立及时反馈的机制。对于其他辅导员的疑问或请求，高校辅导员虚拟学习共同体创建者和其他活跃成员要给予及时反馈，否则会影响“共同体”意识的形成，影响学习共同体的成效。高校辅导员虚拟学习共同体中的参与者均为高校辅导员、学生管理部门的领导或相关人员，主要讨论和交流工作中遇到的具体问题，话题具有共性和复杂性，只要能做到频繁的交流、及时的反馈，就可以使辅导员们通过学习共同体平台，交流汲取他人所长，不断提升自身班级管理和引领学生成长的水平，从而实现专业成长，同时也有助于辅导员虚拟学习共同体自身的健康发展。

（三）集成必要的学习资源

高校辅导员虚拟学习共同体应建立平台，可在高校校园网或学生工作部门网站建立子网站，集成大学生心理健康、心理危机干预、学习引导、就业工作、资助工作等高校辅导员应具有的模块化知识和技能板块，将学生管理工作常见的问题及处置方法以栏目化、模块化方式呈现，便于虚拟学习共同体的新成员进行有效学习。同时，提供必要的在线交流方式，如网络留言讨论、即时通信、群讨论等方式，以提升辅导员虚拟学习共同体成员的工作能力，同时也可以提升辅导员的工作认同感和积极性。共同体提供涵盖了学生管理和身心发展引领所需的丰富多样的资源，也为高校辅导员的教研活动，提供了不可或缺的养料。

（四）营造便捷舒心的学习氛围

网络化的学习环境打破了时空阻隔，但也使学习共同体对成员的约束力降到了极低的程度，所以更需要共同建立并保持一个舒适自在的学习环境。针对虚拟的高校辅导员学习共同体，在线式为主的学习环境，更需要使参与成员们在虚拟交互中感到愉悦，方能吸引辅导员们主动通过网络等平台进行共同学习和交流活动。因此，即使是网络虚拟空间，仍需要遵循互相尊重、平等交流的原则，建设一个便捷舒心的学习氛围，使每一位参与者都能在学习时不受到额外干扰。从高校辅导员群体的特点来看，都具备较高的学历，因此，平等和互相尊重可以较容易地达成共识。所以，在建设高校辅导员虚拟学习共同体时，应首先明确共同体在虚拟学习空间应遵守的规范和群体公约，以平等、尊重为原则，对成员之间可能存在的冲突调解、发言注意事项、学习共同体学习活动的组织等方面制定出共同遵循的学习共同体规则，并要求全体成员遵守。

（五）组织丰富的在线和线下活动

除了基于共同体平台的网络在线学习研讨和交流活动之外，辅导员学习共同体还可结合辅导员工作实际，组织虚拟学习共同体的成员开展大量正式或非正式的线下活动，包括班会观摩、谈心谈话技能展示、茶话沙龙、专家讲座等。这些主题鲜明的活动可有效调动虚拟学习共同体成员的参与热情，凝聚虚拟学习共同体成员的归属感。

五、结　语

当今世界的数字化为人们提供了丰富的学习机会，高校辅导员作为高校学生管理的专业人员，是开展大学生思想政治教育引导工作的核心力量，所以高校辅导员必须努力实现专业成长，才能为全面提高我国高等教育质量保驾护航。高校辅导员虚拟学习共同体的构建可突破时空局限，为高校辅导员的专业成长构建一个多维度互联互助的学习共同体，有利于新辅导员更快地掌握专业技能，有利于辅导员在遇到突发性问题时寻找到更合理的处理方法，是信息化社会给高校辅导员专业成长提供的机遇。当然，高校辅导员虚拟学习共同体也承载着提升高校人才培养思想规格的价值与使命。

参考文献：

[1] 中共教育部党组．关于印发普通高等学校辅导员培训规划（2013—2017 年）的通知（教党〔2013〕9 号）[EB/OL]（2013-05-15）. http：//www. moe. edu. cn/publicfiles/business/htmlfiles/moe/s3017/201305/151815. html.

[2] 朱玉华，李永山，安徽省高等学校辅导员队伍专业化建设探索——基于安徽 93 所高校辅导员队伍建设自查报告的分析 [J]．安徽大学学报（哲学社会科学版），2009，33（6）：153-156.

[3] 彼得·圣吉．第五项修炼——学习型组织的艺术与实务 [M]．郭进译．上海：三联书店，2002：201-206.

[4] 张建伟．论基于网络的学习共同体 [EB/OL]（2006-09-15）. http：//www. being. org. cn/theroy/netgtt. htm.

[5] Shirley M. Hord. Professional Learning Communities：Educators Work Together Toward a Shared Purpose [J]．Journal of Staff Development，2009，30（1）：40-43.

[6] Louise Stoll etc. Professional Learning Communities：A Review of Literature [J]．Journal of Educational Change，2006，7（4）：221-258.

（原载于《黄山学院学报》2017 年第 1 期）

辅导员工作需要双重目标管理

黄国萍

摘　要：学校教育的目的就是促进学生的发展，目标管理的目标也是发展。辅导员工作是为促进学生的发展服务的，辅导员需要在工作中进行双重的目标管理，一方面要明确职业角色定位和工作定位，通过教学、科研、管理三管齐下，不断提高自身的工作胜任力，实现自身的发展，成为专业化、职业化的学生工作专家；另一方面通过管理和引导学生的自我管理达到促进学生发展的目标，引导学生健康发展、科学成才、快乐成长。学生的发展和辅导员的发展是相辅相成的，两个目标管理过程也是相辅相成的。

关键词：角色；发展；目标；目标管理

管理大师彼得·德鲁克最先提出了“目标管理”的概念，其后他又提出“目标管理和自我控制”的主张。目标管理的目标是发展。促进个人和社会的发展是教育产生的原因和动力。学校教育的目的就是促进学生的发展，促进个人的整体协调发展，进而达到个人的最优发展。目标并不能一蹴而就，需要一步步完成。有了目标才能有方向，有了方向并坚定地迈出第一步，然后脚踏实地地沿着成功的方向不断努力，才有可能最终实现目标。从目标的设置到目标的实现都是目标管理的重要内容，实行目标管理是实现学校教育功能、完成人才培养使命的重要保障。

作者简介：黄国萍（1979—），女，山东潍坊人，池州学院　资源环境与旅游系，讲师，硕士，研究方向：教育与社会心理学。

1　辅导员工作的双重目标

目标管理的第一阶段是目标的设置，第二阶段是实现目标过程的管理。辅导员工作的目标也是发展，首先是促进学生的发展，学生的发展就是学生的成才，也可以说是学生的成功就业。为了更好地促进学生的发展，辅导员自身也需要发展，辅导员的发展是自身的成长，不断提高自己的学生工作胜任力，成长为专业化、职业化的辅导员。所以辅导员工作需要进行双重目标管理。学生的发展和辅导员的发展是相辅相成的，两个发展目标的目标管理过程也是相辅相成的。辅导员工作的全部都在围绕着两个发展目标展开。目标管理的第三阶段是测定与评价所取得的成果。我们要以发展性的眼光看待学生成才和辅导员成长问题，而且在目标管理过程中也要坚持发展性原则。我们把学生的成才目标析分到各个学期，形成学生的学期成长目标，也就是我们的学期管理目标——适应、进步、竞争、选择、自省、历练、感悟、抉择。

2　辅导员发展的目标管理

辅导员的发展就是辅导员学生管理水平和胜任力的发展，是为学生发展服务的，所以我们的发展目标和目标管理过程都是以学生的发展为方向的。要实现辅导员胜任力的发展目标，需要厘清以下几个问题。

2.1　辅导员的职业角色定位

职业角色，也就是辅导员的职业功能。辅导员要实现自己的职业功能首先要厘清职业角色定位问题。《普通高等学校辅导员队伍建设规定》指出：辅导员应当努力成为学生的人生导师和健康成长的知心朋友。美国辅导员协会将辅导员的角色确定为心理辅导师、职业辅导师和社会化辅导师[1]61-62。本文认为高校辅导员的职业角色可以定位在五个方面：导航塔（为学生指引方向，照亮前程），能源站（为学生提供动力，补充能源），避风港（为学生挡风遮雨，抚慰伤痛），知心人（熟知学生心理行为发展规律，成为学生愿意交流的知心朋友），解码器（为学生解读各级文件和通知，适度传达消息，落实工作），小能手（研究辅导员工作、学生工作规律，提升职业胜任力）。

2.2 辅导员的工作定位

师者，传道、授业、解惑。辅导员也需要明确工作定位。科学发展观强调要以人为本，科学发展。本文认为辅导员工作应该定位为“以学生为本，培养学生健康发展、科学成才，快乐成长”。国外高校同样拥有一支辅导员队伍，他们围绕学生开展心理辅导、学习辅导、职业辅导、生活辅导等各项工作，这些工作具有明显的专业化和职业化特点[1]61。

2.3 辅导员的工作重点

辅导员要做的不仅仅是学生的日常管理和思想政治教育，要成为学生工作的专家，成为职业化、专业化的辅导员，就需要管理、教学和科研三管齐下，本文从这三个方面对辅导员工作进行简单梳理。

2.3.1 管理

目标管理，关键在管理。辅导员要管理学生也要培养学生自我管理的能力，对学生的培养要贯穿体现在辅导员工作的方方面面。

2.3.1.1 日常管理

目标管理要逐步推行、长期坚持。大学生的思想政治教育和心理健康教育是相互融合交汇的，辅导员要顺利完成这些工作需要借助有效的工作途径和手段。班级例会、主题班会、团体心理辅导、第二课堂等都是辅导员最常使用的工作手段，这些途径也是可以相互穿插、综合使用的。

（1）班级例会

班级例会是辅导员向学生传达各级文件精神和工作要求的常用途径，也是辅导员了解并点评班级情况的最佳时机。在组织班级例会时应该褒贬结合，切忌一味消极批评班级的表现，使班级例会变成批判大会。

（2）主题班会

《关于进一步加强和改进大学生思想政治教育的意见》中明确指出，要着力加强班级集体建设，组织开展丰富多彩的主题班会等活动。主题班会是辅导员或班团干部在辅导员的指导下精心策划的围绕一定主题对班级学生进行教育和管理的综合课程。组织有序、效果明显的主题班会是凝聚班级学生、营造积极向上氛围、学校开展思政教育的重要载体。主题班会教育目标越明确，教育效果越好，则班级凝聚力越强[2]126。心理教育、思想教育、就业教育、专业教育等都可以通过主题班会的形式进行。主题班会的选题应该符合大学生思想、心理和行为的发展特点和规律，主题班会的形式和活动内容也要符合不同阶段大学生的心理特点和思维方式。主题班会的主题要契合时机又要具有延展性，还要有时序性，要与学生发展的学年、学期、月目标相结合。

（3）团体心理辅导

大学生正处于自我同一性和角色混乱冲突的青春期阶段。青年期的"症状"与神经症和精神病的症状有相似之处，但这只是一种规范性的危机，是冲突增加的正常时期[3]，是一种发展的危机，我们应该以发展的眼光看待大学生的心理问题和心理障碍。美国学校辅导员协会（ASCA）已正式将发展性心理辅导列入学校辅导员角色功能内。如果辅导员能及时地或超前地针对这些发展性的心理问题对学生进行团体心理辅导，一方面能帮助、引导学生更为科学地认识到这些问题，以便学生客观评价自己的心理健康状况；另一方面可以为他们提供较为有效的疏导或者调适策略和途径，帮助他们尽快度过这一阶段或者解决这些问题。团体心理辅导也可以与主题班会、第二课堂等形式相结合进行。

（4）第二课堂

虽然高校为大学生开设了大量的课程，但并没有涵盖大学生成才需要的所有知识。高校辅导员有着多元化的专业背景，所以辅导员可以利用自身的专业优势开设第二课堂，为学生补充一些"课外"知识，也可以请"专业人士"为学生讲授社交礼仪、心理健康或者写作等方面的知识，只有这样，我们的学生才能在同专业的毕业生中表现更优秀，更快地脱颖而出。

2.3.1.2　节点管理

辅导员工作具有很强的常态性，时时刻刻、大事小情都是教育的机会，尤其是在一些重要节点上，辅导员的教育和引导显得尤为重要。

班级是大学生的基本组织形式，是大学生自我教育、自我管理、自我服务的主要组织载体。入学教育是班级建设和辅导员树立威信的绝佳时期，关系到班级未来发展的水平。目标管理能不能产生理想的效果、取得预期的成效，首先就取决于目标的制定，科学合理的目标是目标管理的前提和基础。进行班级建设首先要树立班级品牌，没有品牌目标的班级建设注定不会非常成功。在班级建设中，响亮的班级名称，醒目的班徽、班旗，振奋精神的班歌甚至整齐划一的班服都是必不可少的。

考风建设是学风建设和班风建设的主要内容之一，所以考前动员一定要抓好。学生的组织发展、困难资助、评优等问题都是学生比较关注的问题，每到这些节点辅导员应该格外谨慎，要以发展性的眼光公平客观地开展这些工作。主题团日活动在大学生思想政治教育中具有重要作用，辅导员应该引导学生从较高的政治高度策划组织主题团日活动，真正发挥主题团日活动的思想政治教育功能。社会实践是大学生思想政治教育的重要环节，辅导员要积极组织大学生参加各类社会实践活动，以培养学生的劳动观念和职业道德，提高学生的社会责任感和服务社会的能力。

2.3.2　教学

兼职辅导员大多担任专业课程教学，专职辅导员可以担任思想道德修养与法律基础、形势与政策教育、心理健康教育、就业指导、党课和团课等相关课程的教学工作。辅导员一方面要认真研究这些课程的内容，在课堂上以学生更容易接受的方式将课程内容更好地与学生的思想政治教育相结合；另一方面专职辅导员要努力成为这些思想政治课的专家，不断提高教学技能，以使使这些原本“枯燥”的课程成为学生“喜闻乐见”的课，从而更好地实现对学生进行思想政治教育的目的。

2.3.3　研究

进行科研和教研是辅导员专业化和职业化的必然要求，也是辅导员不断提高工作胜任力的必然要求。辅导员自身必须不断加强学习，善于开展相关专业领域的研究，以优化知识结构，提高职业素养，增强为学生提供咨询辅导的能力[1]63。教育部和各省教育厅每年在哲学社会科学研究项目中列出专项支持辅导员开展大学生思想政治教育研究，2007 年教育部公布的首批 21 个高校辅导员培训和研修基地也承担专题研究的任务，辅导员应该积极利用这些平台进行各类研究。

（1）学生研究

辅导员工作的专业化是社会分工以及学生发展的必然要求。“遵循大学生思想政治教育规律，坚持继承与创新相结合，创造性地开展工作，促进学生健康成长与成才”，这是《关于进一步加强全省高等学校辅导员队伍建设的意见》提出的辅导员工作的基本要求之一。辅导员要了解学生，更好地培养他们成长成才，就需要研究学生的思想和心理行为规律，以更好地有针对性地、科学地开展工作。从目前大学生的发展需求来看，他们发展中诸如心理健康、人生规划、职业选择等方面的问题都需要专业的咨询与服务才能解决。大学生的心理状况、道德发展状况、思想动态、政治态度与观念的状况等都需要进行专门的调查研究[4]。所以，辅导员不仅仅要做一线管理人员，也要做一线的科研、教研人员。

（2）教师研究

教育部要求按照政治强、业务精、纪律严、作风正的要求选拔和培养高校辅导员，要求辅导员尤其是专职辅导员走专业化、职业化之路。高校辅导员的素质可以归结为三类：管理能力素质、专业知识素质和个人思想政治素质[5]。因此，辅导员不仅要研究学生，也要研究辅导员工作自身的规律和特点，研究从事辅导员工作的人必须具备的素质和能力，如职业素质、胜任力、职业倦怠等。

(3) 管理研究

“主动学习和掌握大学生思想政治教育方面的理论与方法，不断提高工作技能和水平；定期开展相关工作调查和研究，分析工作对象和工作条件的变化，及时调整工作思路和方法；注重运用各种新的工作载体，特别是网络等现代科学技术和手段，努力拓展工作途径，贴近实际、贴近生活、贴近学生，提高工作的针对性和实效性，增强工作的吸引力和感染力”。这是《关于进一步加强全省高等学校辅导员队伍建设的意见》对辅导员工作提出的三项基本要求。辅导员工作是一门学问，我们需要对辅导员工作理论、方法和内容进行研究和创新，只有这样才能与时俱进，切实管理、培养好学生。

3 学生发展的目标管理

学生的目标是发展，发展的过程就是顺利完成发展任务的过程，也就是健康发展、科学成才、快乐成长的过程。学生发展的目标管理应强调在学生问题发生之前，设法帮助其完成相应阶段的发展任务，以预防问题的发生。目标管理重视结果，强调自主、自治和自觉。学生要常常自省以不断校正自己的行为和目标，要时刻警醒自己，对自身的成长和发展有较为清晰、客观的评价。学生的成才目标需要辅导员和学生相互配合完成，通过学生的自我管理和辅导员的管理来实现。辅导员的管理工作要通过学生的自我管理来实现，只有这样，才能真正实现学生发展的目标。辅导员可以从三个方面来引导学生的自我管理。

3.1 个人采风表

新生入学后辅导员可以要求每名同学仔细填写个人采风表，这张表涵盖了包括学生对自己个性、生活习惯等方面的评价和就业方向、发展目标等内容。每个学期初，辅导员将表发回给学生，让学生在深刻回顾一个学期的收获、改变后将新的自我评价和目标写在这张表上。这是督促学生自我反省的一种方式，也是辅导员较好地了解学生现状的一个捷径，在与学生沟通时我们也可有所依据。

3.2 主题班会记录

对于大学生的心理健康教育应该针对不同的同一性状态和不同的同一性发展阶段采取不同主题、不同阶段、不同方式的教育。可以通过主题班会课程化来协调解决辅导员专业背景多元化和各班级管理水平不平衡的问题。各年级每个学期的主题班会可以依据年级目标由系里统一确定，并提供主题班会的相关资料。即使使用同样的教材，每个老师的授课内容也会个性十足，虽然每个班按照同样的主题组织班会，但是班会的内容并不完全相同，但效果都不错。必须要求每名同学做好班会记录，内容包含四部分：班会动员后的所思所想和打算、班会过程的记录和感受、班会后的所思所想和收获、主题班会后主题活动过程和感想的记录。当然主题班会的效果绝对不能止于班会结束时，主题班会必须有一定的时空延展性，为了增强主题班会的效果，我们往往在主题班会开展后及时启动一个时间较长的班级主题活动计划。为了保证主题班会的教育效果，班会形式要教育、娱乐、管理相结合，要根据每期主题班会的要求安排同学们全体参与、重点参与和特殊参与；主题班会的开展要会前动员、会中引导、会后评估和后期延展相结合。

3.3 心理成长档案

借助有效的心理测评对学生的心理状况进行分析，教学生学会运用科学的方法进行自我心理调适，以有效消除心理困惑。我们安排新生在第一个学期接受《大学生生活感受问卷》调查，这个问卷可以测量学生长期和短期两个时间维度上的包含生存、发展、情感三个二阶因子和包含师生关系、亲子关系、朋友关系、发展条件以及生活条件和自我实现等八个一阶因子的自我评价。我们根据调查结果为学生建立心理成长档案，并根据学生的总体特点制订年级心理辅导方案，然后通过主题班会、专题讲座等形式进行团体心理辅导。我们根据测查结果筛选出心理问题较为严重的同学名单，通过辅导员和系部对他们进行单独辅导和沟通；以后每个学年根据学生的心理发展阶段和特点安排相应的心理测试，以此追踪、监控、记录学生心理发展状况，并及时作出反应。

辅导员开展工作一定要坚持立场坚定，与国家和学校的要求保持一致。辅导员工作不是简单的上传下达，在工作方法上要有预有立，打破常规，形式多样。有预就是做工作之前要做好充分准备，不打无准备之仗；有立就是管理班级一定要照章办事，对学生一视同仁，这样才能树立威信；打破常规就是管理班级、培养学生不要拘泥于形式。我们要根据国家规定的辅导员工作职责和内容“借题发挥”，创新工作实践内容和模式，实现职业功能，切实引导学生健康发展、科学成才、快乐成长，为祖国培养优秀的人才。

参考文献：

[1] 罗公利，聂广明，陈刚. 从国际比较中看我国高校辅导员的角色定位［J］. 中国高等教育，2007，(7)：61-63.

[2] 李艳. 高校主题班会的功能定位与功能实现——兼论主题班会教育与班级管理的关系［J］. 理论观察，2011，(2)：126-128.

[3] 史春梅. 大学生自我同一性和发展性心理健康教育研究［D］. 合肥工业大学，2006.

[4] 林泰，彭庆红. 清华大学政治辅导员制度的特色及其发展［J］. 清华大学学报（哲学社会科学版），2003（6）：85-90.

[5] 彭庆红. 高校辅导员素质结构模型的构建［J］. 清华大学教育研究，2006，(3)：90-94.

（原载于《池州学院学报》2012 年第 4 期）

基于有效性的高校辅导员思想政治教育工作

俞念胜

摘　要：有效的高校辅导员思想政治教育工作是在良好的思想政治教育理念指导下，通过营造家庭、社会、学校共同参与的三位一体的教育环境，为大学生提供良好的成长环境。通过构建对高校辅导员队伍建设的长效机制，使高校辅导员思想政治工作方法得到改进，以便为高校辅导员思想政治工作的长远发展做出谋划。

关键词：教育理念；长效机制；创新性方法

高校辅导员在高校里有着其特殊的地位和作用，不仅是高校思想政治工作的主力军，同时也对大学生的成长、成才起着重要的作用。中共中央国务院在《关于进一步加强和改进大学生思想政治教育的意见》中指出："坚持以马克思列宁主义、毛泽东思想、邓小平理论和'三个代表'重要思想为指导，深入贯彻党的十六大的精神，全面落实党的教育方针，紧密结合全面建设小康社会的实际，以理想信念教育为核心，以爱国主义教育为重点，以思想道德建设为基础，以大学生全面发展为目标，解放思想、实事求是、与时俱进，坚持以人为本，贴近生活、贴近学生，努力提高思想政治教育的针对性、实效性和吸引力、感染力，培养德智体美全面发展的社会主义合格建设者和可靠接班人。"但是随着高校近几年的发展和大学生在新时期的特点，学生成才与就业的迫切等问题使得学生工作呈现多样性和复杂性，如何开展有效的思想政治教育工作，是高校辅导员必须面对的重要课题。

基金项目：引进研究生启动项目（2009RC032）。

作者简介：俞念胜（1984—），男，安徽贵池人，池州学院政法管理系助教，硕士。

一、思想政治教育理念

大学生们在大学阶段是人生观、世界观、价值观发展的关键时期，因此突显出了高校辅导员政治思想工作的重要性。高校辅导员以真诚的感情对待学生，学生才会愉快地接受高校辅导员的教导。在这个教育过程中，高校辅导员要用真感情、真性情去感染学生，充分利用高校辅导员的影响力潜移默化地激发学生的道德良知与审美情感。作为高校辅导员，在传达思想政治教育理念时要饱满激情地投入工作中，在工作中做到无私奉献、平易近人，细心地做好培育大学生的工作，为他们的健康成长提供方向性的指导。

在教育观念的传达过程中，要遵循质量互变的规律，耐心细心地指导，具体要求在对大学生思想政治教育过程中关心他们的生活、学业、心理与人生规划等，从解决他们的思想困扰和实际问题出发做工作。这些大量的具体的工作可以为以后正确的理念传达奠定基础，也就是说，辅导员对学生进行的长期的思想政治教育过程中所做的工作，必然会对大学生的身心成长带来重要的影响，这是辅导员们所具有的特殊的人格魅力与带动作用所决定的。因此，在这个过程中，要帮助他们树立起正确的世界观、人生观与价值观，这就是质量互变规律。

思想政治教育理念也是以人为本思想的重要体现。以人为本，在高校思想教育中就是以学生为本，从满足学生的需要出发，尊重学生的意识，明确学生的主体地位，这样才能充分调动学生的主动性和积极性，为学生的思想道德素质、认识世界与改造世界的能力的提高做好准备。同时高校辅导员应树立“学生第一”的理念与服务学生的意识，使学生在学校思想政治教育中的价值主体地位得到实现，将学生的现实心理状况、生活现状与价值追求等作为思想政治教育的基本立足点，使教育具有明确的针对性。

二、构造良好的教育环境

高校的思想政治工作比较复杂，处于一个多要素、多层次的动态社会开放系统之中，与学校、家庭、社会等环境有着重要的联系，因此思想政治教育活动要对这些环境要素进行充分的考虑，唯有如此才可以提高思想政治工作及其实效性。

（一）家庭教育

家庭环境对大学生思想品德的形成有重要作用，我国古代“孟母三迁”“岳母刺字”等都是良好的家庭环境的代表，因此高校辅导员必须与家长们加强沟通，如通过组织专题家长会、设立家长信箱等形式，加强学校思想政治工作者与家庭的联系，使家庭环境在思想政治教育中的作用得到发挥。

（二）学校教育

要营造良好的学习环境，丰富校园文化活动。良好的校园环境可以对学生思想品德的形成起潜移默化的影响作用，可见校园文化是高校环境的有机组成部分，而校园文化的建设需要有良好的校园风气、深厚的人文底蕴，因此优化校园环境是增强高校思想政治工作实效性的重要措施之一。

（三）社会教育

社会教育是指学校教育与家庭教育之外的其他教育的总称，是人们通过社会舆论、社会风气、单位教育、社会活动等途径接受的教育形式，这是思想政治教育的一种最广泛的方法与途径。随着经济与社会的发展，人们交往联系的方式更加多样化，这就要求辅导员在教育中要尽可能扩大教育的方式，利用多种载体进行综合教育，达到渗透教育的目的。尤其是各种教育宣传媒体和文化艺术行业，是大学生获得精神文化知识的重要来源，因此，我们要大力发挥文化艺术的积极教育作用，抑制减少其负面影响。

因此，塑造家庭、社会与学校三位一体的教育体系，是高校辅导员思想政治工作发挥有效性的重要基础。

三、构建高校辅导员队伍建设的长效机制

辅导员队伍是学校党委领导下的政治工作队伍，是教师队伍的一部分，是专门从事高校学生思想政治教育的一支特殊的队伍，肩负着高等教育第一线的指挥员和战斗员的责任。作为高校辅导员，尤其要对教育有更

加深刻的认识。如何培养德、智、体全面发展的社会主义建设者和接班人，塑造什么样的高素质劳动者与拔尖的创新人才，这些都是对高校辅导员思想教育工作提出的重要任务。要完成这些任务首先应该具有一支有着良好的思想政治教育理念的辅导员队伍，这个队伍中大部分人员担负着教学与管理学生的双重任务。因此，在新形势下，建立辅导员队伍对高校的稳定长远发展有着重要的作用。

笔者认为，加强辅导员队伍建设，必须做好以下四项工作：(1) 建立高标准的人才选拔机制，这是加强辅导员队伍建设的重要方式，只有辅导员队伍中拥有更多的优秀人才，才可以为思想政治教育理念的传播奠定基础。(2) 建立高素质的人才培养机制，这是加强辅导员队伍建设的重点。(3) 建立高要求的管理机制，这是辅导员队伍建设的重要保障。辅导员队伍自身应该有严格的管理规定，才能为以后严格管理学生提供基础，辅导员作为有着教师与管理干部双重身份的人员，必须在其队伍管理上严格要求。(4) 建立辅导员队伍的激励发展机制，这是提高队伍建设水平的关键，在经过了优秀人才的选拔、培训之后，还需要激发他们内在的主动性、积极性与活力，这样才能充分发挥他们在教育过程中的主体地位。

四、改进高校辅导员思想政治工作方法

在新的形势下，高校辅导员必须改进思想政治工作的方法，尤其是有效性方法与工作途径的追求，在拓展高校学生思想政治工作方法上，实现思想政治教育与学生的心理健康状况、生活实际现状、网络文化教育环境、社会实践以及3W教育方法的有机结合。

（一）思想政治教育与心理健康教育相结合

当前社会处在发展的转型时期，竞争激烈，就业形势严峻，大多数的大学生都面临着巨大的就业压力，因此，提高大学生思想政治工作的说服力与感染力、增强其有效性显得极其重要。笔者认为，实现大学生的思想政治工作与心理学的有机结合是一条有效途径。

研究数据显示，社会与家长对大学生们提出了过高的要求，此时他们缺少社会经验，心理比较脆弱，适应能力不强，情绪易波动，其心理健康状况面临着严峻的考验。因此，新时期加强大学生思想政治工作与心理学相相结合，可以取得良好的效果。这就要求思想政治工作在教育形式、教

育内容等方面加以选择，考虑到与心理相关的因素，并有机结合起来，充分激发受教育者的主动性、积极性，实现思想政治工作的目标。

（二）思想政治教育与解决学生的实际困难相结合

思想政治教育的根本目的就是解决学生的思想问题，但是思想问题产生的原因却有着主客体的多重因素，尤其是实际困难的无法解决。因此，帮助学生解决实际生活与学习问题的过程。就是对大学生们进行思想政治教育工作的过程，也就是说，对大学生的思想政治教育应该与解决他们的实际困难相联系，充分体现以人为本的观念，这就要求辅导员们从大学生的实际情况出发，想方设法帮助他们解决困难。在二者结合的过程中，高校辅导员要充分树立服务学生的意识，贴近学生，把握学生的思想与行为习惯，努力解决他们在学习、生活与就业等方面所面临的实际困难与问题，把思想政治教育做到学生的实际需求上，这样才能使思想教育的感染力、影响力与实际效能得到最大限度的发挥。

（三）思想政治教育与网络文化教育相结合

随着新科技的发展应用，互联网已经是当今最具影响力的“第四大媒体”，这必然对喜爱接触新事物的大学生们产生影响。网络一方面给包括学生在内的大众带来方便的同时，也产生了一些新的问题，这些对大学生个体心理、思想观念、价值取向等产生了极大的冲击。因此，我们的思想政治教育必须与网络文化相结合，具体方式有：增强思想政治教育的网络互动性，采取新型的教育模式；利用教育性和趣味性强、适应范围广的思想政治教育网站加强宣传教育，用正确的思想观念武装学生们的大脑；运用网络舆论科学有效的方法开展工作。

（四）思想政治教育与社会实践相结合，采取3W的教育方法

高校要让学生在社会实践中提高自我的思想政治认识，社会实践有多种形式，如教学实践、专业实习、志愿服务、公益活动、军政训练、社会调查、科技服务等，在具体的实践活动中要将专业学习与社会实践相结合，提高学生的实践能力，在实践中更好地认识社会。3W的教育方法即What—When—Where相结合的思想政治教育方法，这就是对思想政治教育工作内涵的有效把握问题。辅导员要善于分析问题是什么，能够有效把握思想政治教育的时间和时机，进而有效把握思想政治教育工作的地点和环境的问题。可见这个方法就是要求选择合适的环境与恰当的时机，开展思

想政治教育工作。

总之，高校辅导员工作是高校学生工作乃至全部工作的基础，目前，高校辅导员在思想政治教育过程中的作用日益突出。为了更好地进行工作，高校辅导员必须不断提高自己的各方面素质，不断改进思想政治教育工作方法，切实提高思想政治教育的有效性。

参考文献：

[1] 张运松．有效的思想政治教育及其实现的途径和方法［J］．呼和浩特：前沿，2005，(7)．

[2] 何新春．论实效性是思想政治工作题中的应有主义［J］．南昌：求实，2005，(5)．

[3] 侯济民，吴昊．对新形势下高校辅导员班主任角色定位的思考［J］．西昌学院学报（社会科学版），2007，(12)．

（原载于《长沙铁道学院学报（社会科学版）》2011 年第 4 期）

关于高校辅导员工作的反思

陆志敏　吴新民

摘　要：大学辅导员是高校教师队伍的重要组成部分，是从事大学生思想政治教育工作的主要力量，辅导员作为高校的基层教育工作者，对大学生成长成才起着关键性作用。辅导员的工作集教育者、管理者、服务者、协调者和研究者等角色于一体，既平凡，又不平凡。随着社会经济的发展，对辅导员的要求也在不断提高，辅导员素质的高低和工作的优劣直接影响着学生的成长。文章从以生为本的角度，阐述如何做好辅导员工作。

关键词：高校辅导员；以学生为本；班级建设；思想政治教育；自身修养

高校是人才培养的摇篮，大学阶段是大学生人生发展的重要时期，是大学生世界观、人生观、价值观形成的关键时期，高校思想政治教育工作者肩负着重大的责任。大学辅导员是高校从事大学生思想政治教育工作的主要力量，是高校的一线教育工作者，作为大学教师队伍中的一个特殊群体，在为国家培养全面发展的人才方面起着关键性作用。辅导员是学校和学生之间的桥梁和纽带，学校的各项工作的开展和政策的实施，需要辅导员来做大量的基础性工作。高校辅导员主要从事大学生的思想政治教育及日常管理工作，为学生解答人生困惑，指导学生做人、做事是高校辅导员的主要工作。大学生在校期间接触最多的就是辅导员，辅导员对学生来说既是良师，又是益友。所以，辅导员的工作是集教育者、管理者、服务者、协调者和研究者等角色于一体，既平凡，又不平凡。不论做何种工作，都要讲究工作的方式和方法，方式正确、方法得当，工作才会

作者简介：陆志敏（1981—），男，江苏海安人，池州学院材料与化学工程系专职辅导员，讲师，硕士，主要从事学生管理和思想政治教育工作。

事半功倍，辅导员的工作也是如此[1-4]。随着社会经济的快速发展，学校对辅导员的要求也在不断地提高，辅导员素质的高低和工作的优劣直接影响着学生的成长。本文就如何做好一名高校辅导员谈一谈自己的心得体会。

一、以学生为本，一切为学生服务

以学生为本、培养学生成长成才，是高校学生管理工作的出发点和落脚点，也是高校辅导员首先应确立的观念。辅导员处于学校学生管理工作的第一线，和学生保持着最直接的联系，辅导员的工作必须面向每一个学生，引导和教育好他们，最大限度地满足他们健康成长的需求。辅导员与学生的关系，应当由传统的师生一重关系转变为师生—朋友的双重关系，做到尊重学生、关心学生、理解学生、信任学生，通过引导和服务学生的过程同时实现对学生的教育和管理。树立“以学生为本”的观念，就是要在学生管理工作中，坚持一切从学生出发，以调动和激发学生的积极性和创造性为目的，从而促进学生成长成才。以学生为中心，以学生发展为本，就必须做到以下几点：

（一）责任心

马卡连柯曾说：“教师的威信首先建立在责任心上。”有责任心是做好任何一项工作的根本要求，也是评价一位辅导员工作的最基本的准则。辅导员的责任心主要体现在上对学校负责、下对学生负责两个方面。我们既然选择了辅导员这份工作，就应该把这份工作做好，要把自己的满腔热情投入辅导员工作中去，在工作中寻找乐趣，实现自己的人生价值。作为一名辅导员，一定要怀有一颗认真对待工作的责任心，真心地对待自己的每一个学生，帮助和引导他们克服在成长成才过程中遇到的各方面的困难。

（二）爱心

爱心是教育成功的原动力，辅导员的爱心也是做好大学生思想政治教育的重要前提。辅导员工作的爱心主要包括两个方面：一是对辅导员工作的热爱，二是对全体学生的热爱。有爱心是辅导员做好工作的根本保证，要做好工作，需要辅导员在工作中全身心地投入，充分发挥自身的主动性和创造性，以学生的发展为本，全心全意地为学生服务，设身处地地为学生着想，理解和尊重学生，无微不至地关心和热爱每一个学生，用爱心打动学生，赢得学生的信任，使辅导员的工作得到学生的理解与支持，这样辅导员才能把工作做好。

（三）细心

现在的大学生大多是“90后”，独生子女占较大的比例，他们没有多少社会阅历和经验，经历的挫折也很少，进入大学之后会遇到各种各样的学习和生活问题。这就需要辅导员在工作中有细心，才能及时发现学生出现的这些问题，才能在这些问题上及时给予学生正确引导，及时地解决问题；辅导员在工作中有细心，还能够提高工作效率，避免工作中出现失误。辅导员在工作中的细心，既体现在日常管理工作中处处留心，做个有心人；也体现在平时对全班学生的仔细观察和详细归档；更体现在处理学生敏感问题上的谨慎和周密，不轻易下结论。

（四）耐心

俗话说：欲速则不达。辅导员的工作是针对整个学生群体的工作，在不同的时期，对于不同的学生，会出现不同的情况、不同的问题，这就需要辅导员在工作中非常有耐心，耐心地倾听学生的心声和要求，真心地为他们解决实际问题，做一名忠实的倾听者、解惑者和援助者。辅导员工作有耐心，能够促使学生与辅导员交心，使学生和辅导员建立起如同家人一般的信任和理解的关系。因此，做好辅导员工作，解决学生在成长过程中出现的学习、生活、工作甚至感情方面的各种问题，都需要辅导员有良好的耐心[5]。

二、做好班级建设

作为高校的专职辅导员，人均要管理的学生大约在200名左右，这在一定程度上给辅导员带来非常大的工作压力。因此，辅导员应该形成“学生干部管理，辅导员加以引导”的工作模式，以学生自主管理为主体，把管理重心放在充分发挥学生“自我管理、自我教育、自我服务”上，学生自我管理能力和自律意识提高了，辅导员工作就会收到事半功倍的效果。因此，辅导员要注重班级建设，培养学生的自我管理能力。搞好班级建设需要做好以下几个方面工作：

（一）学风与班风建设

学习永远是学生的首要任务，学风建设也一直都是高校学生工作的重心，而班级作为学生“自我管理，自我教育，自我服务”的主要组织载体，其学风建设便有着举足轻重的地位。学风的好坏决定着整个班级的学习风气，好的学风可以促进学生刻苦学习，使每名学生深受其益，但学风建设不当也可使学生深受其害，使一些学生误入歧途。作为高校最基本的单位——班级，班风建设也直接影响着班级的学风。在班级建设中，辅导员应以抓考风促学风、抓学风促班风，狠抓上课出勤率，建立考勤每周报告制度、每周班会制度、每周出勤通报制度，深入教学第一线，到课堂、教室、学生公寓等场所展开教学检查，以保持班风和学风的良好状态。辅导员要做好班级建设，就必须增强班级的凝聚力，凝聚力是一个班集体的力量之源，它会使班级发挥出超强的战斗力，而良好的班风与学风则可以促进班级凝聚力的形成。

（二）班级学生管理队伍建设

辅导员不可能 24 小时都和学生待在一起，那么如何掌握学生的动态？最有效的方式就是打造一支优秀的学生管理队伍。学生干部是学生管理工作的基础，是辅导员与其他同学联系的纽带和桥梁，他们在学生中有较强的影响力，建立好学生干部队伍有助于辅导员工作的顺利开展。学生干部的培养需要一个长期的过程，对学生干部的教育和培养应贯穿在整个大学阶段的学习和生活中。对学生干部的工作要定期给予必要的指导和管理，及时解决学生干部在工作上的一些失误与分歧。只有在一个和谐的集体中，学生干部才能充分发挥其组织协调作用，才能保持其在同学中良好的形象。同时，对学生干部的培养要注重整体培养和个体交流相结合，努力提升学生干部的管理水平，使每一名学生干部的作用都能够充分发挥。对于学生干部的工作，要及时给予鼓励，以调动学生干部工作的能动性，使他们能够持续保持工作热情。

（三）班级先锋模范队伍建设

学生的党建工作应贯穿于辅导员工作的始终。学生党员是优秀学生的代表，他们在学生中有着较强的影响力。把他们树立为先锋模范，通过他们的以身作则，能够带动其周围的一批学生向其学习，有利于促进班风和学风的建设。同时，作为学生中的一员，他们又能够最直接地了解学生的思想动态，困难以及需要，通过他们，辅导员能及时地掌握学生的思想动态，有利于学校和院系各项政策的贯彻执行。

三、注重思想政治教育

高校辅导员，又称学生政治辅导员，作为高校基层思想政治教育工作者，是大学生成长成才的引领者，在学生思想成长的过程中，起着“导师”的作用。辅导员作为大学生思想成长的引路人，与学生关系最为紧密，学生的思想稳定也是高校做好安全稳定工作的前提。现在的大学生以“90 后”为主，他们出生在信息飞速发展的新时代，有着不同于前人的价值观和行为方式，传统的“说教”教育方式对他们来说已经不适用。作为辅导员，应该尊重学生，以学生为主体，“对症下药”，切实地解决学生的实际问题，从而达到思想政治教育的目的。对于学生这个群体，我们不能用同一模式的思想政治教育方式，要把学生进行适当的分类，在进行统一的政治理论教育的同时，有重点、分层次地对不同类型的学生进行思想政治教育。

（一）思想政治教育

大学阶段是学生思想成长的关键阶段，这个阶段的大学生思想比较单纯，生活简单，心理也不够成熟，做事比较容易冲动，缺乏独立性，学习自主性不强，抗打击能力较弱，这就需要辅导员从学习、生活及课外活动等方面给予指导和帮助。首先，辅导员应在新生的入学教育中引导学生尽快适应角色的转变，及时树立自己在新的学习阶段的学习目标，帮助学生明确学习目的，端正学习态度，严守学习纪律，自觉形成良好的学习风气，以学风促班风。其次，辅导员要有目的、有计划地指导和组织学生开展形式多样的思想教育活动，把大学生理想信念教育、爱国主义教育、公民道德及素质教育等渗透到活动中，引导学生形成正确的世界观、人生观及价值观，指导学生辩证地看待问题，正确地分析和解决问题，使学生明白政治理论学习的必要性，提高学生政治理论学习的主动性。再次，辅导员要关注每个学生个体的成长，指导学生进行职业生涯规划，帮助学生通过课外活动认识自己、完善自己和发展自己。

（二）心理健康教育

随着社会经济的发展，竞争越来越激烈，而作为现代社会的成员，当代大学生的问题也趋于多样化，心理问题日益突出，因此，大学生的心理健康教育也越来越受到教育机构的重视。大学生作为一个特殊的社会群体，辅导员在对大学生进行思想政治教育的过程中必须注重心理健康的教育，帮助大学生及时处理好自我管理、学习成才、交友恋爱和求职择业等方面的困惑，促进其身心健康，以积极的、正常的心理状态去适应当前的社会环境。这就要求辅导员要结合大学生身心发展的特点，及时了解学生的思想动态，对学生出现的问题进行引导，充分发掘学生的潜能，培养学生自尊、自爱、自律、自强的优良品格和积极乐观的心理品质，促进学生人格的健全发展。对于学生出现的问题尤其是心理问题不能急于求成，应充分了解学生的心理状况，循序渐进地给予解决，必要时也可以咨询心理专家，给予有心理困惑、心理障碍的学生以必要的帮助[6]。

（三）建立师–生沟通平台

及时了解和掌握学生的思想动态是辅导员做好学生管理工作的基础。辅导员应及时发现学生中出现的热点、难点和疑点问题，第一时间介入，及时解决，把学生的思想教育和解决学生关注的焦点问题进行有效结合，从而使学生工作达到事半功倍的效果。但大学的学习方式与中学相比要更为宽松和自由，所以辅导员不可能每天都和每个学生见面。为了与学生保持畅通的信息渠道，增进师生间的交流和沟通，辅导员应该充分利用现代信息技术，拓展工作思路，建立现代化的师生交流平台。辅导员可以通过手机、Email、QQ、飞信和微信等与学生单独进行沟通；也可以在网上建立班级 QQ 群或微博，通过发帖子的方式进行信息交流。通过这些现代信息技术的交流方式，再结合传统面对面的交流形式，建立师生多样化的沟通互动平台，既保证了上情下达、下情上传的信息渠道的畅通，又便于辅导员在学生的学习、生活和课外活动上给予指导，为学生综合素质的提高和发展提供便利条件，也有利于辅导员及时了解学生的思想动态，保证了辅导员开展思想教育工作的及时性和针对性。

（四）关注经济困难学生

教育部在2004 年8 月发布的《关于我国高校经济困难学生情况与资助政策措施》指出，我国高校经济困难学生约占在校生总数的 20%，2008 年高校经济困难学生在校比例达到了 30%[7,8]。经济困难学生是高校学生中较大的一个群体，所以关注经济困难学生是高校辅导员工作的重心。辅导员首先应建立经济困难学生档案，区分出不同的经济困难等级并掌握经济困难学生的生活和学习情况。公平、公正、公开地做好国家奖助学金评定、学校困难补助等工作，把国家、学校有限的专项拨款使用好，尽力缓解经济困难学生的经济压力，减轻他们因为经济困难而造成的生活压力。同时，还要帮助他们树立自立、自强、自信的观念。经济困难学生常常会因经济原因产生自卑心理，缺乏自信，对他们经济上的资助固然重要，但更为重要的是帮助他们摆脱自卑的心理，树立信心。辅导员的关心是他们树立信心的原动力，辅导员要在平时多关心经济困难学生的生活，经常和他们交流，掌握他们的思想动态；要发现他们的长处，充分肯定他们取得的进步与成绩，鼓励和激发他们积极向上的进取心。同时，也要帮助他们树立正确的人生观和价值观，使他们认识到经济情况的好坏并不能代表人格的高低，不能因为暂时的经济困难而思想偏激，要正视自己，努力发掘自己的潜力，用刻苦学习为自己的未来打下扎实的基础[9-11]。

四、加强学习，不断提高自身修养

高校辅导员的工作对象是大学生，辅导员的工作要满足大学生全面成长的现实需要，这就要求辅导员要达到“政治强、业务精、纪律严、作风正”的工作标准，具备较高的思想品德修养、良好的行为习惯、较强的语言和文字表达能力和组织管理能力以及完善的知识结构。高校辅导员具备良好的素质、合理的知识结构是履行辅导员职责、做好大学生思想政治教育的基础和前提条件。教育者必先受教育，辅导员在日常的工作之外要自觉加强思想政治理论和专业知识的学习与积累，不断完善知识结构，努力提高自身的管理水平，树立活到老、学到老的学习思想；同时，辅导员还要主动适应社会需求的变化，不断思考，在原有工作经验的基础上，不断探究学生管理工作中的新思路、新方法，在学生管理上实现由“经验型”向“理论型”的转变，不断促进自身向专业化方向发展。辅导员只有具备了良好的综合素质，才能在大学生成长成才的道路上当好指导者和引路人，用自己的思想、品德、学识和行为为学生树立人生的榜样，引导学生树立正确的世界观、人生观和价值观，帮助学生正确处理成才道路上面临的学习、生活、工作等诸多挑战[12]。

总之，高校辅导员应是集教育、管理、服务和教学科研于一体的复合型教师。辅导员作为最直接和大学生接触的教师，必须具有很强的责任心，不断加强自身的学习，提高自己的修养。辅导员的素质直接关系着高校德育质量和大学生校园生活质量，关系着高校人才培养的质量。辅导员要以自己的责任心、爱心、细心和耐心投入思想政治教育工作中，全方位地关心学生的思想、学习和生活，切实履行辅导员的岗位职责，正确引导学生如何做人、做事，成为他们的良师益友，在他们的人生道路上真正起到一个引路人的作用，为他们将来步入社会打下坚实的基础。

参考文献：

[1] 胡怀翠. 如何做好高校辅导员工作 [J]. 中国西部科技，2012，12 (4)：107.

[2] 傅进军. 新探索——高校思想政治工作的理论与实践 [M]. 杭州：浙江大学出版社，2005.

[3] 杨振斌，冯刚. 高等学校辅导员培训教程. [M]. 北京：高等教育出版社，2006.

[4] 王小锡，毛建华. 高校思想政治工作概论 [M]. 南京：南京大学出版社，1997.

[5] 徐佰卓. 浅谈如何做好高校辅导员工作 [J]. 教育战线，2012，(30)：133.

[6] 叶松庆. 当代青少年社会公德的现状、特点与发展趋向 [J]. 青年研究，2008，(12)：28-34.

[7] 徐丹琪. 高校贫困学生的励志教育及勤工助学实践 [J]. 池州学院学报，2010，24 (2)：152-154.

[8] 杨坤，刘亚梅，孙晓光，等. 贫困生资助途径的可行性探讨 [J]. 教育新论，2009，(10)：12-13.

[9] 李海星. 大学贫困生心理健康状况的调查分析 [J]. 健康心理学杂志，2001，(6)：424-425.

[10] 徐彦龙，李泓源，袁丽峰，等. 特困生思想状况的调查 [J]. 科技风，2009，(21)：19-21.

[11] 许艳. 浅谈如何做好高校辅导员工作 [J]. 学校管理，2012，(5)：140.

[12] 王菲. 浅议怎样做好高校辅导员工作 [J]. 咸宁学院学报，2010，30 (5)：23-26.

（原载于《改革与开放》2014 年第 18 期）

基于道德视角的辅导员工作创新

苏　飞　王习胜

摘　要：道德教育是高校思想政治教育的主体内容，作为学生思想教育的主要力量——辅导员更应分析道德教育存在的问题，从家庭、网络、辅导员自身和学生自身等方面转变道德教育观念，增强道德教育工作方法的针对性、有效性，力求德育工作的创新。

关键词：　道德教育；学生管理；工作创新

对于教育学生来说，一直要求“德智体美劳”全面发展；德育之所以被放在第一位，是有很重要的意义的！道德建设的重要性、必要性，自不待言。但高校道德问题频发，最近报纸、网站都在谈论不少受助大学生对资助者的态度冷漠，没有主动给资助者打过一次电话、写过一封信，更没有一句感谢的话；有的学生说：“我的教养在大学里退化了，晚睡的人肆无忌惮地打电话，早起的人报复性地定闹钟，大家言语中也带着挑衅与不尊重……”；“上大学后我变了，我不再诚实。开始我对有那么多人作弊想不通，后来我也这么干，却不感到耻辱”。这些大学生内心深处的变化表现出明显的道德缺失。

笔者身为高校的一名专职辅导员深有感触，深刻体会到“诚、信、善良”等公德意识的重要，学校对学生“德”的要求主要偏重思想政治素质，迫切需要倾向道德素质教育。而作为学生思想教育的主体——辅导员更应转变德育观念，找出问题，增强德育工作方法的针对性、有效性，力求道德教育工作的创新。

作者简介：苏飞（1979—），男，安徽宿州人，池州学院经济贸易系讲师，硕士。

一、道德教育存在的问题

（一）灌输多，引导少

目前，高校道德教育工作途径多以思想品德修养课上德育理论的讲授为主，给他们“灌输”德论，给学生“讲”什么应该做、什么不应该做。学生听的不多，而老师与学生的交流也少，这样的课往往是学生不想上的课，逃课也是最多的。作为从事学生思想政治工作的专职辅导员，对学生的思想道德教育也多停留在说教上，停留在学生出问题后的帮助、教育上，很多情况下是事到临头的“令行禁止”。与学生心理的沟通、引导较少。

（二）工作途径比较狭窄，实践性环节少

以直接的课堂讲授为方法，以固定的书本知识为内容，与学生之间缺少必要而有效的互动，不能够根据学生的具体情况，如知识结构、接受能力以及兴趣爱好展开生动活泼的有效教学。而一些学生只是被动地接受，或者有选择性地接受，甚至潜意识里拒绝接受，从而产生一定的抵触心理；不善于利用现代教育手段，比如网络、情景剧、演讲、辩论等。德育多说教，实践少，效果差，比如笔者曾和学生讲要保护环境，给学生播放美国前副总统戈尔制作的关于全球变暖的电影《不能忽视的真相》，同学们看过后情绪激动了一阵子，无任何实践之后一切又归于平静。

（三）教育者的道德素质下降

道德素质下降最主要的表现是一些教师教书而不育人，缺少必要的责任感与使命感，一方面不能很好地起到榜样的作用，另一方面对学生课堂以外的生活及思想波动关注不够，不能真正地做到与学生亦师亦友。比如：不少高校把教师的学历、职称和科研成果当作奖惩、晋级的重要依据，很少考虑德育的效果，而且很多情况下教师的教育让学生感觉是“高压式”教育形式，致使学生产生逆反心理，拒绝接受道德教育。

（四）学校本身不重视

很多学校“重智育，轻德育”，领导表面上把德育工作摆在很重要的

地位，但具体的措施少、实践的方面少；“德育处于‘说起来重要，干起来次要，忙起来不要’的尴尬地位”[1]。很多德育工作者虽然意识到德育存在的问题，但因德育是敏感区域，且短期无明显效果，而不敢进行理论的创新、不愿意在实践中探讨，相反，只是被动、消极地完成工作任务。另外，学校进行德育工作的专职人员较少，德育教学、研究活动经费严重短缺。

（五）受教育者本身道德缺失

从挑灯夜战、起早贪黑的中学时代，到无所事事、聊天上网的大学生活，人生的历程翻开了新的一页。许多人迷茫了、迷失了，部分学生忘记了自己的身份、自己的位置，他们不知道自己的人生理想将要在这里确立。目前大部分大学生是独生子女，由于他们成长环境的特殊性，许多人身上表现出了不容忽视的缺点，比如：他们依附性强，以自我为中心，耐挫能力弱，群体观念淡薄，协作意识差，行动上往往不能顾全大局。这些大学生丢失掉自己身为大学生所应具备的素质与能力，把自己丑恶的一面显现出来，成为道德缺失的“典范”。

二、辅导员道德教育创新性对策

（一）对学生德育目标细化、量化考核

德育量化考核是将德育培养目标具体化，并使用可操作的考核指标。这对辅导员的工作有着极其重要的意义。“考核”实际上是学生思想品行资料，有利于辅导员及时、具体地了解学生，为更好有效地教育学生提供了准确、真实的依据；且使班干部有了一个长期坚持开展班级工作的凭据和标准。

考核应不仅细化而且量化，目前许多高校对德育采取量化，但太单一，有的不好操作。可综合各个方面如课堂纪律、宿舍卫生、个人文明言行、个人素养、帮扶情况、他人评价等，具体到每一项应该怎么细分、量化，明确加分依据、原则，分值范围要小；结合学生自评、辅导员打分、学生代表打分综合评定。考核使学生把外在的要求转化为自觉要求，再进一步转化为自身的行动；一定社会、阶级或集体，总是通过一定的道德原则和规范向人们提出一定的道德要求，这种外在的要求转化为人们

内在的道德要求，就是道德需要[2]。个人在班级互动中以自己的道德行为和品质获得肯定，具有鲜明的主体意识性。应把学生每学期的情况存入电脑，作为学生道德素养变化、发展的基本资料之一，当然公平性是最重要的。

（二）积极抢占德育工作的主阵地

贵州民族学院大学生新闻社所做的一项调查显示：无论哪个年级、哪个专业的大学生都与互联网保持着“亲密接触”，39.12%的学生每天上网时间达2小时以上[3]。互联网时代，网络为道德教育工作提供了更便捷的交流手段和更丰富的信息存储，辅导员必须积极探索利用互联网开展道德教育的有效方式，抢占主阵地。

大学生上网的目的主要有：QQ聊天、收发邮件、查找资料、娱乐、浏览新闻。而几乎每个学生打开电脑的第一件事是打开QQ，一般班级都有QQ群，可以好好地利用这个载体。辅导员可以尝试性地把道德教育的内容用生动的文字、图形、图像、声音等媒体取代原来生硬的说教，可能在形式上更能吸引现在的学生。还可以单独用QQ和学生聊天，另外网上论坛、聊天室和电子邮件等成为新的教育形式和手段，与辅导员和学生的直接接触相比，通过网络可避免由于直接面谈带来的种种不便，学生可更大胆地、更自由地表达自己的意见和观点，利于培养学生的道德意识。黑格尔说：“道德之所以是道德，全在于具有知道自己履行了义务这样一种意识。”[4]当然，利用网络不能仅仅是培养学生的道德意识，更要督促学生的道德行为，发挥学生的主动性。中国政法大学校长徐显明认为：教育的最本质的含义是引领人的灵魂，使人的德性不断增长。教育的意义在于体现人的主体性[5]。网络较之于传统的教育手段具有更强的时效性、吸引力和渗透力，可最大限度地调动学生主体的积极性、主动性和参与性。道德教育内容的主导性是通过多样性来延伸和具体化的[6]，网络在这方面起到很好的作用。

（三）双边互动

家长们不希望自己的孩子吃苦，物质上对孩子尽量满足，渴望自己的孩子能受到良好的教育，对孩子的学业过分重视，而对孩子的道德人格和心理健康却缺乏必要的关注。有的家庭在教育子女时往往掺杂很浓厚的功利色彩，无形中强化了子女的自私心理。长期以来，家庭教育一直在误区之中徘徊，只注重智力开发、文化学习，而忽视了家庭教育的首要任务，那就是教育孩子“如何做人”。家庭是德育的学校，让家庭教育回归到孩子的身边也是很有必要的，现在的父母对大学生的关注少了很多，认为考上大学好好完成学业，毕业找到一份工作或仅仅需要一个毕业证书回来就能安排工作，其他的就不管了。

其实家长也希望知道学生在校的情况，在大学期间辅导员应和学生父母经常联络，希望他们给孩子更多的道德关怀，不仅关心钱够不够花、成绩好不好，而且需要父母疏导孩子心理、关注其做人。辅导员多和家长沟通，一方面让家长和学生感到辅导员关心学生，另一方面学生的道德底蕴会在沟通中提高起来，道德水平自然就会提高。

（四）师表形象效用

辅导员作为高校中最基层的思想教育工作者，其道德修养在有形和无形中会深深地影响学生道德意识的形成。辅导员的道德品质是身教，是一种示范作用。在陕西青年管理干部学院对学生的问卷调查中，在辅导员应具备的素质方面，有96%的学生认为辅导员应当“品德高尚”[7]。辅导员本身的道德规范与胜任力之间不仅有较高的正相关，而且道德规范还能对胜任力做出较好的解释和预测[8]。辅导员以自己高尚的人格和品德去教育、影响学生，通过平日的一言一行去影响带动学生，获得学生的认同并效仿，才有可能教会学生如何“做人”。

辅导员自身较高的道德素质，有利于德育的开展，并会使工作取得更好的成效。一个高素质的辅导员必然有责任心和爱心，这样使学生对辅导员产生一种亲切感、信任感。“亲其师，信其道”。“亲”是情感的融合，“信”是理性的选择，师生情感的融合使德育教育成为可能[9]。学生能把老师的要求转化为自身的行为，并乐于帮助班级工作顺利地开展。有良好道德素质的辅导员，从学生的心理需要和班级实际情况出发，经常与学生进行情感沟通，学生有困惑，或思想上有压力，就愿意主动去找辅导员，和辅导员沟通、谈心。这有利于在班级中形成良好的师生关系，良好的关系能激发人的热情，引导积极的道德行为。

（五）充分发挥班干的主体作用

高校学生干部作为学生与学校之间的桥梁纽带、班风校风建设的带头人和校园文化活动的具体组织者，其发挥的作用将更加突出。首先，学生干部是道德教育的有力助手。其次，学生干部自身的影响力，有助于道德教育活动的顺利实施。再次，学生干部的活动对其自身成长成才也是有益的。一般来说，学生干部大都是学生选举出来的，在学生中具有广泛的群众基础，通过他们的表率作用，利于对更多的学生进行道德教育。

对学生干部的任用一定要把握以下三点：一是切忌功利心态较重。不少学生想当干部是希望在评优、拿奖学金以及入党等方面有好处，这样最容易让辅导员的道德教育没有说服力。二是是非观念淡漠。怕得罪人或弄虚作假、不严等，比如同学旷课不能如实向辅导员反映。三是抗挫能力较弱。一时得不到大家的认可就灰心或工作失误受不得老师的批评。辅导员在任命班干部的时候要确信他有坚强的品质和高尚的道德人格，这是非常关键的。人之所以是人，就在于人具有超越自身物质需求以外的精神追求，要过有意义的生活，人若缺少道德素质的支撑，个体就会出现虚无、憎恨等人格上的缺陷，人就会退化[10]。班干尤其需要道德的支撑，笔者作为专职辅导员，通过几年的工作对学生干部任命这一点深有体会，能力固然重要，但品德是应放在首位的，这样的班干往往能逐渐得到信任并能长时间获得大家的认可，起表率作用。

（六）突出专业教师的作用

大学里教书只是现象，育人才是根本[11]。但是大多数专业任课教师认为自己的任务是给学生传授专业知识和学科技能，培养学生的业务素质，而很多学校的评教制度也不合理，比如有的高校教师上课几乎完全由学生打分，会出现老师怕得罪学生的情况，这样让专业教师上课有时很被动，认为做学生的思想政治工作是出力不讨好，太麻烦；还有专业教师本身素质低，很少通过专业课的讲授给学生渗透道德教育，降低了高校全员育人的实效。

作为教师，道德比专业知识更重要；作为学生，德育比任何专业知识更重要。任何丧失价值观的课堂不可能是生命化的课堂[12]。实践也证明，教书育人是实现大学德育目标的重要途径[13]。任课教师加大对学生道德教育的力度，有助于减少高校学生道德教育工作中的盲点，提高学生道德教育的覆盖率。学校对教师教书育人的重要性要加强宣传，要有相关激励政策，具体措施要到位，可以把道德教育这一项加入专业教师评教细则里去。辅导员可以多和专业教师沟通，及时了解班级上课情况，听取专业教师的意见，使工作有针对性。

高等教育大众化态势下，对大学生从道德的视角进行创新教育是一项需长期探索的工作，要使创新具有科学性和实用性，必须结合校情，并在实际的工作实践中进行检验，这样才能真正贯彻落实，推动大学生道德水平的提高。

参考文献：

[1] 杜时忠．当前高校德育面临的十大矛盾［J］．当代教育论坛，2004，(12)：47-50.

[2] 何东，于明来．论道德教育激励［J］．河北大学学报（哲学版)，2002，(2)：84-86.

[3] 林龄．充分发挥网络在德育中的作用［J］．贵州民族学院学报(哲学社会科学版)，2008，(6)：199-201.

[4] 黑格尔．精神现象学（下卷）［M］．上海：商务印书馆，1979年：157.

[5] 徐显明．关于大学教育中德性问题的思考［J］．中国高等教育，2008，(5)：12.

[6] 李薇菡，刘继红．当前高校德育应把握好两个关系［J］．高教探索，2001，(1)：52.

[7] 吴彩霞，张亚萍．大学生心目中辅导员形象的调查研究［J］．陕西青年管理干部学院学报，2002，(S1)：57-59.

[8] 靳江波．大学辅导员道德规范与胜任力关系的研究［D］．太原：山西大学教育科学学院心系，2005.

[9] 路丙辉．高校辅导员德育资源的开发和利用［J］．安徽师范大学学报（人文社会科学版)，2007，(2)：231.

[10] 马斯洛，动机与人格［M］．许金声等译．北京：华夏出版社，1987：114，198.

[11] 张曼菱．北大才女［M］．金城出版社，2001：42.

[12] 叶澜．国内外教育文摘［J］.2007，(12)：17.

[13] 吴俊清．教书育人是实现大学德育目标的重要途径［J］．华北工学院学报，2001，(增刊)：21.

（原载于《池州学院学报》2011 年第 1 期）

新升格本科院校辅导员工作探讨

苏　飞

摘　要：辅导员是学生教育和管理工作的组织者和领导者，辅导员工作是保证学生健康成长和全面发展的必要环节；加强辅导员队伍建设是新升格本科院校发展的需要。新升格本科院校的辅导员工作，应引入“辅导员助理”管理模式，重视辅导员对学生的德育工作；切实做好“专兼结合”，明确辅导员的定位，加强对辅导员的培养等。

关键词：辅导员助理；德育；专兼结合；定位；培养

新升格本科院校在学校类型、学科建设等方面做好定位和规划工作的同时，应注意“专升本”后专科生的思想动态和本科生的心理，切实做好辅导员工作。

一、引入“辅导员助理”管理模式

对于新升格的本科院校来讲，学生人数和学生层次相对于以前都有一定的提升，需要对学生管理工作进行不断的探索。很多新升格本科学院对学生的管理，辅导员是直接的组织者和领导者，大到班风、学风建设及评优工作，小到班级课堂纪律、宿舍卫生等等，从学习到生活事事要操心。尤其是新生入学到熟悉环境这一阶段，政治辅导员工作任务繁重，特别是专职辅导员一人带几个新生班，班级的日常事务工作很难做到面面俱到，为了协助辅导员的工作，尤其是大一新生的辅导员工作，学院可设立辅导员助理。

辅导员助理可以认为是辅导员的帮手，其职责是协助辅导员做好新生的教育管理及思想政治工作，对各班的班干部进行指导配合，协调班级做好日常事务工作，在学习、生活等方面给予新生具体的指导。辅导员助理

作者简介：苏飞（1979—），男，安徽宿州人，池州学院经济贸易系讲师，硕士。

可为大一新生配备，从大二或大三的优秀学生中选聘，如班干部、党员等，实行一年一聘制。

很多本科院校采用“辅导员助理”模式。如山西财经大学辅导员助理就是其工商管理学院的“特色工程”[1]；潍坊学院生物工程系把辅导员助理作为实现同学们自我教育、自我服务、自我管理的途径之一[2]。辅导员助理的管理模式在各个学校的实施效果很好，益处很多。首先，以学生身份开展学生工作可以发挥独特的作用，因其本身是学生，便于深入学生内部，新生多把他们看作“比较有经验的学长”，隔阂少，容易交流。其次，对于辅导员助理本身来讲，可把此项工作作为未来社会工作的练兵场，有目的地锻炼自己的组织能力、管理能力、表达能力和处理突发事件的应变能力，缩短毕业生与社会之间的差距，能更好地融入社会。再者，对辅导员来讲，可以缓解时间紧、抓学生工作精力不足的矛盾。新生事务繁多，很多任课老师和兼职辅导员教学任务又很重，而专职辅导员管理的班级又多，很难使工作切实到位，辅导员助理可在辅导员的指导下配合辅导员抓好新生军训、入学教育及开展思想教育、组织活动，做好新生的信息收集工作，弥补辅导员精力的不足，进一步提升学生管理工作的质量和层次。

二、重视辅导员对学生的德育工作

“育人为本，德育为先”是《中共中央国务院关于进一步加强和改进大学生思想政治教育的意见》中对高等教育明确提出的办学要求。胡锦涛主席在全国加强和改进大学生思想政治教育工作会议上的讲话中指出：“培养什么人，如何培养人，是我国社会主义教育事业发展中必须解决的根本问题，……强调加强改进大学生思想政治工作的基础之一是基本的道德规范。”“德智体美，德育为先”。[3]专科学校的升本适应了社会的发展形势，若要适应高等教育的办学要求，德育工作也需要“升本”。首先，新升格本科院校大多处于保留专科逐渐扩招本科阶段，学生成分复杂，层次多样。其次，由于社会多元价值观和多元文化的碰撞、冲突，道德倾向出现多元化，表现为：价值取向趋于扭曲，社会责任感淡薄，自我意识彰显，公德素养较差，认知与行为脱节，求职和学习目的功利化等等[4]。学校由于生源关系整体道德素质相对偏低，更需提高。最后，由于大部分新升格的院校是地方性院校，主要是由地方财政负担，总体经费往往不足，更不用讲面向德育的经费；而且由于“升本”前几年能否升格是学校的主要工作，升本后几年是特殊的转型期，合并、升格、扩招工作繁多，对学生德育工作重视不够，更待加强。

目前新升格院校往往德育工作专职人员较少，学校可从学生思想工作上入手，即政治辅导员兼职德育工作者，强调和规范辅导员对学生的德育工作，学校领导需把德育工作摆到很重要的位置。没有德育，教育就不成其为教育；而且德育工作做得好，辅导员和学校对学生的管理工作也更容易。强调辅导员在做德育工作时，要注重身教，充分发挥教师的榜样示范作用。在对陕西青年管理干部学院的问卷调查中，在辅导员应具备的素质方面，96%的学生认为辅导员应当“品德高尚”[5]。辅导员不仅要以身作则，还要把德育工作作为自身工作的重点。学校要定期研究如何加强和改进德育工作，如何加强辅导员队伍建设。

三、继续做好专兼职辅导员结合，加强专职辅导员的建设

目前大部分高校是采用专兼职辅导员结合的方式管理学生，以满足学生不断增强的发展需求。而“多数兼职，少数专职”是很多新升格院校辅导员工作的现状。专兼结合的方式，可以优势互补，满足学校发展的需要，在“多数兼职，少数专职”结构模式不变的情况下，可适当增加专职辅导员的力量，加强专职辅导员的建设。

兼职辅导员一般由青年教师担任，在教学过程中的各个环节都与学生接触，便于了解学生的情况，而且思想教育也存在于各科教学中，做到既教书又育人，侧重于专业知识技能的指导。专职辅导员工作经验相对丰富，能够担负更加繁重的学生工作，在日常管理上、学生事务工作上，能够较长期稳定地从事辅导员工作，侧重于日常的管理、教育，在学生管理工作方面有充分的精力和时间，有利于学生思想教育工作。

学院要尽量丰富兼职辅导员的来源，青年教师任辅导员时，应相应提高待遇，对学院青年教师晋升职务时，可以有一定的规定，比如可以规定必须从事两年以上的学生管理工作才有资格晋升职务；适当增加专职辅导员的岗位，增强专职辅导员的力量。只有大楼，没有大师，不是真正意义的大学；只有大师而没有包括专职辅导员在内的完整的德育队伍，也不是完整意义上的中国大学[5]。专职辅导员在推动学校发展中发挥了重要的作用，想要辅导员队伍稳定，需积极推进辅导员“专职化，专业化”，加强专职辅导员队伍的建设，克服兼职辅导员非正常流动快、在岗时间短的不

足。学校要构筑一个加强辅导员队伍专兼结合的科学管理和建设模式，能使工作经验薪火相传、保持队伍的稳定，又能促成“为有源头活水来”的格局，提高队伍的开放度[6]。

四、明确对辅导员的定位，激励辅导员工作的积极性

自1953年清华大学设立政治辅导员制度以来，辅导员以大学生思想政治教育为职能的角色定位始终都很明确。学校应该强调，辅导员是开展大学生思想政治教育的骨干力量，是大学生健康成长的指导者和引路人，应像重视任课教师那样重视辅导员、关心辅导员的成长。

多数新升格院校引入专职辅导员比较晚，对于专职辅导员的建设还在起步阶段，而兼职辅导员往往辅导员工作不是其工作的重点。不管是专职辅导员还是兼职辅导员，有人倾向认为辅导员把日常事务处理好就行了，不过分强调辅导员是教学管理中的一部分骨干力量，有些情况下辅导员是“按人充岗”，而非“愿意做”、想做好这项工作。另外，很多学校对于辅导员的发展没有明确方向，关于辅导员的相关政策少，或者有关政策是否具有持续性和执行性，很多辅导员呈观望状态。这样，部分辅导员经常考虑今后的出路问题，工作积极性不高，尤其是部分专职辅导员，待遇问题一直是他们考虑的重点，从而使得辅导员工作队伍人心尚欠稳定。

新升格本科院校在以后加强和改进大学生思想政治教育中必须建立一支稳定的辅导员队伍。而一支稳定的辅导员队伍，更要明确对辅导员的定位，激励辅导员工作的积极性。可从以下两个方面做起：一是明确辅导员的政治特征和政治责任：是思想教育的骨干力量，是教师的一部分，要像关心学术骨干一样关心辅导员的成长。二是为辅导员的发展创造良好的政策环境。辅导员队伍的稳定和工作效绩与辅导员职称评聘政策有直接关系，学院应尽快制定辅导员专业技术职务评审标准和实施细则，并保证政策的执行性和评定渠道的畅通性。

五、加强辅导员的培养

陈立民认为，辅导员必须具备四个方面的基本素质：政治信念、理论修养、综合素质和实践能力[6]。要提高这些素质，基本途径就是加强培养。学校在辅导员的入口上要择优选拔，设立队伍的门槛，保证队伍建设的起始水准，对辅导员实行“先培训，后上岗”的准入制。对辅导员的培养可从以下

三个方面加强：一是岗前培训制度。除了培训辅导员基本的政治素养，基本的工作职责之外，对辅导员的管理制度等方面的培训内容还应包括教育学、心理学、管理学等，以提高辅导员的专业技能。二是在职培训制度。2007 年 7 月教育部颁布的《普通高等学校辅导员队伍建设规定》指出："辅导员的培养应纳入学校师资培训规划和人才培养计划，享受专任教师培养同等待遇。"学校应该像重视骨干教师的培养那样重视辅导员的培养，根据学院的实际情况，有步骤、有计划地让辅导员攻读思想政治教育、管理学等相关专业硕士、博士学位，进行进修和深造。三是就业指导培训制度。对现今大学生来讲，就业形势严峻，如何让学生正确掌握当前就业政策和就业形势，在就业问题上及时调整个人愿望和社会需求的关系，辅导员起到重要的作用。新生入学就可接触有关就业的内容，而就业指导是一项专业性很强的工作，目前新升格院校中大部分学校辅导员缺乏系统的就业指导理论和实践知识，缺乏针对性。学校提高辅导员从事就业指导工作理论水平的培训内容应包括：就业形势、国家就业的方针政策、职业生涯规划理论和方法；另外，也可组织辅导员到企业实地调研。把就业指导列入辅导员的工作职责，从而充分发挥辅导员在大学生就业工作中的作用。

综上所述，加强辅导员队伍的建设，打造一支专、精、强、稳的辅导员工作队伍，是新建的本科院校在各个方面需要调整、探索的一个很重要的工作层面，这样就能更好地促进学校的发展。

参考文献：

[1] 支明泽. 学生辅导员助理制度探析 [EB/OL]. [2007-12-14]. http://compass.sxufe.edu.cn/znz/sjjy/sjjy/200712/221.html.

[2] 邓晓云·辅导员助理将评建精神深入学生 [EB/OL]. [2007-12-1]. http://xsc.wfu.edu.cn/article/39/43/2007/200704293383.html.

[3] 戚哲民. "专升本"院校学生德育工作面临的主要问题和对策 [J]. 科技信息，2007，(5)：53-54.

[4] 吴彩霞，张亚萍. 大学生心目中辅导员形象的调查研究 [J]. 陕西青年管理干部学院学报，2002，(S1)：57-59.

[5] 姚慧君，郭玫. 浅议加强高校专职辅导员队伍建设 [J]. 党史文苑，2007，(3)：79-80.

[6] 陈立民. 论高校辅导员队伍建设的专兼职结合 [J]. 复旦教育论坛，2005，(3)：5-7.

（原载于《池州学院学报》2008 年第 4 期）

辅导员如何为实现中国梦助力

张　瑜

摘　要：“教育梦”是“中国梦”的重要组成部分，随着教育体制改革的日新月异，高校辅导员将在整个高等教育体系中扮演着越来越重要的角色，在新的历史时期，能否认清新的问题和挑战，能否顶住压力，在解决问题中寻求新突破已成为关注的重点。

关键词：辅导员；中国梦；挑战

2012 年 11 月 29 日，中共中央总书记习近平带领新一届中央领导集体参观中国国家博物馆“复兴之路”展览时，把实现伟大复兴就是中华民族近代以来最伟大梦想定义为“中国梦”。教育部副部长杜玉波表示，“教育梦”是“中国梦”的重要组成部分，凝聚中国力量，实现教育梦想，必须发挥广大师生的聪明才智，必须调动每个人的积极性、主动性、创造性，每一位高校教师都要切实肩负起育人使命，坚持师德为先，坚持教学为要，坚持科研为基，以高尚师德、人格魅力、学识风范教育感染学生，做学生健康成长的指导者和引路人。

一、辅导员在实现育人系统中的地位和作用

高校学生辅导员是直接从事学生思想政治教育和管理的工作者，高校学生辅导员既是高校党政管理干部队伍的一部分，又属于教师队伍的一部分，在履行加强和改进大学生教育的主要任务中起着不可替代的作用。

高校的育人系统包括教学、管理和服务育人三个子系统，它们以培养德、智、体、美、劳诸方面全面发展的社会主义事业合格建设者和接班人

作者简介：张瑜（1982—），女，安徽宿州人，池州学院中文系讲师，硕士。

为目标。高校辅导员的工作恰恰渗透在教学、管理和服务中，他们既具有教师角色，又具有管理者角色和服务者角色。

作为教师队伍重要组成部分，辅导员同样要承担一定的教学和科研任务，教学内容可能涉及政治学、哲学、历史学、心理学等相关方面，通过教学发挥德育的重要作用。

随着高校改革的深入，学校与学生之间的关系也在发生深刻的变化。在某些方面出现了过去从未有的矛盾和问题。因此做好学生日常教育和管理工作是辅导员工作的重中之重。辅导员必须在学校各职能部门（如学生处、教务处、后勤部门等机构）中发挥上情下达、下情上报、组织和协调的作用。

此外，与学生最贴近的辅导员不仅要关心学生的学习和工作，还要关心学生的衣食住行，因此，服务育人也离不开辅导员的参与和辛勤工作，他们是学校服务育人队伍中不可缺少的力量。

二、时代对于辅导员提出了什么样的挑战

随着我国改革开放的进一步深入、信息科技的迅速发展、大众化教育的全面展开，高校教育体制改革日新月异，在新的历史时期，高校思想政治教育工作也面临着诸多新的问题和挑战。

（一）大众化教育下大学生整体素质普遍下降

高等教育大众化向越来越多的受教育者敞开了大门，在提高国民素质、提升学历、缩小与国外受教育水平差距等方面无疑起到积极作用，但此举实际是以降低录取分数、降低标准为代价，导致高校学生平均素质降低，致使大学生鱼龙混杂、良莠不齐，各种不良现象增加，如“硫酸泼熊现象”“木子美现象”“马加爵现象”等。这无疑给高校的辅导员管理工作带来了很大的困难。

（二）独生子女增多，思想多元化

如今在大学生群体中独生子女居多，其中绝大部分都是在溺爱中长大的，在他们身上存在独立生活能力和心理承受能力弱、爱慕虚荣、责任感不强以及与他人交往存在障碍等一系列严重问题，长期的不恰当家庭教育带来了严重后果，如何引导，对于辅导员来说是个难题。

（三）沉溺于网络，难以自拔

沉溺于网络是在大学生群体中普遍存在的顽疾，网络成瘾不仅会影响到学习，还会影响个性、价值观等深层次的东西。网络是个宝库，同时也是信息的垃圾场，泛滥着色情、犯罪、诈骗等虚拟诱人、不健康的内容，部分大学生借助网络游荡在虚拟世界之中，不愿意参加社会活动，很少关心他人；有的学生看了不良网页信以为真，甚至模仿去做，结果走上犯罪道路。如何规避上述问题，已经成为辅导员工作的重要课题。

（四）就业压力大，自信心降低

大学生是“天之骄子”的时代已经一去不复返了，现在的大学生面临着一系列的压力，其中就业压力最大。与以往“包分配”制度不同，社会主义市场经济条件下就业方式改为毕业生和用人单位之间双向选择，学生自主择业。在就业形势不容乐观的情况下，加上家庭经济上的压力和学习压力，给相当一部分学生造成了心理障碍，这也是辅导员应关注的重点。

三、辅导员如何为中国梦注入自己的微薄之力

教育事业本质上就是爱的事业，辅导员要热爱教育、热爱学生，要怀揣一个“育才梦”。中国梦为个人梦的实现提供了极好的机遇，人人有梦、人人奋斗、人人追梦从而达到筑梦天下！因此，辅导员要成为学生理想和信念的引导者，为学生实现梦想架起天梯。面对时代提出的新问题，要做好以下几个方面的工作：

（一）正确定位，因材施教

随着高校教育从精英教育向大众化教育转变，学生分层更加丰富，对辅导员管理职能也提出了新的要求。学生层次的多样性决定了辅导员管理方式的多样性，掌握正确的管理方法应视对象而定，也就是说，辅导员要对不同的学生做出正确的判断，因材施教。如有的学生具有较好的学习基础和能力，有的学生有较强的沟通管理能力，有的学生较为积极，有的学生较为自闭等等，面对不同的学生采取不同的教育方法是关键。

（二）沟通无限，平等交流

辅导员在工作中，要倡导无限沟通，推进平等交流，切实增强学生思

想政治教育工作的亲和力。每个人都有表现的欲望和被重视的心理倾向，大学生群体更是如此。辅导员应该高度重视学生的这种心理需求，有意构建一个可以让大学生展现自我的平台，让每个学生都感觉得到被重视，平等地面对学生，不摆架子，这是沟通的前提；爱是最单纯也是最伟大的力量，要将爱心灌注到学生工作中去，“投我以木瓜，报之以琼琚”，真正地关爱每一个同学，这是沟通的关键。总之在具体工作中我们要具备“四心”，即要有爱心、细心、耐心和责任心。

（三）搭建网络平台，加强舆论引导

在信息时代下，高校政治思想工作对辅导员提出了新的要求，要打破原有的教育管理模式，将现代信息科技与教育、管理、服务工作紧密结合起来，以完善知识结构、提高网络技术应用能力为切入点，努力提高自身的综合管理水平。如利用 QQ 群、MSN、博客等网络空间与学生展开互动，拓展广阔的交流空间；可进行心理健康教育，开展就业指导工作，强化职业规划等；特别是针对毕业班学生，及时发布相关政策法规并进行信息解读，让学生及时、全面地了解国家、省、市有关大学生就业的相关政策和法律规定，例如大学生自主创业优惠政策、大学生参军政策、“三支一扶”政策等。同时，可以提供求职简历制作、面试技巧、公务员考试技巧等内容，为就业做好铺垫。

（四）强化就业指导，疏导就业压力

首先，要教导学生尽早树立就业择业意识。大学生就业观的形成是一个渐进的过程，不是到毕业时决定的。如果学生在大学期间没有形成一个明确的择业目标，毕业时往往会感到很茫然。因此，大学生就业指导必须使大学生从进入高校开始就关注就业问题。从低年级起，辅导员就要向学生灌输竞争择业的意识，及时引导他们正确评价自己，帮助大学生树立个人职业发展目标。

其次，要引导学生建立正确的就业择业观念。辅导员要引导学生根据自己的专业、兴趣爱好、家庭条件等因素选择合适的职业目标，制订合理的职业生涯规划并付诸实践。针对目前的就业形势，辅导员要鼓励学生认识到“先择业再就业”和“就业需主动出击”等新的就业观念，树立起长期的职业理想。

最后，要特别注意加强大学生就业心理问题的疏导。巨大的就业压力势必会给大学生带来内心的冲突，他们常常会对自己的未来感到无助、

迷惘和彷徨，因此加强大学生就业心理问题的疏导，无疑是辅导员工作的重点。

四、结 语

随着教育体制改革的日新月异，高校辅导员将在整个高等教育体系中扮演越来越重要的角色、承担越来越重要的责任，在新的历史时期，能否认清新的问题和挑战、能否顶住压力，在解决问题中寻求新突破已成为关注的重点。这就要求高校辅导员要进一步解放思想、与时俱进，更新观念，大胆探索新时期的工作理念、工作方式和工作方法，不断开创高校学生工作的崭新局面，为实现中国梦注入自己的微薄之力。

参考文献：

[1] 檀江林．高校网络思想政治教育研究［M］．合肥：合肥工业大学出版社，2007.

[2] 宋健．关于提高高校辅导员自身人文素质的思考［J］．湖北经济学院学报（人文社会科学版），2006，3（10）．

[3] 齐纳森．试论高校学生政治辅导员素质修养［J］．内蒙古民族大学学报（社会科学版），2008，34（3）．

[4] 林超．浅谈发挥辅导员在就业指导中的作用［J］．中国大学生就业，2006，（15）：71.

[5] 周学锋．高校辅导员在育人中的地位与作用［J］．安徽理工大学学报（社会科学版），2007，（3）：65.

（原载于《科教文汇（下旬刊）》2013 年第 8 期）

三位一体：高校主题班会的整合创新之路

——思想政治教育、心理健康教育、职业规划教育的整合

黄国萍

摘　要：思想政治教育和心理健康教育是高等学校德育的重要组成部分。职业规划教育是培养高素质人才、实现高校教育功能的重要保障。三门课程的教育效果不理想，实践指导能力较弱。以主题班会为载体，将思想政治教育、心理健康教育和职业规划教育的内容进行三位一体的有机融合，既创新了高校主题班会的内容和形式，又增强了三门学科教育的实效性。三位一体主题班会的课程化建设，保证了其促进学生综合素质提高和全面发展、推动辅导员专业水平和工作胜任力不断提高的功能实现。

关键词：三位一体；主题班会；整合

大学阶段是学生的一生中思想道德和心理发展最重要的时期之一，是唤醒职业意识、探索职业方向的敏感期，是大学生树立理想、确立“三观”，心理走向成熟、人格趋于完善的关键时期。思想政治教育和心理健康教育是高等学校德育的重要组成部分。职业规划教育是培养高素质人才、实现高校教育功能的重要保障。思想政治教育、心理健康教育、职业规划教育分别设有专门的课程，但是由于学科本身的局限性和教学目标的需要，往往使得学科素质教育缺乏综合性和全面性，而主题班会恰好弥补了学科素质教育的不足。主题班会是班级建设和管理的主要途径，是教育学生、学生自我教育和发展的重要形式，在大学生教育和管理工作中发挥着重要的作用。本着求同存异的原则，将心理健康教育、思想政治教育和职业规划的内容有机融合，以主题班会为重要载体和阵地开展教育活动，

基金项目：安徽省高等学校省级优秀青年人才基金重点项目（2011SQRW149ZD）；教育部人文社会科学研究专项任务项目（高校思想政治工作辅导员专项）（10JDSZ3008）；池州学院研究生引进项目（XYK200806）；

作者简介：黄国萍（1979—），女，池州学院资源环境与旅游系讲师，教育学硕士。

三位一体的融合形式有利于教育内容日常化、教育过程全程化、教育形式多样化，实现提高学生综合素质、推动学生全面发展的目标。

一、三位一体整合的必要性

思想政治教育、心理健康教育和职业规划教育的课堂教学效果不理想，难以实现素质教育的目标，因此，寻求教育内容和形式的新途径、增强教育实效，是三者需要解决的共同课题。

（一）日常思想政治教育效果不理想

思想政治教育是养成教育的综合体，它决定和影响着大学生的生存状态与行为选择。目前，大学生思想政治教育的内容、方法和手段缺乏创新，不能与大学生生活实际紧密结合。要增强高校日常思想政治教育实效性，就必须开展形式多样的社会实践活动，拓展教育途径，从而提高大学生的思想道德素养和解决实际问题的能力，达到提高教育教学效果的目的。2009 年，教育部颁布的《关于加强辅导员班主任队伍建设的意见》指出："要以班级为基础，以学生为主体，发挥学生班集体在大学生思想政治教育中的组织力量。"2004 年，《中共中央国务院关于进一步加强和改进大学生思想政治教育的意见》明确指出："思想政治教育要坚持以人为本，贴近实际、贴近生活、贴近学生，努力提高教育的针对性、实效性和吸引力、感染力，培养德智体全面发展的社会主义合格建设者和可靠接班人。""要着力加强班级集体建设，组织开展丰富多彩的主题班会等活动，发挥团结学生、组织学生、教育学生的职能。"主题班会是高校思想政治教育的重要载体和阵地，在学生、班级与学校三个层面上实现主题教育的功能。

（二）心理健康教育模式不健全

学校心理健康教育是培养学生良好的心理素质、促进学生身心全面和谐发展和素质全面提高的教育活动。心理健康教育对思想道德建设有渗透、补充、调节、优化等功能。心理健康教育课程在具体实施中还存在诸如理念错位、价值取向偏差和实施滞后等很多问题。大学生并不追求心理健康教育课程内容的完整性，而普遍对实践内容感兴趣，表现出"适需""适用"的倾向。柳友荣教授提出，把"回归生活"作为大学生心理健康教育课程改革的必由路径，建议采用“面”+“线”+“点”三位一体的方式，即面（发展性教育）上集中教学、线（互助式辅导）上群体教学、点（诊疗性咨询）上个别咨询的教学模式和教学组织方式，通过自然班+适需班结合跨必修课和选修课两大类型对大学生开展心理健康教育[1]。主题班会是对大学生开展“面”和“线”上心理健康教育的有效途径。

（三）职业规划教育的开展不到位

大学生职业规划教育是大学生实现个人全面发展的重要基础，是个体成才的有力保证。2007 年，教育部印发的《〈大学生职业发展与就业指导课程教学要求〉的通知》要求：“从 2008 年起所有高校开设职业发展与就业指导课程，并作为公共课纳入教学计划，贯穿学生从入学到毕业的整个培养过程。”大学生职业规划教育应当包含职业生涯规划教育和就业指导教育两大部分。职业生涯规划教育的目标是优化学生的职业素质，以提高大学生的就业竞争力，更是为个体职业的可持续发展奠定基础。就业指导教育主要解决学生顺利就业问题。高校目前进行的职业规划教育大多是就业指导，而当前就业指导课的开展普遍存在授课形式单一、授课人数过多、忽视实践运用等问题，教育效果并不理想。主题班会贯穿于大学生的整个大学阶段，以主题班会为载体开展职业规划教育，对不断提高大学生自身素质，进行准确定位，树立正确的择业观和就业观有着十分重要的意义。

（四）主题班会的开展形同虚设

主题班会是围绕一定的主题对班级学生进行教育和管理的综合课程，具有隐性教育功能、凝聚功能和激励功能。组织有序、效果明显的主题班会可以凝聚班级学生，营造积极向上的氛围，是学校开展思政教育、实施素质教育的重要载体和途径。主题班会的目标越明确，教育效果越好，则班级凝聚力越强[2]。当前，主题班会的集体教育作用不明显，没有充分发挥从班级层面对学生进行共同引导、教育、带动及培养的作用。高校主题班会存在的主要问题有：班会内容陈旧僵化，缺乏吸引力；班会形式固定呆板，互动性不强；班会选题缺乏创意，针对性不强；教育目标过于理想化，忽视了学生个性发展；忽略心理健康教育，学生主观意愿差。构建以主题班会为载体的团体教育模式，是利用主题班会自身的独特优势，通过开展形式多样、活泼鲜明的团体教育活动，提高大学生的思想政治素质、心理健康素质和职业规划意识及就业竞争能力，确保深化素质教育，全面促进学生的科学发展和成长成才。

二、三位一体融合的可能性

思想政治教育、心理健康教育和职业规划教育虽然课程内容不同，但在教育过程和教育内容上有很多相通之处，这些共性和联系为三位一体的融合提供了可能性。

（一）教育对象的全员性

思想政治教育、心理健康教育和职业规划教育都是面向全体大学生开展的教育活动。主题班会是大学生参与面最广、参与次数最多的集体性活动之一，解决学生的共性问题是主题班会的功能之一。将教育内容以主题班会团体活动的方式开展，可以简化教学过程和形式，增强教育活动的吸引力。学生也可以通过丰富的主题班会内容，系统、连续地接受教育和指导，对学生综合素质的提高非常有利。

（二）教育过程的全程性

思想政治教育、心理健康教育和职业规划教育的教育内容和教育过程都具有日常化、常态化的特点，需要对学生分阶段地进行全程教育，这就要求课程教学与课外体验相结合，知识传授与自我探索和团队实践相结合。主题班会是为数不多的从学生入学到毕业一直开展的学生活动之一，是实现教育全程化的重要途径。将思想政治教育、心理健康教育和职业规划教育与主题班会进行三位一体的融合，构建以学生为本位和主体，全程性、开放式、递进性、发展性相结合的主题班会教育体系，既丰富了主题班会的内容和形式，更好地实现主题班会集体教育的功能，也使思想政治教育、心理健康教育和职业规划教育的内容更贴近学生生活，更具有亲和力和吸引力。

（三）教育主体的双边性

促进个人和社会的发展是教育产生的原因和动力。在思想政治教育、心理健康教育和职业规划教育中，教师和学生都是教育活动的主要参与者，在教育过程中发挥着重要的双边作用。在主题班会的开展过程中，教师（辅导员）和学生也发挥着双边作用。辅导员在主题班会开展中的主导作用主要体现在准备阶段的引导作用、进行阶段的调控作用、总结阶段的启发作用和延展阶段的升华作用，辅导员要把握方向、适当控制、及时引导，坚持“普遍参与、重点参与和特殊参与相结合”，确保学生主体性得到充分发挥，收到自我教育的良好效果，促进每一个学生的全面发展。在主题班会的设计和开展过程中，既要发挥辅导员的主导作用，也要充分尊重学生的主体地位，充分调动他们的积极性和主动性，让学生体验、感悟、分享、力行，保证他们的主体作用得以充分发挥，达到引导学生自我教育、自我管理、自我发展和提高的目的，真正实现主题教育促进学生发展的功能。只有教师和学生的双边作用良好配合，才能实现最优的团体教育效果。

（四）教育目标的发展性

大学不仅重视知识教育，更应该重视学生情绪与社会方面的发展。面向全体学生，解决具有共性的问题，是大学教育的功能之一。团体辅导是一种可以解决共同成长问题的、有效的集体主义教育活动。将每个班级视为一个发展性的团体，借助主题班会对学生进行思想政治教育、心理健康教育和职业规划教育方面的团体辅导，可以解决大学生中普遍存在的发展性问题，提升班级的凝聚力，使学生产生强烈的归属感，以更好地实现班级管理。

（五）教育内容的时效性

思想政治教育、心理健康教育和职业规划教育都要求把不断更新的教育内容及时、快速、准确地向学生传达，以保证素质教育的时效性。主题班会是最直接有效地对学生进行正面宣传教育的主渠道。主题班会是“例课”，周期短、普及面广、连续性强、形式规范，能从时间上保证新思想、新理论的快速传达，又能使一些新思想、新理论得以系统贯彻。学生对主题班会的归属感、依赖感和认同感，使教育内容的贯彻具有“权力”效应。三位一体的主题班会可以很好地保障教育内容的时效性。

三、三位一体主题班会的实施

三位一体主题班会作为大学生主题教育的基本手段，选题灵活而具有系统性，内容丰富而具有吸引力，形式多样而具有互动性，效果震撼而具有延展性。主题班会的课程化建设既充实了主题教育的内容，优化了主题教育的环境，增强了主题教育的吸引力，保证了主题教育的实效，也锻炼了辅导员，提高了学生管理工作队伍的整体工作水平。

（一）选题原则

三位一体主题班会的教育目标是帮助学生“知己、知彼、全面发展”。在主题班会的选题甄选和内容设计中也要坚持这三项原则。

1. 知己原则

大学阶段是“自我的发现”时期，既是大学生自我意识的“转折”时期，也是自我同一性和角色混乱冲突表现最突出的阶段。这个阶段的大学生处于一种不能确认“我是谁”的状态。这些矛盾和冲突可能成为大学生自身发展的动力，但往往也是造成部分学生心理异常和失衡的主要原因。自我认知也是职业生涯规划中的第一步，是关键性的基础工作。只有在充分剖析自己的基础上，才能够为今后的职业生涯制订最适合的方案。引导大学生“知己”是三位一体主题班会的首要阶段目标，学生通过主题班会活动将自我认知的相关理论扩展、延伸、内化为探索自己的动力，实现自我觉醒，准确自我定位，树立科学的职业价值观。

2. 知彼原则

人的心理问题是普遍存在的，只是程度不同而已。心理的“正常”和“异常”之间并没有明确和绝对的界限，现实生活中的每一个人都在一定的程度上存在着心理问题。脱离社会、轻视技能的人才培养模式，已不适应社会经济的迅速发展需要。三位一体的主题班会应该帮助大学生了解常见心理问题产生的原因及主要表现，以科学的态度对待各种心理问题。引导大学生客观认识社会环境，进行环境评价，培养和提高适应社会需要的实际应用能力，积极进行职业探索，并根据社会变化不断调整职业生涯规划，使自己对职业的选择与社会需求相适应。

3. 全面发展原则

心理健康有三个层次：预防心理障碍的出现是心理健康的最低要求；能够有效地学习、生活、交往是心理健康的第二境界；发挥自身潜能、促进自我实现、追求自身全面发展是心理健康的最高境界。每个大学生都应不断发挥自身的潜能，掌握生存技巧，实现个人身心、道德和职业的全面发展。三位一体的主题班会要引导大学生进行合理的人生定位和职业定位，构建合理的知识结构，掌握职业发展需要的通用技能和生存技巧，提高就业竞争力和生命质量，实现个人可持续的全面发展。

（二）内容设计

三位一体主题班会的内容设计要依据大学生的身心发展特点和阶段性需要，将思想政治教育、心理健康教育和职业规划教育的内容和目标有机融合，坚持阶段性、层次性和系统性的原则有序开展，以保证主题教育达到预期的效果。借助主题班会的形式进行全程化、分阶段的职业规划教育，要围绕着“认识自我—认识职业—制定职业生涯规划—提升职业素质与能力—顺利就业”这条主线[3]，培养大一新生的职业意识，提高大二学生的职业素质，强化大三学生的职业能力，加强大四学生的就业行动指导。心理健康教育的目标是通过“自我认识—晓理导行—行为强化—反思内化—习以成性（品质）”等五个环节[4]，培养大学生良好的心理素质。思想政治教育的目标是构建社会主义核心价值观，把大学生培养成为“理想远大、信念坚定的新一代，品德高尚、意志坚强的新一代，视野开阔、知识丰富的新一代，开拓进取、艰苦创业的新一代”的“四个新一代”人才。我们根据思想政治教育、心理健康教育和职业规划教育的教育目标和内容，制定了三位一体主题班会的内容结构，通过主题班会的有序开展，对大学生进行系统化、全程化的发展性素质教育。主题班会的开展要有一定的周期性，以每月一次最佳，可以保证学生参与的积极性和效果。班会的选题或名称可以根据需要修改和完善。班会开展过程中形式的选择和技术的运用要依据班会的内容加以确定，但一定要符合不同阶段大学生心理发展的特点和规律。

（三）课程化建设

主题班会课程化可以解决辅导员专业背景多元化和班级管理水平不平衡的问题。如同使用同样的教材，每个老师的授课内容也会个性十足一样，虽然每个班按照同样的主题班会方案组织班会，而班会的内容并不完全相同，但效果都不错。三位一体的主题班会也要进行课程化建设才能真正实现思想政治教育、心理健康教育和职业规划教育三者融合的教育目标，真正发挥其促进学生综合素质提高和全面发展，推动辅导员专业水平和工作胜任力不断提高的功能。三位一体主题班会的课程化建设就是要形成其主题系统化、内容多元化、过程标准化、形式多样化、模式课程化的特征，根据大学生不同阶段的需要和特点甄选主题、设计内容，形成一个较为完整的培养系统，开展过程有标准化的程序和评价标准，有可供参考的班会方案和教育内容。

不少高校已经进行了主题班会“系列化、规范化、课程化”建设实践[5]。在对开展主题班会系列化、规范化、课程化前后效果的比较评价中，大部分的学生和辅导员认为效果好于传统的主题班会，说明此项活动总体上得到了师生的肯定[6]。三位一体主题班会的课程化建设创立了一个高校日常教育与综合素质培养相结合的新的平台和载体，不仅有利于学生的自我教育、自我培养、自我锻炼，也有利于辅导员的工作水平提高和专业化程度发展。

表1　三位一体主题班会选题表

<table>
<tr><th>学　期</th><th>目　标</th><th>主　题</th><th>形　式</th></tr>
<tr><td rowspan="4">第一学期</td><td rowspan="4">适应</td><td>我的大学，我的梦</td><td rowspan="8">娱乐性
思考性</td></tr>
<tr><td>感恩，用真情告白</td></tr>
<tr><td>生命·安全·健康</td></tr>
<tr><td>大学生是否应该谈恋爱</td></tr>
<tr><td rowspan="4">第二学期</td><td rowspan="4">进步</td><td>一分钟品味人生</td></tr>
<tr><td>爱我你就夸夸我</td></tr>
<tr><td>每天进步一点点</td></tr>
<tr><td>学会独处，悦纳孤独</td></tr>
<tr><td rowspan="4">第三学期</td><td rowspan="4">竞争</td><td>笑动生活，有你有我</td><td rowspan="8">思考性
探索性</td></tr>
<tr><td>我能，我来做</td></tr>
<tr><td>我的地盘看我的</td></tr>
<tr><td>每天发现一点点</td></tr>
<tr><td rowspan="4">第四学期</td><td rowspan="4">规划</td><td>我的未来不是梦</td></tr>
<tr><td>我选择，我喜欢</td></tr>
<tr><td>虚拟与现实</td></tr>
<tr><td>我有我风采</td></tr>
<tr><td rowspan="3">第五学期</td><td rowspan="3">自省</td><td>相信能，所以行</td><td rowspan="5">探索性
发展性</td></tr>
<tr><td>兴趣与需要（职业兴趣测验）</td></tr>
<tr><td>简历设计大赛</td></tr>
<tr><td rowspan="2">第六学期</td><td rowspan="2">历练</td><td>考研与就业</td></tr>
<tr><td>模拟面试</td></tr>
</table>

（续表）

学　期	目　标	主　题	形　式
第七学期	就业	志愿与感动	发展性 思考性
		职来职往	
第八学期	感悟	感悟大学	

参考文献：

[1] 柳友荣，吴桂翎．回归生活：大学生心理健康教育课程改革的必由路径［J］．中国高教研究，2010，(2)：83-85.

[2] 李艳．高校主题班会的功能定位与功能实现——兼论主题班会教育与班级管理的关系［J］．理论观察，2011，(2)：126-128.

[3] 贯立敏．论职业生涯理论与高校主题班会的有机结合［J］．唐山学院学报，2011，(5)：100-102.

[4] 张大均．大学生心理健康教育（一年级）［M］．重庆：西南师范大学出版社，2004：4.

[5] 雷广宁，聂久胜等．高校主题班会教育“系列化、规范化、课程化”的探索及意义［J］．高校辅导员学刊，2011，(3)：22-24.

[6] 聂久胜．高校主题班会系列化、规范化、课程化建设的效用研究——基于安徽中医学院两年来主题班会的实践探索［J］．高校辅导员学刊，2012，(4)：29-32.

（原载于《池州学院学报》2012 年第 6 期）

我国当代大学生诚信缺失原因及对策研究

陈　鑫

摘　要：大学生的诚信品质关乎良好社会风尚的形成和社会主义和谐社会的构建。当前一些高校大学生在学习和生活中都存在着诚信缺失现象，文章对其形成原因作了分析，指出大学生诚信意识教育是一个系统工程，需要社会、家庭、高校及大学生自身的共同努力，并提出了相应的解决对策。

关键词：大学生；诚信教育；对策

作为人类文明的继承者和传播者，大学生的诚信意识、诚信行为、诚信品质，关乎良好社会风尚的形成和社会主义和谐社会的构建，也关乎中华民族的未来。

大学生要肩负起全面建设小康社会和加快社会主义现代化建设的历史使命，就必须自觉加强诚信道德建设，把诚信作为高尚的人生追求、优良的行为品质、立身处世的根本准则。当前，从总体上看，当代大学生的诚信状况是好的，但在少数大学生身上也出现了诚信缺失的现象[1]115。考试作弊、恶意拖欠学费、制造虚假履历等现象时有发生，屡禁不绝。中国科技大学校长朱清时对此也发表过感慨："诚信滑坡的实际问题比报道的要严重得多。诸如考试作弊、研究中的数据造假、抄袭别人的论文等现象很普遍。"[2]

一、当前我国大学生诚信缺失的表现

（一）考试作弊

考试是检验教育成果的重要手段，是教学的有机环节之一。尽管各高

作者简介：陈鑫（1980—），男，安徽池州人，池州学院思想政治理论课教研部讲师，南京师范大学硕士研究生，主要研究方向为马克思主义与思想政治教育。

校在《校规校纪》中对考场规则和违纪处罚都做出了明确规定，但遗憾的是，仍有部分学生在利益的驱使下心存侥幸、铤而走险，以身试纪，考试作弊现象在高校仍屡禁不止。除了偷看书本、传递纸条、交头接耳等作弊手段外，部分学生已将手机、无线耳机等高科技运用到考试作弊中。甚至有些学生出于老乡情面或谋取钱财等原因，甘愿冒着被开除的风险，替人当“枪手”。这不仅削弱了我国考试认证制度的权威性和相关证书的含金量，也削弱了学生的信用观念。

（二）论文抄袭

目前，在大学校园里，有很多学生学术态度不端正，把抄袭剽窃行为视为正常现象。有些大学生为完成期末论文或毕业论文，不潜心研究，却通过简单的“复制、粘贴”抄袭别人的学术成果。这不仅违背了高校“研究性学习”的初衷，也是大学生学术不诚信的主要表现。

（三）恶意拖欠学费

为了不让大学生因家庭经济困难而辍学，体现教育公平，国家对贫困大学生提供贴息助学贷款，以帮助他们顺利完成学业，这充分体现了党和政府对贫困学生的殷切关怀。然而，令人意想不到的是自实施助学贷款以来，一些学生并不按时还息还款，令学校和银行处于尴尬境地。

（四）简历造假

随着我国高校实施扩招政策以来，高校毕业生人数与日俱增，就业压力也日益严峻。为了在激烈的竞争中能找到一份好的工作，一些学生受社会上假学术、假文凭、假证书等不良现象的影响，在求职过程中缺乏诚信意识，也在自己的毕业推荐表上修改成绩、伪造证书。

二、当前我国大学生诚信缺失的原因

部分大学生诚信缺失现象的出现，既有社会的、学校的、家庭的等各种因素的影响，也有大学生自身的原因[1]115。

（一）社会环境的影响

人是社会中的人，“人的本质并不是单个人所固有的抽象物，在其现实性上，它是一切社会关系的总和”[3]。马克思认为：“物质生活的生产方式制约着整个社会生活、政治生活和精神生活的过程。不是人们的意识决定人们的存在，相反，是人们的社会存在决定人们的意识。”[4]这充分说明了社会环境对人们思想观念的影响。

首先，社会转型期市场经济消极因素的影响。目前，我国仍处在由自然经济向现代商品经济、计划经济向市场经济的转型过程中，快速的经济增长打破了原有的社会关系，容易使社会和个人受新观念的影响而迷失方向。

市场经济是以获取最大利益为出发点和归宿的，这种功利性使一些人的价值标准和价值取向发生了扭曲。大学生正处于世界观、人生观、价值观形成和发展时期，对市场经济负面影响的“免疫力”较差，极易受思想观念和价值取向中功利色彩的影响。

其次，诚信立法不健全。市场经济是信用经济，江泽民同志曾指出：“没有信用，就没有秩序，市场经济就不可能健康发展。”然而，市场经济在运行中却存在着二律背反现象：一方面，诚实守信是市场经济正常运行的前提；另一方面，市场经济强调效益最大化原则，具有很强的趋利性。目前，我国的市场经济还处在一个不成熟阶段，诚信保障机制尚未建立，这种趋利性在约束机制不健全的情况下必然对诚信意识产生冲击，在经济生活中也出现了大量违背诚信的经营行为。

正是由于缺乏可操作性的信用约束机制，一些人的失信行为得不到法律制裁，诚信者的合法权益也得不到有效保障，这就使得诚信缺失现象在社会各个领域不断出现。

（二）家庭诚信教育的缺失

“家庭是学生成长的摇篮”，是学生接受道德教育的第一课堂。家长是孩子的启蒙老师，家长在日常生活中的言行对子女品德的形成影响深远。家长要培养子女诚实守信的品德，必须注重自己平时的一言一行，做到以身作则。孔子认为：“欲教子先正其身。”然而，有些家长并不能给孩子做好榜样，在日常生活中也时常做出一些有违诚信的事情。在家庭教育中只注重孩子的知识教育，忽视了孩子健全人格的培养。

（三）高校诚信教育存在弊端

我国高校虽历来重视对学生进行诚信教育，但由于教育产业化的负面影响，高校德育功能也出现了弱化的倾向。长期以来，我国高校诚信教育一直处在以“智育为主，德育为辅”的尴尬境地，存在着重理论轻实践的弊端。在诚信教育过程中，片面强调学生对道德知识的理解和掌握而忽视了学生道德实践能力的提高和良好品德的培养，把道德认知简单地等同于道德行为，导致诚信教育知与行的分离。

（四）大学生自身责任意识淡薄

现在的大学生绝大多数都是20世纪90年代后出生的独生子女，优越的家庭条件和家长的过度溺爱，使得大学生责任意识淡薄并逐渐养成了自私自利的心态。在这种心态的驱使下，面对义和利的选择时，他们通常会为了获取既得利益而舍弃诚信，忽视了自身失信行为对社会和他人造成的影响。

三、加强高校诚信意识教育的对策

（一）营造良好的社会诚信氛围

“教育是在环境中进行的。”[5]社会环境在个人品德形成的过程中起着重要作用。为此，我们要加强大学生诚信意识教育，必须优化社会环境，利用电视、网络、报纸等各种媒体来宣传报道诚信知识，树立诚信模范，营造守信光荣、失信可耻的良好舆论氛围，为大学生诚信品质的形成提供良好的外部条件。

（二）注重家庭诚信教育

“家庭教育是生活教育，家长在日常生活中的言行举止都对孩子有耳濡目染的影响作用，家长的思想、观念、兴趣、习惯及为人处世的态度都给孩子暗示着一种思想和行为模式。”[6]皮亚杰指出：“人作为主体都具有可塑性，而青少年尤其大，青少年时期受到的教育，特别是家庭教育等外界刺激，往往会形成相对稳定的行为模式。”[7]

因此，为了让孩子养成诚信的良好品质，家长必须对子女在生活中表现的诚信缺失现象及时引导教育，并注重自己在日常生活中的言行举止，以身作则，发挥家长诚信榜样的作用。

（三）加强学校诚信教育力度

1. 加快校园诚信文化建设

高等学校校园文化是社会主义先进文化的重要组成部分，在和谐社会背景下，各高校都致力于和谐校园文化建设，这对于推进高等教育的改革发展、加强和改进大学生思想政治教育、全面提高大学生的综合素质，都具有十分重要的意义。营造良好的校园诚信文化氛围是和谐校园文化建设的重要组成部分。高校应充分利用班刊、校报、校园广播、校园网等渠道全面进行诚信品德宣传，做好舆论引导。在校园网中开设诚信论坛，让学生探讨发生在自己身边的诚信和失信事件，教师要通过引导，帮助学生培养良好的诚信习惯和意识。同时，要结合校园文化建设，积极开展大学生诚信实践活动，如举办以诚信为主题的演讲、征文比赛和团日活动，召开诚信主题班会，观看诚信专题教育片，举办讲座、报告会等。

学校要通过开展丰富多彩的诚信实践活动，让大学生感受到互助互信的快乐，加深他们对诚信的领悟与感受，自觉地将诚信内化为自身品德，远离违背诚信原则的现象。

2. 改进高校诚信教学模式

高等学校思想政治理论课是高校思想政治教育教学的重要组成部分，是大学生思想政治教育的主渠道和主阵地，对大学生树立正确的世界观、人生观、价值观有着不可替代的作用。然而，由于高校重智育、轻德育的教学理念和单一的讲授式教学方法，高校思想政治理论课的实际教学效果却并不尽如人意。因此，必须转变观念，深化思想政治理论课教学改革，发挥思想政治理论课教学的主渠道作用。

一是转变高校重智育、轻德育的教学理念，把诚信教育纳入学校德育教育体系，并贯彻落实到学校教育的各个环节，渗透到教学、科研和社会服务各个方面。在思想政治理论课教学中，要适当增加诚信教学内容。二是充分发掘各类课程的诚信道德教育资源。教师在向学生传授专业知识的同时，也应结合课程性质和内容，加强诚信意识教育，让学生在获取科学文化知识的过程中，自觉提高自身的诚信意识。三是在教学方法上，教师也应转变单一的讲授教学法，注重诚信教育的针对性、多样性和生活化，使诚信教育更加贴近实际。四是高校教师应做诚信教育的表率。汉代著名思想家扬雄在他的《法言》中说："师者，人之模范也。"提出了教师在"做人"上的"模范"作用，强调教育者的"身教"比"言教"更为重要。俄国教育家乌申斯基曾说："在教育中一切都应以教育者的人格为基础，因为只有人格才能影响人格，只有人格才能影响性格。"这就要求高校教师必须加强自身的师德修养，以身作则，率先垂范，用高尚的人格感染学生。

学校要通过教育，使学生充分认识到诚信的重要性，树立科学的诚信观，正确对待生活中出现的各种诚信缺失现象。

（四）加快诚信立法

诚信虽属于道德范畴，但仅凭舆论约束和教育是不够的。“公民道德建设是一个复杂的社会系统工程，要靠教育，也要靠法律、政策和规章制度。必须综合运用各种手段，把提倡与反对、引导与约束结合起来，通过各种科学合理的管理，提倡文明行为，抵制消极现象，促进扶正祛邪、扬善惩恶社会风气的形成、巩固和发展。”[8] “现代诚信是建立在规则伦理基础上的普遍意义上的诚信，诚信的立足点是规则。”[9]

因此，要改变当前大学生诚信缺失的现状，就必须加快诚信立法的步伐，借鉴美国等发达国家的经验，制定一套系统的规范诚信活动的专门法律，明确诚信主体行为的法律责任，为诚信管理提供法律依据。同时，加大执法力度，使法律真正成为维护诚信关系的有力武器。

邓小平同志曾经说：“人人有依法规定的平等权利和义务，谁也不能占便宜，谁也不能犯法。不管谁犯了法，都要由公安机关依法侦查，司法机关依法办理。”[9]通过诚信法规的设立和宣传，让大学生做到知法懂法并自觉地遵守法律法规，启迪他们的诚信道德觉悟。

（五）建立大学生个人诚信档案

建立大学生诚信档案是对大学生进行诚信管理的前提。大学生诚信档案主要记录和考察学生在校期间的学习、生活和社会活动等各方面的诚信表现，具体包括学生的基本情况、出勤状况、考试情况、作业或论文完成情况、学杂费缴纳情况、贷款偿还情况、就业记录、日常行为表现和奖惩情况等方面。学校通过建立大学生诚信档案电子数据系统，对学生在校期间的学习、工作和生活等方面的具体情况进行记录，并将其与大学生的奖（助）学金评比、推优入党、推荐免试读研、毕业鉴定、推荐就业等环节联系起来，使诚信档案成为大学生走向社会的通行证。

（六）健全监督与奖惩激励机制

大学生诚信档案的建立，为实施大学生诚信监督机制提供了依据。“建立健全的诚信监督机制是诚信管理机制运行的重要保障。充分利用学校电台、校园网、公共宣传栏、校报、校刊等舆论阵地扬善抑恶的监督功能，以设立诸如‘曝光台’等的有效形式加强对大学生的诚信监督。”[10]

在对大学生诚信行为监督的基础上，进一步建立诚信奖惩激励机制。

邓小平同志曾经指出："要有奖有罚，奖罚分明。对干得好的、干得差的，经过考核给予不同的报酬。我们实行精神鼓励为主、物质鼓励为辅的方针。颁发奖牌、奖状是精神鼓励，是一种政治上的荣誉，这是必要的。但是物质鼓励也不能缺少。"[11]对学生进行诚信教育同样如此，大学生诚信激励机制应包括守信激励和失信惩罚两方面。要通过奖惩，实现诚信教育自律和他律的有机结合，在大学生中牢固树立"以诚实守信为荣、以见利忘义为耻"的观念。

参考文献：

[1] 罗国杰等．思想道德修养与法律基础［M］．北京：高等教育出版社，2010.

[2] 原春琳，朱清时．成功的关键在于诚实［N］．中国青年报，2001-03-29.

[3] 李殿斌．马克思主义哲学原著选读［M］．北京：高等教育出版社，2000：112-113.

[4] 中共中央编译局．马克思恩格斯选集（第2卷）［M］．北京：人民出版社，1972：32.

[5] 联合国教科文组织．学会生存——教育世界的今天和明天［M］．上海：上海教育出版社，2000：56.

[6] 晏红．处理好家庭教育中的若干关系［J］．中华家教，2005(10)：39.

[7] 皮亚杰．皮亚杰教育论著选［M］．北京：人民教育出版社，1990：45.

[8] 中共中央公民道德建设实施纲要［EB/OL］．(2001-10-24)［2012-10-15］．www. people. com. cn.

[9] 侯申华．诚信恐慌［M］．北京：中华工商联合出版社，2004：220.

[10] 廖志诚，林似非．论大学生诚信缺失及其治理［J］．福建师范大学学报（哲学社会科学版），2003（6）：46.

[11] 中共中央文献编辑委员会．邓小平文选（第2卷）［M］．北京：人民出版社，1994：332.

（原载于《合肥工业大学学报（社会科学版）》2013年第1期）

辅导员工作视域下的高校贫困生关爱教育

姚丽娜

摘　要：高校贫困生是大学校园里需要关注与帮助的特殊群体，贫困所诱发的一系列心理问题，已经成为贫困生全面发展的沉重包袱。文章从高校辅导员工作视域出发，在对贫困生心理现状的分析基础上，针对贫困生心理问题的特殊性，适时转变工作思路与方法，在做好经济解困工作的同时，加强对贫困生的关爱教育，促使贫困生健康成长、成才。

关键词：高校贫困生；辅导员；关爱教育

自 1997 年我国高校招生收费全面并轨以及 1999 年大学扩招以来，大学教育已由原有的精英教育转变为大众教育，越来越多的寒门学子进入高校接受高等教育。“目前，贫困生占在校生的比例已达 15% ~24%，其中家庭特别困难的占 5% ~10%。”[1] 高校贫困生是指高等学校中因家庭经济困难，从而导致在支付学费、生活费等教育费用方面存在暂时性困难、困难或特别困难的大学生，虽然国家和高校出台了一系列经济助困政策，对贫困生顺利完成学业提供了经济支持，但与此同时，对于贫困生的教育关爱不足，致使贫困生的心理、思想长期得不到解压。高校辅导员是大学生一线管理与服务者，应充分认识到贫困生思想政治工作的重要性，在做好经济解困工作的同时，应从贫困生的心理现状出发，克服工作中各种困难，拓展思路，寻找对策，帮助他们精神解困，促使他们成为健康、全面发展的有用人才。

作者简介：姚丽娜（1982—），女，安徽舒城人，池州学院政法管理系教师，硕士。

一、高校贫困生的心理现状

（一）自尊与自卑并存

自尊与自卑这一对矛盾体在贫困生身上同时存在，相互交织，使得贫困生内心复杂，是贫困生精神压力的来源之一。一方面贫困生作为自我意识已成熟的个体，有着强烈的自尊心，并且特别小心地维护着自己的“尊严”；另一方面对于身心发展走向成熟而尚未真正成熟的贫困生，在生活消费、知识面、特长等方面与其他同学存在较大差距，导致他们走向与自尊相反的一面——自卑。大学校园里，经常看到一些贫困生为了“维护自己的尊严”而“不受嗟来之食”，有时甚至将他人的关心与帮助视为施舍，是强烈的自尊与自卑交织的真实写照。

（二）独立与依赖的冲突

贫困生因为家境的贫寒，大多数能够体会父母的辛苦，正所谓“穷人的孩子早当家”。他们大多在遇到困难时不怨天尤人，而是勇敢地直面困难，用勤工助学或争取拿奖学金的方式，为家庭减轻负担。高校和国家一再承诺不让任何一个学生因家庭经济困难而失学，但部分贫困生一味地依靠家庭、依靠社会、依靠国家，甚至产生强烈的依赖心理，认为国家为贫困生设立各项资助政策，自己理所应当获得资助，“不拿白不拿”，甚至出现为贫困资助你争我抢而“比贫困”的现象。

（三）坚强与脆弱的矛盾

坚强与脆弱这一对矛盾在贫困生身上表现明显，生活的磨炼使他们比同龄人更坚强、更懂事，他们清楚自己身上担负着家庭的希望和责任，但当长久的努力得不到相应的回报时，当接二连三遭遇现实打击时，那深深隐藏的自卑和宿命的感觉就会喷涌而出，以致怀疑自己，质疑社会。如果在这个时候，他们得不到及时的关爱和善意的引导，就会很容易钻牛角尖，日益压抑和消沉，甚至做出一些有违道德与法律的事情。

（四）交往迫切与孤僻相伴

高校贫困生和其他大学生一样内心十分渴望人际交往，他们对于友谊、爱情的期待并不亚于别人，但经济条件的差距仿佛是一条天然的分割线，将他们与其他同学隔离开来。经济条件优越的大学生出入饭店，穿名牌，出手大方，交友广泛；而贫困生生活拮据，穿着朴素，对于过多的交际费用更是望而却步，他们担心会因此受到冷嘲热讽，因而多是独来独往，在人群中显得格格不入，害怕甚至排斥与老师、同学交流，在人际交往过程中少主动、多被动。“贫困大学生由于经济困难，过分自卑、过分敏感，引起了巨大的心理压力。在调查中发现，26.4%的贫困生人际关系过分敏感，14.5%的贫困生存在着抑郁症状，此外，焦虑、强迫、偏执等心理状况也明显高于非贫困生，存在心理问题的女生远远高于男生。”[2]

二、高校实施贫困生关爱教育的重要性

（一）塑造贫困生健康人格的需要

“塑造健康人格是个人在其生活经历中以其生活方式和生活风格上逐步建立起来的一种自我意识，是人的世界观、心理素质、道德修养等方面的综合体现和重要标志，也是人能够准确把握自己、寻找适合自己发展的社会位置以及获得他人尊重和好感的基础。”[3]人格是个人稳定的心理与道德品质，大学阶段是人格成长的关键时期。高校贫困生处于身体发育的成熟期，而心理发展处于过渡期，身心发展不平衡，他们情感体验丰富却易冲动，加之缺乏自我调适的方法，大学校园里贫困生的心理状况令人担忧。随着社会对于贫困生的日益关注，国家出台了一系列经济解困措施帮助贫困生顺利完成学业，但是物质帮助只能解决一时之困，由于经济的贫困所引发的一系列心理和思想问题却无法用金钱来弥补。高校辅导员对贫困生的关爱教育正是立足于贫困生的心灵需求，深层次挖掘贫困生优良品质，塑造其健康人格，激励他们勇敢面对生活的考验，引导他们自立、自强，树立积极向上的人生态度，提升他们的综合素质，帮助他们从精神上、思想上解困，做一名乐观向上、爱国守法的有用人才，这正是“授之以渔”之道。

（二）做好贫困生思想政治工作的需要

高校辅导员专职从事学生思想教育和行为管理工作，与大学生联系接触最多，在贫困生思想政治教育方面有不可替代的责任与优势。辅导员在

贫困生工作的传统方式中，未能把握贫困生群体的特殊性，在开展贫困生思想政治教育过程中缺乏针对性，对贫困生的经济资助工作关注多，而对贫困生的精神关爱缺乏。贫困生工作是辅导员工作的重要组成部分，贫困生工作的效果直接影响到良好班风的建立，因而辅导员应十分注重贫困生的思想政治工作，在对贫困生进行经济资助工作的同时，加强对贫困生的教育关爱，给予他们人文关怀，加强与贫困大学生的交流与联系，经常深入贫困生中去，了解他们的学习、生活情况，了解其心理特点，做贫困生的知心朋友，细心、耐心地倾听他们的心声，鼓励他们自信、自立、自强，成为他们的人生导师，积极主动地协调各种关系，克服工作中的各种困难，拓展思路，寻找对策，努力寻找恰当的工作方法与途径，始终保持贫困生思想政治工作的责任感与使命感。

（三）构建和谐校园的必然要求

和谐校园是大学生成长、成才的良好环境，贫困生是大学生的一部分，构建和谐校园必须考虑到贫困生群体的特殊性。高校贫困生是大学校园里的弱势群体，人数众多，由于存在自卑倾向，他们大多不主动与他人交流，对于集体活动参与热情不高，给他人以难于相处的印象，成为大学校园里的“异族”。某高校学生王丽（化名）家境十分贫困，辅导员自入学之初得知其家庭情况开始，便利用各种时机在不伤害其自尊心的前提下给予一定的物质与精神上的帮助，与她倾心谈心、交流，可是很难打开她内心的心结，她很少与班上同学包括同寝室同学交往，有“独行侠”的绰号，她内心渴望理解和关爱，却一次次拒人于千里之外，后来与辅导员成为朋友，在夜深人静时经常用长篇短信向辅导员吐露内心的苦楚。类似这样的事例在大学校园里非常普遍，这与构建和谐校园相背离。高校思想政治工作应为贫困生营造良好的人文环境，在生活上给予关心、在精神上给予关爱，用科学系统的人生观对贫困生施加影响，构建平等、互助、协调的和谐校园。

三、高校辅导员加强贫困生关爱教育的方法

（一）对贫困生进行自信教育

自信是指自己相信自己，有自信心、信心十足。爱默生说：“自信是

成功的第一秘诀。”高尔基说：“只有满怀自信的人，才能在任何地方都怀有自信沉浸在生活中，并实现自己底意志。”自信是发自内心的自我相信与积极肯定，面对与非贫困生之间的物质生活差距，有的贫困生因此产生强烈的自卑的情绪，然而还有一些贫困生却将贫困转化为动力，其中关键是对待这些困难和挫折的态度，以及是否具备战胜困难的信心和勇气。高校辅导员应通过主题班会、开展活动、个别谈话、榜样激励等方式，引导贫困生正确地认识和评价自我，引导贫困生正确地认识自己的优点与不足，对自己的能力、性格进行客观的评价，认识到贫困不是缺点，更不是自己的错误，而是生活对自己的挑战，在生活环境和学习条件上不与他人进行比较，避免因自愧不如而引发心理失衡；与此同时，客观看待他人对于自己的评价，坚定地走自己自信、自立、自强之路。

（二）加强贫困生心理辅导与援助工作

心理辅导与援助是帮助高校贫困生进行心理调适的有效手段，每年新生入校时，辅导员可充分利用入学教育和大学生心理健康教育中心的新生测查活动，对新生进行全面的心理健康教育，针对贫困生可能产生的问题，举办各种形式的心理健康知识讲座，从环境适应、学习困惑、人际关系、学习生活合理安排、社团活动与心理成长等方面进行心理健康常识讲座。辅导员可建立贫困生档案，对产生各种心理问题的贫困生的基本资料、症状、产生原因、处理过程、预期结果和各种信息进行整理，并根据不同的症状和原因进行分类，总结有用的处理策略和方法，为后期进行贫困生教育和管理提供依据和方法指导。辅导员应对贫困生的学习、生活、思想、心理状况作全面了解，以便有针对性地开展心理咨询与援助工作，与此同时，主动学习心理知识和各种应急情况处理方法，积极报考心理咨询师，获得专业的心理指导知识，成为心理辅导员。辅导员在日常管理工作中，要学会观察、预防和处理一些常见的心理问题和现象，在班级培养心理联络员，要求心理联络员将突发情况随时随地地告知辅导员，以便在第一时间妥善处理贫困生群体中的各种心理问题。

（三）培养贫困生自立自强精神

自立、自强教育是帮助贫困生克服困难、实现人生价值的关键，自强不息精神也是中华民族的优良道德传统。“自立与自强，对于贫困生来说，不仅意味着一种独立生活的意蕴，更深刻的含义在于，使他们可以正确看待贫困的考验，犹如经历苦寒的蜡梅，其花香让人们更赏识它那非凡的品质。因而在对贫困生的思想教育中，首先要培养广大贫困生自强自立的精神意志，让他们可以正视贫困和困难，百折不挠地完成自己的学业，最终成为一名具有人文色彩的现代主体。”[4] 辅导员应以自立、自强教育为重点，积极宣传典型事例，以此来激励贫困生勇敢应对挑战、积极面对生活。“榜样的力量是无穷的”，一些高校贫困生在贫困面前勤奋拼搏、自立自强、乐观进取、无私奉献，是其他贫困生学习的榜样，贫困生的典型事迹对于贫困生群体来说具有很强的亲和力，他们能够在倾听与关注中找到心灵的强烈共鸣，满足了理解与尊重的需要。辅导员可通过多种形式和主题的宣传教育，营造“贫寒中成长起来的优秀大学生更光荣”的氛围，引导贫困生树立艰苦奋斗、自立自强精神。

（四）营造友爱交往的氛围

贫困生大多在人际交往过程中缺乏主动性，人际交往能力欠缺，普遍存在不敢交往、不愿交往、不懂交往、不善交往的误区，而人际交往能力是现代人才所必须具备的素质，对于大学生学习、生活、交友、就业都具有直接或间接的影响。辅导员可充分运用网络、班级活动、社团活动等载体，建立互助、友爱、团结的班风。辅导员应注重协调贫困生与非贫困生之间的关系，在贫困生资助工作中，积极宣传国家资助政策，公平、公正、公开地开展贫困生认定与监督工作，对贫困生加强诚信教育、感恩教育，引导贫困生在接受资助后，合理消费，防止出现“贫困生贵族”现象；与此同时，教育非贫困生理性对待助学金评审，防止出现因心理失衡而歧视贫困生的现象。辅导员应努力创造师生之间平等交流接触的机会，耐心倾听贫困生的心声，积极开展人际交往相关的培训、讲座，以提高他们的人际沟通能力，引导他们克服交往中的认识与心理障碍，建立和谐的人际关系，既悦纳自己，又悦纳他人。

（五）提升贫困生的就业能力

辅导员应加强对贫困生的就业指导，引导贫困生树立正确的择业观。如今各高校都开设大学生就业指导课程，大多由辅导员担任任课教师，就业指导课能够帮助大学生进行职业生涯规划，传授就业方法与技巧，培养良好的职业道德和素质。辅导员可在课堂上开展有针对性的讨论，引导贫困生从教育背景、家庭环境、兴趣爱好、性格特征、特长与优势的角度准确进行自我评价，对于现有的就业误区和错误心理进行剖析，将团体指导与个体指导相结合，引导贫困生树立正确的择业观与创业观，合理调整就业期望值，拓展就业思路。除此以外，针对贫困生就业技巧缺乏的现状，积极进行就业帮扶培训；开展模拟招聘活动，培养贫困生就业礼仪与应对能力；引导贫困生树立正确的就业观，走出择业误区；提供就业咨询服务，解答贫困生就业中遇到的疑难问题。

高校辅导员是高校思想政治工作的一线工作者，是大学生成长的人生导师，对于迫切需要关注与帮助的贫困生群体，在做好经济资助工作的同时，了解贫困生内心世界的真切需求，对贫困生进行关爱教育意义重大。高校辅导员的关爱教育应该是一股清泉，为饥渴的贫困生注入继续前行的力量，这也是每一位高校辅导员的使命和期望。

参考文献：

[1] 匡列辉，胡赛明，胡洁，等．高校贫困生心理健康状况与对策研究［J］．学理论，2010，(19)：133-134.

[2] 王建斌．贫困生调查及解困途径［J］．经济与社会发展，2008，(2)：175-178.

[3] 冷娟．加强对当代贫困大学生健康人格的塑造［D］．大连：大连海事大学，2009.

[4] 张耀灿，陈成文，罗洪铁，等．成才不是梦——高校贫困生的今天与未来［M］．北京：北京大学出版社，2005：309.

（原载于《池州学院学报》2013 年第 3 期）

高校班级学生干部队伍建设初探

谢翠萍

摘　要：在大学班级管理工作中，怎样建设一支富有战斗力的班干队伍并使之保持永久的活力，是辅导员工作中的一个重要课题。要想充分发挥班干队伍的凝聚力和战斗力，辅导员就必须遵循一定的标准，采取合适的方法，物色合适人选，并加以组合搭配，同时，还要加强对他们工作方法的指导和工作技能的培训。

关键词：选配班干；培养与激励；凝聚力；战斗力

班级工作是学校工作的基础，其核心是班级学生干部队伍建设。班级学生干部，简称班干，是由班委成员和团支部干部成员构成。在大学班级管理工作中，怎样建设一支富有战斗力的班干队伍并使之保持永久的活力，是辅导员工作中的一个重要课题。笔者在辅导员工作中认识到这个问题并做了深入的探讨，总结了一套行之有效的班干队伍建设的方法，供大家参考。

1　物色人选

对于刚跨入大学校门的新生而言，一切都很陌生，他们在短期内不可能做到相互了解，但作为一个班级又急需要一个班干团队，因此，辅导员必须在短期内通过各种途径和方法，完成班干的考察与选拔。

作者简介：谢翠萍（1974—），女，安徽枞阳人，硕士，池州学院历史与社会学系专职辅导员，主要从事民族语言文化及学生管理工作的研究。

1.1 物色人选的标准

在物色人选的过程中，辅导员应着重考察以下几方面：

1.1.1 学习成绩。虽然选拔学生干部不应唯成绩论，但学生毕竟要以“学”为“生”，成绩优秀的班干更易令同学信服，更有时间和精力投入班级工作，更重要的是，成绩好的班干，比较容易获得相应的荣誉和奖励，能刺激他们的工作热情。要是让“学无余力”的学生干班干，一方面增加了他们负担，另一方面，各种评优和奖励总是与他们无缘，最终，他们会失去工作热情和积极性。

1.1.2 道德品质。辅导员要挑选那些为人正直、表里如一、吃苦耐劳、不谋私利、服务意识强的学生，委以重任，加以培养，以树立健康的队伍形象。

1.1.3 合作精神。班干队伍需要相互协调，合力推进班级各项事务，所以应挑选具有大局意识、善于合作的班干，谨慎任用个人奋斗型的学生。

1.1.4 发展潜力。刚进校门的学生大都能力有限，但他们的可塑性非常强。辅导员在注重学生现有能力的同时，更应该留意他们的发展潜力，选拔一些具备成才要素的学生，在实践中加以锻炼培养，以利于今后班干队伍的稳定。

1.2 物色人选的途径

1.2.1 了解学生的基本构成。物以类聚，人以群分，不同的家庭环境和社会环境深刻地影响着个人。因此，辅导员应该多角度地了解学生的基本构成。可以从学生的性别、家庭居所、家庭结构、家庭经济状况等来归类，为班干的筛选提供依据。

1.2.2 认真查阅档案。档案是学生成长过程的记录，因此有一定的参考价值，辅导员在阅读学生档案时应与学生本人的实际情况相对照，对其进行综合分析，以发现所需人才。

1.2.3 细心观察。军训期间，辅导员应深入军训场地和宿舍，观察哪些学生能吃苦，思想觉悟高，纪律性强。要有意地安排一些临时性的事情让那些表现突出的学生去做，在动态中对他们进行考察和了解，逐步缩小候选人的范围，从中挑选出认真负责、踏实肯干的人选，组成临时班委，为班委的进一步建设奠定基础。

1.2.4 看细节，确定临时班长。辅导员要有意识地对部分候选对象加以特别考察，可以设置一些具体的问题让其解决，要重点考察其有无大局意识、有无奉献精神、组织协调能力如何等。

1.3 班干成员的构成和搭配

在选配班干时，辅导员首先要考虑班干成员的构成，其次要考虑班干的成员搭配。

班委成员的基本构成为：班长、学习委员、生活委员、文艺委员、体育委员和寝室长。团支部干部成员的基本构成为：团支部书记、宣传委员、组织委员。各个班级可以针对班级的具体情况增设副职。班级还可以根据需要设置信息委员、实践委员、安全委员、科技委员、心理委员、班刊主编等职务，并根据每个学期不同的任务进行适当的职位调整。在初次配选班干时，不宜岗位过多，班干不宜一次配齐，不宜配副职，只要班级工作能够正常运转就行，这样做有利于组配到合力最优的集合体。

在考虑班干成员搭配时，辅导员需要任用优秀的学生参与班级管理，但仅有出类拔萃的个体还不够，更重要的是如何令这些个体精英组成出色的集合体。所以组建队伍时要留意所选成员是否能够合作融洽，团队能否形成积极向上、健康团结、合作共进的整体风格。另外，还要考虑团队中的男女比例、寝室搭配等。

2 班干的选举

辅导员要力争一开始就使班级形成一种友爱的、互相帮助的和谐气氛和学习氛围，增强学生对班级的集体观念，树立良好的班风。因为最初的基础如何，将关系到以后几年的班级风气。入学时班级一般用的是临时班干，待情况熟悉后再改选或续任。

临时班干的任期一般以一学期为宜，第二学期开学初辅导员要开班干竞选动员大会，酝酿新的班干团队。由于大家在这个班集体中共同学习、生活了一学期，各方面都已相互了解、彼此熟悉，班干部的思想觉悟得到了体现，工作能力得到了培养和发挥，其他同学的能力、觉悟和参与意识也显露出来，而且广大同学的民主意识也日趋成熟，班级的民主氛围也已形成，辅导员组建的临时班干已完成了使命。为了给那些有能力并且愿为班级干事的同学提供展示才能的机会，为了提高班委的战斗力，这就需要在全班范围内用公开竞选的办法选举新的班干，具体方法是先由愿为班级服务的同学向辅导员提出书面申请，再在全班就某个职位进行公开演讲，由全班同学进行投票，根据投票结果确定新班干的人选。辅导员再根据各人的特长，量体裁衣，具体分工。这样，组成的新班委既代表了全班同学的意愿，又充分发挥了每一个班委成员的特长，因此更具有战斗力。

3　班干的培养与激励

3.1　班干的培养

学生大都能力有限，但他们的可塑性非常强，需要辅导员的精心培养与激励，所以，班委一经成立，无论是临时的，还是正式选举的，辅导员都要怀关爱之心，以学生发展为本，注重对青年学子的教育、引导和鼓励。实践出真知，对学生骨干的培养首先要为他们提供足够的实践机会，加强对他们工作方法的指导和工作技能的培训，以期构建一支有战斗力的团队。可以从以下几个方面入手：

3.1.1　要帮助班干明确各自的工作职责，指导他们制订好工作计划

计划是根据一定的目标和客观现实条件，在活动之前预先拟定具体内容、方法、秩序、步骤等，即对未来工作有目的、有规划的科学设想。因此，辅导员要帮助班干在明确各自的工作职责之后，细心地指导他们制订好工作计划，使之成为班级管理过程的出发点，又为其他后继阶段提供依据。

3.1.2　要引导班干成功地完成几件大事，增强他们的信心，树立他们的威信

（1）班级自主制定各项制度

班级制度包括两类，一类由院校及相关部门规定，一类需要班级自主制定。我们要引导班干顺利完成自主制定班级各项制度的工作，主要有：学习类制度主要包括课堂请假制度、读书小组活动制度、奖学金评审制度、各种评优制度、考试纪律、班刊投稿办法等；生活类制度主要包括班级公约、寝室卫生条例、寝室安全制度等；班级事务类制度主要包括班级财务制度、各类会议制度、社会实践申请制度、班级活动开展申报制度、宣传品张贴制度、班级网络系统管理办法等；队伍建设类制度主要包括班委职责、改选制度、考评制度等。这些活动的完成，一方面锻炼了班干的组织能力，增强了他们在班上的影响与号召力，奠定了他们在同学们心目

中的核心集团的地位；另一方面，是让各班干对班级管理有深层次的认识，熟悉班级管理套路，更是让他们对院规班纪进行再一次集中学习，以期率先垂范，自觉遵守。

（2）构建独特的班级文化

文化是班级的灵魂，它渗透于班级建设的方方面面，贯穿于班级成长的始终。文化建设涉及每名学生，务必使每名学生参与其中。在文化建设中，辅导员应培养班干发挥领头羊的作用，充分调动全班同学的积极性，让班级每一成员主动承担起责任，只有这样，每一个个体才会更爱这个集体，才会有主人翁的感觉，才会更加认同班级文化，才会因为班级文化氛围的不够理想而做出积极努力。为此，我们要协助班干带领同学们做好这样几件事，以凸显班干核心集团的地位：

一是搞好物质文化建设。如教室和寝室布置，宣传栏建设，标语张贴，班徽、班歌、班训的征集与选定，班级网络建设等。物质文化建设可以使人以最直观的方式感受到班级的文化氛围，同时也可以最迅速地烘托出班级独特的文化风格，它是文化建设的基础部分。

二是开展丰富多彩的智能文化活动。比如：“我读我评”读书活动、专业讨论、职业生涯规划、文化沙龙、文体活动、刊物编撰、艺术作品展示、征文比赛、诗歌朗诵、文化参观等。

三是开展独特的品牌文化活动。独特的品牌文化活动应具有鲜明的班级特色，应具有长期性，最好是伴随学生的整个大学生涯，这样的活动会成为班级的标志，会让学生产生归属感。我们的班干就成功地开展了这样一些活动：如开展了集文学、历史、民俗、艺术于一体的“秋浦寻踪”文化活动，分不同的学期不同的主题逐一开展；开展了集读书、做人、立业于一体的“读好书，做好人，走好路”的“我行我塑”文化活动，倡导学生读百本好书，感悟生活，写书评，谈感想，分期分组活动，定期交流，评优评先进。

3.2 队伍激励

在培养优秀团队的过程中，为了充分发挥队伍的积极性，辅导员必须通过一些激励手段来增强队伍的前行动力，激发他们的成功愿望，营造出积极向上、不断进取的整体氛围。譬如：隆重召开班干就职宣誓大会，可以激发班干的热情和斗志，让他们明确自己的职责，自觉发挥带头模范作用，赢得同学们的支持，营造整体氛围；定期召开班干工作实绩汇报会，一般两周一次，每个班干都要发言，总结两周来班级工作开展的情况，总结要有个人心得和下一步工作设想，每一次会议都要有记录，要有纸质报告，作为班干评优打分的依据。素质综合测评和其他评优打分时，不再按职位打分，而是依据该班干组织开展学生活动的数量与质量进行打分，从而激励班干要用成绩说话，占着位置不干事是没有用的，这样也就避免了同学们单纯为班干职位加分所带来的不满。

参考文献：

[1] 吴秋芬．班级管理［M］．合肥：安徽大学出版社，2005：66-82.

[2] 杨振斌，冯刚．高等学校辅导员培训教程［M］．北京：高等教育出版社，2006：37-58.

[3] 林均敬，王登峰，王武召．北京大学学生工作的理论与实践［M］．北京：北京大学出版社，1998：26-57.

[4] 漆小萍，唐燕．高校学生事务管理［M］．广州：中山大学出版社，2005：80-99.

[5] 李菊．大学班委建设的探讨［J］．山西医科大学学报（基础医学教育版），2005，（2）：211.

[6] 邓山河．浅谈班级管理中的班级文化建设［J］．企业家天地·下旬刊，2009，（4）：121.

[7] 顾吉祥．凝聚集体合力，创新班级管理——班级管理委员会制度初探［J］．上海教育科研，2007，（10）：40.

[8] 郑志强．做好新时期班级管理工作——浅谈班级管理中的点滴经验和体会［J］．景德镇高专学报，2005，（2）：103-104.

[9] 张艳红．善用激励方法，搞好班级管理——浅谈班级管理艺术［J］．景德镇高专学报，2004，（2）：38-39.

（原载于《池州学院学报》2011 年第 6 期）

新时期高校大学生主流意识形态建设研究

俞念胜

摘　要：大学生是祖国的未来、民族的希望，大学生主流意识的建设是新时期中华民族伟大复兴和实现中国梦视域下的重要内容，也是坚持走中国特色社会主义道路的必然要求。我国现阶段正处于社会转型的关键时期，高校大学生的主流意识形态容易受到西方各种思潮和新兴媒体的冲击，应在培养社会主义核心价值观及思想政治理论课、校园文化、思想政治教育工作方法上下功夫，提高主流意识形态建设的实效性，从而更好地构建大学生主流意识形态体系。

关键词：大学生；主流意识形态；建构

习近平同志在全国宣传思想工作会议上指出："经济建设是党的中心工作，意识形态工作是党的一项极端重要的工作"；"宣传思想工作就是要巩固马克思主义在意识形态领域的指导地位，巩固全党全国人民团结奋斗的共同思想基础"；"党校、干部学院、社会科学院、高校、理论学习中心组等都要把马克思主义作为必修课，成为马克思主义学习、研究、宣传的重要阵地。"[1]习总书记的讲话阐明了当前新形势下建设意识形态工作的紧迫性和重要性，而高校不仅是意识形态建设激烈斗争的前沿阵地，同时也是培养中国特色社会主义建设者和接班人的重要场所。因此，大学生的主流意识形态建设和如何建构大学生主流意识形态，是摆在高校德育工作者面前的重要课题。

基金项目：池州学院重点培育学科"马克思主义中国化研究"（2011XK010）；池州学院思想政治理论课实践教学案例建设项目（2012SZKJSGC2-2）。

作者简介：俞念胜（1984—），男，安徽贵池人，池州学院政治管理系讲师武汉大学马克思主义学院博士生，主要研究方向：高校思想政治教育。

一、加强大学生主流意识形态建设的必要性

“意识形态是一定社会的阶级、集团基于自身利益对现存社会关系自觉反映而形成的认知体系，由一定的政治、法律、哲学、道德、艺术、宗教等社会学说及观点所构成，反映了一定阶级或集团的利益取向和价值取向，并为其服务，成为其政治纲领、行为准则、价值取向、社会思想的理论依据。”[2]我国社会的主流意识形态是以马克思主义为重要内容和理论指导的。毛泽东同志曾指出：“一定的文化（当作观念形态的文化）是一定社会的政治和经济的反映，又给予伟大影响和作用于一定的社会的政治和经济。”[3]可见，主流意识形态对社会存在有着反作用，而且主流意识形态建设问题也关乎中华民族伟大复兴的实现。大学生主流意识形态的教育是当前国际形势复杂化的客观要求，是大学生坚定马克思主义理想信念的重要保证。

（一）主流意识形态建设的重要性

早在十六届四中全会上，胡锦涛就指出：“意识形态领域历来是敌对势力同我们激烈争夺的战略要地，如果这个阵地出了问题，就可能导致社会动乱，甚至丧失政权。”[4]大学生主流意识形态的建设不仅是我国现阶段经济发展的客观要求，同时也是构建和谐校园的重要内容。大学生是中国特色社会主义事业的建设者和接班人。江泽民同志曾经指出：“马克思主义政党只有赢得青年，才能赢得未来。”[5]大学生人生的黄金阶段意义在于这个阶段是大学生“三观”形成的关键时期，是大学生接受主流意识形态的最优和最有效时期。因此，对大学生进行主流意识形态的教育有助于大学生正确认识社会的发展规律和复杂现象，是坚持走中国特色社会主义道路的必然要求。

（二）大学生的思想变化

在当前高校中，部分大学生的主流意识形态淡化是一个不争的事实，在经济全球化和改革开放过程中，有些大学生对中国国情和历史缺乏全面的了解，同样对西方社会也缺乏系统的整体把握，在认识过程中，盲目地崇拜西方社会的社会制度和价值观，出现了“物质至上、金钱万能”等思想和社会主义意识形态淡化现象。

当前，我国在校大学生有2000多万，大学生对主流意识形态的认同与否也被看作影响我国高校大学生思想政治教育工作实效性的重要指标。总的来说，目前大学生对涉及我国国家尊严和国家利益等的原则性问题上，都表现出了浓厚的爱国热情和大学生应有的社会责任感，比如北京奥运的成功举办、2008年雪灾和汶川大地震等重大自然灾害救援等。但是，现在受到一些因素的影响，部分大学生对我国社会中出现的一些热点问题比较敏感，对于这些热点问题的认识差异性是导致大学生思想变化的重要原因，也对主流意识形态的认同和建立带来了消极的影响。鉴于大学生的思想变化，构建大学生主流意识形态至关重要。

二、当前大学生主流意识形态建设面临的挑战

随着改革开放的不断深入发展，我国以马克思主义为主要内容和指导思想的主流意识形态面临着西方思想以及以网络发展为代表的新兴媒体的冲击，在高校中，大学生又是接触各种思想和新兴事物的主体，要科学地建构主流意识形态、保持主流意识形态的严肃性就必须重视当前所面临的挑战。

（一）西方思潮对大学生的错误干扰

随着改革开放的不断深入，西方社会所谓的“自由、民主、平等”的价值观对我国大学生的思想带来了冲击。“意识形态终结论的鼓吹正是为资本主义意识形态进行辩护，企图把历史的终结点引向资本主义，引向西方式的自由民主制度。”[6]西方国家的和平演变企图从来没有停止过，西方国家在意识形态终结论的思想下，打着“意识形态淡化”的幌子，兜售自由主义、民主主义思想，使大学生主流意识形态的建设面临复杂的挑战。“在西方国家向社会主义国家发动进攻的过程中，有一个趋势，即由‘军事进攻’为主逐渐转为‘和平演变’为主，而‘和平演变’的核心又集中在意识形态领域，因此，意识形态因素被提到了最核心最关键的地位。”[7]因此，当前我们在建设大学生主流意识形态的同时，要坚决反对西方国家提出的所谓“普世价值观”。

（二）新兴媒体的传播方式弱化了大学生主流意识形态的权威认同

新兴媒体是相对于普通媒体而言的，以“网络”平台为标志的新兴媒

体是一把双刃剑，它给大学生的学习、生活提供便利的同时也给高校的主流意识形态建设带来了一系列的冲击影响。“网络正深刻地影响和改变着人们的生活方式和思维方式，随着网络的进一步普及，现代社会人们对网络的依赖程度将日益增强。网络技术的发展及广泛运用，给新时期的思想政治工作带来了挑战与机遇。”[8]据中国互联网络信息中心（CNNIC）发布的第32次《中国互联网络发展状况统计报告》，截至2013年6月底，我国网民规模达到5.91亿，较去年年底提升2%。《报告》显示，截至2013年6月底，我国手机网民规模达4.64亿，较2012年年底增加4379万人，网民中使用手机上网的人群占比提升至78.5%。在新增加的网民中，使用手机上网的比例高达70%，高于使用其他设备上网的网民比例[9]。其中，大学生是网民的主力军。可以看出，随着科学技术的日益发展，在社会的信息化程度越来越高的今天，我们不能阻止信息化的发展，这就要求我们要主动地适应这一变化，化被动为主动，充分运用好网络这一新兴媒体，做好舆论引导和正确的传播，为主流意识形态的建设扫清障碍。

三、当前大学生主流意识形态建设的提高路径

大学生长期以来都是祖国的未来和民族的希望，在当前社会转型期对大学生主流意识形态的建设关乎国家的前途和命运，然而主流意识形态的建设在新的阶段也要采用新的方法、新的思路，促使大学生在意识形态建设认同问题上从自发向自觉转变，这样才能确保主流意识形态建设教育的实效性。

（一）发挥社会主义核心价值观的引领作用

党的十八大报告指出：倡导“富强、民主、文明、和谐，倡导自由、平等、公正、法治，倡导爱国、敬业、诚信、友善，积极培育社会主义核心价值观”[10]。高校是各种社会思潮冲击的汇聚地，在高校中对大学生进行社会主义核心价值观的培育教育工作，可以使大学生形成一种对马克思主义信仰的认同，形成正确的思想政治观念。具体来说，在高校中，要提升社会主义核心价值观的影响力，不仅仅是让学生记忆这简短的二十四个字[11]，更重要的是要大学生学习消化其具体内涵，认清三个方面的关系，这样才能不断凸显主流意识形态的主导功能。

（二）发挥好思政课的主渠道作用

我国的思想政治课经历过几次改革，最近一次改革形成的“05方案”把高校思想政治理论课概括为（4+1）五门课（包括思想道德基础和法律基础、毛泽东思想和中国特色社会主义理论体系、马克思主义基本原理概论、近代史纲要和形势与政策）。高校思想政治理论课是大学生在校期间接受主流意识形态教育的重要载体，也是影响大学生形成世界观、人生观、价值观的重要场所之一。要发挥好思想政治教育的主渠道、主阵地的作用，思政课教师必须加强自身各方面建设，首先要树立正确坚定的理想信念，加强理论学习，这样才能做到讲授思政课有理有据；其次要不断总结，创新教学模式，真正地做到理论联系实际，使思政课真正地做成大学生真心喜爱、终身受益的课程。思政课的真正实效性如何，是判断大学生对主流意识形态认同的重要标准，一堂优秀的思政课可以使大学生坚定共产主义信念，增强中国特色社会主义道路的责任感。

（三）发挥校园文化的促进作用

校园文化作为高校精神文明建设的重要内容，也是高校主流意识形态建设的重要外部条件之一。“高校校园文化主要指以大学生特有的思想观念、心理素质、价值取向、思维方式等为核心的，以具有校园特色的人际关系、生活方式、行为方式，以及由大学生参与创办的报刊、讲座、社团、沙龙以及其他文化设施为表征的精神环境、文化氛围。”[12]其中要注意作为高校学生社团的高校大学生“理论社团”在主流意识形态建设过程中的重要作用，大学生自主创办的理论社团在一定程度上形成大学生的自觉认同，通过“理论社团”这一特殊的载体可以优化大学生主流意识形态建设的模式。

（四）优化思想政治教育工作方法

思想政治教育方法的科学化、艺术化水平在一定程度上影响着大学生的主流意识形态建设，在当前中华民族伟大复兴和实现中国梦的新阶段，我们要开展中国特色社会主义宣传教育。列宁曾指出：“工人阶级本来也不可能有社会民主主义的意识，这种意识只能从外面灌输进去。”[13]大学生主流意识形态的教育需要高校德育工作者通过思想政治教育来完成，但我们以往的填鸭式的说教和古板的思想灌输对于大学生接受主流意识形态的实效性不强，我们应创新思想政治教育方法，可以通过教师组织，学生自主参与讨论、演讲等多种方式，以各种有意义的活动为载体，提升主流意识形态建设的效果。

大学生主流意识形态建设教育工作是当代我国高校非常重要的思想政治工作，也是精神文明建设的重要内容。胡锦涛同志曾强调："要深入进行党的基本路线、基本理论、基本纲领和基本经验的教育，提出要坚持马克思主义在意识形态领域的指导地位，不断巩固党和人民团结奋斗的共同思想基础。"[14]对大学生主流意识形态的建设必须毫不动摇地坚持以马克思主义理论为指导，充分认清当前国内外形势，运用科学的方法提高大学生对主流意识形态的认同，使得大学生自觉践行主流意识形态。

参考文献：

[1] 习近平．在全国思想宣传工作会议上的讲话［N］．人民日报，2013-8-21.

[2] 张雷声．论社会主义社会主流意识形态［J］．马克思主义研究，2008，(4)：37.

[3] 中共中央文献编辑委员会．毛泽东选集（第2卷）［M］．北京：人民出版社，1991：663.

[4] 中共中央文献研究室．十六大以来重要文献选编［M］．北京：中央文献出版社，2006：318.

[5] 中共中央文献编辑委员会．江泽民文选（第3卷）［M］．北京：人民出版社，2006：487.

[6] 张才国．新自由主义意识形态［M］．北京：中央翻译出版社，2007：17.

[7] 郑永廷，叶启绩，郭文亮．社会主义意识形态研究［M］．广州：中山大学出版社，1999：290.

[8] 骆郁廷．思想政治教育原理与方法［M］．北京：高等教育出版社，2010：184.

[9] 中国互联网络发展状况统计报告［EB/OL］．(2013-07-18)．http：//www.022net.com/2013/7-18/437034282852012.html.

[10] 胡锦涛．坚定不移沿着中国特色社会主义道路前进　为全面建成小康社会而奋斗——在中国共产党第十八次全国代表大会上的报告［N］．日报，2012-11-18.

[11] 陈梦圆，王勇，冯泽明．论高校主流意识形态阵地的建设与管理［J］．黑龙江高教研究，2013（7）：28.

［12］陈国强．简明文化人类学词典［M］．杭州：浙江人民出版社，1990：180.

［13］中共中央编译局．列宁选集（第1卷）［M］．北京：人民出版社，1972：247.

［14］胡锦涛．在纪念毛泽东同志诞辰110周年座谈会上的讲话［M］．北京：人民出版社，2003：19.

（原载于《长春师范学院学报》2014年第1期）

高校深化“中国梦”宣传教育路径研究

俞念胜

摘　要：自习总书记“中国梦”的提出到目前学术界、理论界对中国梦内涵的多角度的阐析以来，高校对大学生开展“中国梦”宣传教育活动有条不紊地在进行，并且也取得了一定的效果。目前，在高校深化大学生“中国梦”的宣传教育路径首先要对“中国梦”宣传教育的背景及其现实意义有明确把握，遵循一切从实际出发、平等、主导原则，以思想政治理论课为重要依托，以校园文化建设和第二课堂——社会实践为重要补充，这样才能拓宽高校“中国梦”宣传教育的路径。

关键词：“中国梦”；路径；大学生

习总书记在十八大闭幕之后，首次提出了“中国梦”思想。他指出：“每个人都有理想和追求，都有梦想，现在，大家都在讨论中国梦，我以为，实现中华民族的伟大复兴，就是中华民族近代以来最伟大的中国梦。这个梦想，凝聚了几代中国人的夙愿，体现了中华民族和中国人民的整体利益，是每一个中华儿女的共同期盼。”[1]接着，习总书记在两会结束之后又指出：“实现全面建成小康社会、建成富强民主文明和谐的社会主义现代化国家的奋斗目标，实现中华民族伟大复兴的中国梦，就是要实现国家富强、民族振兴、人民幸福，既深深体现了今天中国人的理想，也深深反映了我们先人们不懈追求进步的光荣传统。”[2]习总书记的两次讲话详细地阐述了“中国梦”的深刻内涵，为我们教育工作者把握整个理论体系从而开展教育活动提供了清晰的思路，中华民族的伟大复兴和中国梦紧密联系

基金项目：池州学院重点培育学科“马克思主义中国化研究”（2011XK010）；池州学院思想政治理论课实践教学案例建设项目（2012SZKJSGC2-2）。

作者简介：俞念胜（1984—），男，安徽贵池人，武汉大学马克思主义学院博士研究生，池州学院政法管理系讲师，主要研究方向：高校思想政治教育。

在一起，这就要求我们高校要围绕国家富强、民族振兴、人民幸福这三个总的方面以及三个方面的内在逻辑和关系对大学生进行“中国梦”宣传教育活动。

一、高校“中国梦”宣传教育所要把握的深刻内涵

高校开展“中国梦”宣传教育实质上是将习总书记提出的“中国梦”思想理论体系通过系列有效的宣传活动方式影响大学生的思想，达到大学生的高度认同。由此可见，弄清楚中国梦的深刻内涵及其现实意义对于宣传教育活动的针对性、实效性开展有着非常重要的意义。

（一）“中国梦”宣传教育的提出

2013 年 3 月，中宣部部长刘奇葆在全国两会新闻宣传工作总结会议中指出：“要深入学习宣传习近平总书记在第十二届全国人大一次会议上的重要讲话精神……把中国梦宣传教育不断引向深入，动员全党全国各族人民为实现民族复兴中国梦而不懈奋斗。”[3]他的讲话为高校开展中国梦的宣传教育指明了方向并打下了坚实的基础。另外，教育部思想政治工作司在 2013 年工作要点中指出：“要把大学生学习宣传贯彻党的十八大精神引向深入，深入开展中国特色社会主义宣传教育，开展形式多样、内容丰富的‘中国梦’宣传教育。”[4]这里，明确指出了中国特色社会主义宣传教育要与中国梦宣传教育相结合，因此在大学生中开展“中国梦”的宣传教育就是要高校德育工作者要在当前社会主义的主流意识形态建设的背景之下，运用思想政治教育工作方法影响大学生的思想、引导大学生的行为，从而达到大学生内化于心、外化于行的过程，这一过程需要创新宣传路径。

（二）高校“中国梦”宣传教育的现实意义

1. 构建和谐校园的必然要求

和谐校园建设一直是高校精神文明建设的重要内容，而当前高校“中国梦”的宣传教育又是和谐校园建设的必然要求。党的十六届六中全会提出了“和谐社会”概念。党的十八届三中全会也提出了五位一体的建设。但关键的和谐校园建设突出的内涵就是以人为本的理念，在高校深化“中国梦”的宣传教育的突出意义就是通过系列教育和宣传以大学生为主体，开展系列的宣传教育活动。习近平同志指出：“中国梦是民族的梦，也是

每个中国人的梦。”[2]“中国梦”的实现需要每个大学生的梦想的实现，因此，在高校中国梦宣传教育是构建和谐校园的必然要求。

2. 促进大学生全面发展的需要

在2013年“五四”重要讲话中，习总书记对当前高校大学生提出了新的期望：“青年一代有理想、有担当，国家就有前途，民族就有希望，实现我们的发展目标就有源源不断的强大力量”，“广大青年要勇敢肩负起时代赋予的重任，志存高远，脚踏实地，努力在实现中华民族伟大复兴的中国梦的生动实践中放飞青春梦想”[5]。大学生的全面发展是德智体的全面发展，最基础的是应有远大的理想，当前，大学生是高校“中国梦”宣传教育的受动者，“中国梦”宣传教育在这一历史时期会激发大学生的民族自豪感，从而形成大学生对“中国梦”的自主追求和担当。

3. 培育社会主义核心价值观，提高主流意识形态认同

“倡导富强、民主、文明、和谐，倡导自由、平等、公正、法治，倡导爱国、敬业、诚信、友善，积极培育社会主义核心价值观。”[6]十八大提出的培育社会主义核心价值观对当前高校主流意识形态建设产生了极大的促进作用，而目前高校“中国梦”的宣传教育正是在社会主义核心价值观的基础之上，将大学生的理想和追求同国家的发展紧密结合，形成大学生对马克思主义主流意识形态的认同，从而把大学生的“青春梦”同“中国梦”相结合，推动培育社会主体核心价值观的建立。正因为大学生群体是广大青年的主力军，故大学生应积极地实践社会主义核心价值观，真正地在社会实践中表现出来，为中国梦的实现添加正能量。

二、高校“中国梦”宣传教育所遵循的原则

在高校中开展“中国梦”的宣传教育是贯彻党中央和教育部的文件精神，同时也是高校精神文明建设的主要内容，但“中国梦”的宣传教育在大学生中要达到其真正的实效性和针对性，必须遵循一定的原则，这既是“中国梦”宣传教育的内在要求，又是“中国梦”宣传教育规律的外在表现，同时也是保证宣传教育活动得以进行的前提。

（一）“中国梦”宣传教育必须遵循一切从实际出发的原则

当代大学生的思想意识是随着信息全球化而不断变化发展的，大学期间是大学生的世界观、人生观、价值观形成的重要时期。恩格斯曾经指

出："历史从哪里开始，思想进程也应当从哪里开始。"[7]"中国梦"的宣传教育要贴近学生、贴现生活，最重要的是同大学生的思想密切结合起来。首先，"中国梦"宣传教育说到底是通过对"中国梦"的内涵及外延的教育改造大学生的思想，进而激发大学生的追梦意识。其次，"中国梦"宣传教育必须把握大学生的思想变化的脉搏，不能流于假大空的说教，一定要在务实、实效上下功夫。再次"中国梦"的宣传教育要在解决大学生的实际思想和理论的困惑上下功夫，通过宣传教育活动，提高大学生的思想道德素质。

（二）"中国梦"的宣传教育必须遵循平等原则

"中国梦"的宣传教育是高校德育工作者有意识地通过一系列的途径和方式对大学生进行思想的影响，从而使大学生行为符合社会要求的活动，"中国梦"宣传教育过程中，从事宣传教育的主体——德育工作者，和接受宣传教育的客体——广大青年学生之间的关系必须遵循平等原则。社会心理学的大量实验研究表明，信息直接传播者所处的立场，传播的目的指向，以及传播者本人的威信、吸引力以及同受众的相似性程度等，都会影响他所提供的信息的说服效果[8]。"中国梦"的宣传教育坚持平等原则可以使主客体完成有效的交往互动，使大学生在"中国梦"宣传教育过程中达到知行的统一。遵循平等原则最重要的是要把握好"灌输"理论的深刻内涵以及大学生思想政治教育过程中思想政治教育工作者采用的方法。在我国高校中，思想政治教育的说理教育法就是遵循列宁提出的"灌输"理论。但需要指出的是，说理灌输法并不等同于单向灌输模式，而是思想政治教育者和教育对象直接的平等交流[9]。同样，在大学生中开展"中国梦"宣传教育也必须强调主体和客体之间的平等交流。

（三）"中国梦"宣传教育必须遵循主导原则

习近平十分重视宣传工作，曾经指出："经济建设是党的中心工作，意识形态工作是党的一项极端重要的工作"；"宣传思想工作就是要巩固马克思主义在意识形态领域的指导地位，巩固全党全国人民团结奋斗的共同思想基础"[10]。"中国梦"的宣传教育要毫不动摇地以马克思主义理论为指导思想和以社会主义的主流意识形态为前提，这是思想政治教育工作以及高校开展"中国梦"宣传教育的先决条件。"中国梦"宣传教育必须遵循主导原则，就是在对大学生开展教育活动时要注意社会主流意识形态的统领性，坚持马克思主义在意识形态领域的主导地位。

三、高校深化“中国梦”宣传教育路径的几点思考

高校“中国梦”的宣传教育工作是贯彻习总书记提出的“中国梦”这一重要思想在高校精神文明建设中的重要环节，“创新是一个民族进步的灵魂，是一个国家兴旺发达的不竭动力”[11]。当前，如何创新“中国梦”宣传教育的方法，对拓宽高校“中国梦”宣传教育的新局面有着非常重要的现实意义。

（一）高校深化“中国梦”宣传教育路径应牢牢把握“三结合”

首先，要与中国特色社会主义宣传教育相结合，这是深化高校“中国梦”宣传教育的基本着力点。习总书记创造性地提出“中国梦”这一思想具有鲜明的时代感，在大学生中宣传教育这一思想要准确把握中国特色社会主义。当前，我们在高校对大学生进行“中国梦”宣传教育，归根结底是实现广大青年学生的梦想，这就有必要把中国特色社会主义目标和学生讲清楚，引导大学生自觉地为实现梦想而努力。其次，要与社会主义核心价值体系相结合。党的十六届六中全会提出了社会主义核心价值体系这一重要思想。目前，我们在高校开展“中国梦”宣传教育活动，就是要激发引导大学生树立远大的社会主义理想，将个人的梦和国家的梦结合起来。当前中国所处的发展阶段这一现状，决定了全面建成小康社会是“中国梦”的根本要求。因此，“中国梦”和社会主义核心价值体系二者是一脉相承、紧密联系的。最后，要与高校日常工作相结合。高校工作涵盖教学、管理、科研、服务等方方面面，高校深化“中国梦”的宣传教育活动要作为一条主线贯穿于高校的各项工作，这样才能切实提高“中国梦”宣传教育的实效。

（二）以思想政治理论课为重要依托

当前，我们深化“中国梦”宣传教育，在高校中仍要以思想政治理论课为主要阵地和重要平台，思想政治理论课是我国高校大学生的必修课，在大学生全部学时中占有一定的比例。高校思想政治理论课是我国高校建设主流意识形态的重要载体，大学生能否形成对马克思社会主义意识形态的认同感，如何利用好思想政治理论课这一重要平台，是深化“中国梦”宣传教育路径的重要环节。首先，高校教师要加强理论的学习，读懂读透

重要理论，尤其是习近平总书记的系列重要讲话。习总书记曾经指出："我们比历史上任何时期都更接近中华民族伟大复兴的目标，比历史上任何时期都更有信心、有能力实现这个目标。"[12]只有深深把握理论体系，才能在"中国梦"宣传教育过程中占据主导地位，把握大学生的思想脉搏。其次，对于高校教师来说，要创新教学方法、优化教学内容，在教学工作上下功夫。思想政治理论课改革由来已久，改革以来，很多学者都强调改变以往的教学模式，采用案例式教学、讨论式教学等方式增强思想政治理论课的实效性。"中国梦是指向未来的，它指引着中华民族前进的方向。中国梦作为我们今日之'生活的理想'，具有鼓舞我们去为'理想的生活'而奋斗的'指南针'、'驱动器'功能。"[13]最后，"中国梦"的宣传教育路径的深化还有待于思想政治理论课考核方式的创新，要改变试卷分值主客观题的分布，增加材料分析等时政案例，让大学生学习理论从死记硬背转变为理论的活学活用上来。

（三）以校园文化建设和第二课堂——社会实践为重要补充

当前，全国各高校都开展了以"我的中国梦"为主题的系列专题活动，这在一定程度上对高校"中国梦"的宣传活动起到了积极的推动作用。但要积极地继续深化"中国梦"宣传教育的路径，必须重视社会实践这一重要的载体。社会实践作为高校的第二课堂，在大学生的世界观、人生观、价值观形成过程中发挥着重要的作用，同时也是大学生成长成才的重要途径。首先，每年的暑假、寒假社会实践是"中国梦"宣传教育的关键时期，也是大学生积极践行"中国梦"的重要时期，高校可以充分利用这一时期，充分调研论证，有的放矢地开展系列教育活动并将相关活动落到实处。其次，高校要开展中国梦主体性的志愿服务活动，通过长效性的志愿服务活动，使更多的大学生参与并体会感悟中国梦；做好两个课堂的有机结合，对良好的校园文化建设有着重要的基础作用，校园文化氛围也是"中国梦"的宣传教育活动开展的非常重要的外部因素。

实现中华民族伟大复兴的中国梦，根本在于全国人民的共同努力。但在高校，大学生作为中国特色社会主义事业的建设者和接班人，大学生的个人梦和青春梦的实现是实现中华民族伟大复兴的中国梦的重要内容，因此激发大学生树立远大理想，勇于追求自己的青春梦，将个人梦想和整个国家的梦想结合起来，并为之奋斗，这就需要拓展高校"中国梦"宣传教育活动特别是深化高校"中国梦"宣传教育活动的路径，这样才能真正地将"中国梦"宣传落到实处。

参考文献：

［1］习近平．习近平总书记深情阐述“中国梦”［N］．人民日报，2012-11-30（1）．

［2］习近平．在第十二届全国人民代表大会第一次会议上的讲话［N］．人民日报，2013-3-18（1）．

［3］刘奇葆．把中国梦宣传教育不断引向深入［N］．人民日报，2013-3-21（4）．

［4］教育部思想政治工作司2013年工作要点（摘编）［J］．思想教育研究，2013，(2)：3-5.

［5］习近平．习近平在同各界优秀青年代表座谈时强调在实现中国梦的生动实践中放飞青春梦想在为人民利益的不懈奋斗中书写人生华章［N］．人民日报，2013-5-5（1）．

［6］胡锦涛．坚定不移沿着中国特色社会主义道路前进为全面建成小康社会而奋斗——在中国共产党第十八次全国代表大会上的报告［N］．人民日报，2012-11-18（1）．

［7］中共中央编译局．马克思恩格斯选集第三卷［M］．北京：人民出版社，1960：43.

［8］刘云波．宣传主体与宣传有效性的社会心理分析［J］．求实，2006（1）：9.

［9］骆郁廷．思想政治教育原理与方法［M］．北京：高等教育出版社，2010：155.

［10］习近平．在全国思想宣传工作会议上的讲话［N］．人民日报，2013-8-21（1）．

［11］中共中央文献编辑委员会．江泽民文选（第三卷）［M］．北京：人民出版社，2006：537.

［12］习近平．在贯彻党的十八大精神研讨班上发表重要讲话［N］．人民日报，2013-01-06.

［13］孙来斌．核心价值中国梦的多维解析［N］．光明日报，2013-6-22. 第1版．

（原载于《绥化学院学报》2014年第3期）

新形势下高校国防教育的现状及应对策略探析

俞念胜　操国胜

摘　要：加强国防教育，增强全民国防理念，是十八大提出的一项战略任务。高校国防教育是大学生全面发展的重要途径，是爱国主义教育的重要方式，是全民国防教育的重要组成部分。当前，高校国防教育存在着教育思想认知的偏差、教育课程建设的短板等主要问题，需要在坚持马克思主义思想指导，更新教育观念上；在突破传统教育课程藩篱，创新教学模式、培养专业人才上下功夫，提高新形势下高校国防教育的实效性。

关键词：高校国防教育；教育观念；教育课程

实现中华民族伟大复兴，是中国近代以来最伟大的中国梦。“深化国防和军队改革是实现中国梦、强军梦的时代要求，是强军兴军的必由之路，也是决定军队未来的关键一招”[1]。中国梦的有效实施，需要安定团结的政治局面，加强国防和军队建设无疑是保证稳定的强有力的支撑。然而，国防建设并不能一蹴而就，需要一代又一代人接力前行与艰苦探索，不断推进实现强国梦的目标。这个关键在于人才的接力和承续。国防教育要从娃娃抓起，少年强则中国强，少年进步则中国进步。作为新时期的大学生，正如中共中央总书记习近平所说的：“历史和现实告诉我们，青年一代有理想、有担当，国家就有前途，民族就有希望。”[2]如何实现理想向现实转化，实现历史使命，国防教育无疑占据着重要的地位。

基金项目：安徽省质量工程项目（2013szxm096）、（2014jyxm400）；安徽省振兴计划思政综合改革计划项目名师工作室项目（Szzgjh1－2－2016－24）；安徽省教育厅人文社科重点项目（SK2015A426）；安徽省社科联项目（B2015004）。

作者简介：俞念胜（1984—），男，安徽贵池人，池州学院管理与法学院讲师，研究方向为高校党建与思想政治教育；操国胜（1963—），男，安徽潜山人，池州学院宣传部部长，教授，研究方向为马克思主义中国化。

一、高校开展国防教育的必要性

从1985年试点以来，高校国防教育已经走过三十年春秋。三十年的发展历程，有成就，也有困境；有经验，也有教训。整体来看，高校开展国防教育，对当代大学生有着举足轻重的作用。

（一）高校国防教育是大学生全面发展的重要途径

马克思主义的根本指向就是人的自由全面发展。虽然我们所处的社会阶段仍然处于“以物的依赖性为基础的人的独立性”[3]阶段，离实现人的自由全面发展还有很长的路要走，但是国防教育作为大学生全面发展的有效载体，对大学生的道德品质、智力发展、身体素质、心理承受力和法治教育都有巨大的提升作用。具体而言，国防教育的特有形式有助于培养社会主义共同理想；军事斗争的对抗性、复杂性和残酷性孕育着创造性思维方式；国防教育的技能训练能够增强体质和身体承受力、锤炼心理意志力，；同时，国防教育的纪律性能够提升大学生的自我约束力，从而为严守法治打下坚实的基础。

（二）高校国防教育是爱国主义教育的重要方式

国防教育始终以国家安危、民族融入为核心，通过古今对比、中西对照，能够激发学生的民族自尊心与爱国情怀。从历史而言，明朝的戚继光抗击倭寇十余载，书写了国家大义；近代以来，无数中华儿女为国家独立浴血奋战、前仆后继，书写了壮丽篇章。从国外而言，美国对国防教育格外重视，把保卫国家作为“社会的第一勤务”，采用各种手段与方式向学生灌输国家至上的理念，在一些公共场合、体育活动中齐奏国歌，唱“星条永不落”以宣扬国防精神。此外，国际上一些国家的不当做法也在反面提升着爱国主义教育。诸如日本首相参拜靖国神社，修改历史教科书，修改安保法，军国主义大有抬头之势。2015年是抗日战争胜利70周年，中国政府隆重纪念，为的就是要国人铭记历史、不忘先烈，要永远保持警惕意识和爱国情怀，增强民族自尊心与自信心。

（三）高校国防教育是全民国防教育的重要组成部分

全面国防教育事关对战争的准备与人才培养。国防教育并不是穷兵黩武，并不是一些西方人士叫嚣的“中国威胁论”，而是有备无患，未雨绸缪，增强民众的国防意识与危机意识，避免“暖风吹得游人醉”的慵懒心理。贪图享乐、居安忘忧，皆为历史教训。

大学生作为新时代的人才精粹，一方面是国防力量重要的人才输出和战略预备队；另一方面大学生具有较高的素质，也是现代军事之必需。中共中央总书记习近平在视察国防科技大学时指出：“要牢牢扭住培养高素质新型军事人才这个中心任务，深入研究现代军事教育特点和规律，坚持走以提高质量为核心的内涵式发展道路，努力培养造就能够担当强军重任的优秀军事人才。”[4]另外，大学生毕业后将会融入社会各个阶层，是以后各个行业的中坚力量。由于对社会各阶层集中进行国防教育难以实施，因此，对学生在大学期间集中进行国防教育，无疑具有重要的战略意义。

二、高校国防教育存在的主要问题

改革开放以来，我国高校国防教育在保障体系、组织领导、经费投入以及模式创新方面已经有了显著的成就。然而，面对国际和平发展的主题、社会多元思想的冲击，大学生对国防教育的认知态度不一；同时，高校招生规模的扩大，使得高校国防教育资源显得捉襟见肘，造成一些学校对国防教育忽视抑或走走形式，主要表现在以下几个方面：

（一）高校国防教育思想认知的偏差

高校国防教育的指导思想应该以学生为对象，以国防现代化为目标，以爱国主义为重点，提高高校学生的国防意识与保家卫国的本领。应该说，高校国防教育的指导思想已经非常明确，但是在实践过程中却不够准确，凸显出了诸多问题与不足。

在国防教育的目的方面，一些高校把国防教育仅仅理解为意志力的培养与锻炼，从而忽视了国防教育的重要价值，舍本而求末；有的仅仅把国防教育作为一种既定的程序，设置必修学分，履行国家法规的要求，至于实现什么目的，则遭到忽视。更有甚者，一些高校把国防教育作为谋取利益的载体，以军训为依托，收取高额费用。在国防教育的基本方向上，一些高校仅仅是站站军姿、叠一下被子就算进行了国防教育，稍微强一些的就是打几发子弹，从而使得国防教育变成了一种点缀，应付差事。在国防教育的布局与地位上，缺乏统筹安排，没有相应的学校与部队的持续合作，缺少实践场地，难以使国防教育的课程与学生的专业和文化课程相结合，更缺少评价体系，难以调动学生的积极性，从而在很大程度上使国防教育遭到忽视。

（二）高校国防教育课程建设存在的短板

高校国防教育的课程建设存在的短板主要体现在以下几个方面：

首先，课程目标的偏差。从2006年新修订的大纲可以看到，国防教育课程的教育目标主要体现在以军事理论教学为重点，使学生掌握基本军事理论与军事技能，增强国防观念和国家安全意识，强化爱国主义、集体主义观念，增强组织纪律性，促进综合素质的提高，为中国人民解放军训练储备合格后备兵员和培养预备役军官打下坚实基础。从中不难发现，国防教育课程目标主要立足于传统安全，注重理论讲授、技能培养，提供后备人才。然而，随着国际安全问题日益复杂与多样，非传统安全观日益凸显，培养具有新的安全观的复合型人才成为时代要求。

其次，教学内容设置的不足。当前国防教育内容设置主要有“国际战略环境、中国国防、军事思想、军事高技术、信息化战争”[5]五大方面，然而，这五大方面的内在关系并不严整，如果整体讲授，会出现“杂而不精”的缺点；如果单一设置课程，则会导致课程过多，学生任务繁重。另外，课程的设计在整体上注重军事色彩，这与重点培育大学生的安全意识并不协调，容易导致课程违反设计初衷。

再次，教学方法的单一。目前高校国防教学主要以讲授为主，主要采用“PPT”教学，这种“点击—播放”模式的教学方式使得原本应该生动的国防教育变得乏味，很多教师采用播放影视资料的方式加以弥补，但是效果并不明显。主要在于如果选择出现针对性，容易导致学生认为教师偷懒之嫌。很少有老师采用书写论文、评点时政、分组讨论等模式，而仅仅采用教师讲解、学生被动听讲，这样很难培养学生的好奇心与探索精神，也难以对国家安全给予应有的重视。

最后，教师培养严重不足。目前，大部分高校缺乏国防教育的讲师，大部分是兼职性讲授。高校国防教育需要复合型人才，需要兼有政治学、历史学、地理科学、逻辑学与军事学等方面的基本基础，兼职教师由于自己理论的不足，容易出现照本宣科、泛泛而谈，无法引导学生对国防安全进行深入讨论，更由于学生多、课时短等问题，使得国防教育流于形式。

（三）高校国防教育训练组织还需提高

训练组织是高校国防教育的重要保障，是高校国防教育成果的支撑。

但是，一些高校的训练组织不容乐观，还需提高。

其一，从军训领导机制来看，很多高校的军训管理机构规范性不足，军训采用学校与武装部合作，将军事教研部单列的高校很少，缺少配备的军事教师队伍，军训期间，仍然是辅导员管理体制。在硬件设施方面，“三室一库”建设滞后，许多高校缺少投入，致使出现无序状态，随意性很大，难以长期落实军训成果。

其二，从后勤保障来看，由于招生规模的逐年扩大、军训时间的集中，往往出现“撞车”现象。从军训的形式来看，存在两种模式，即：“走出去”和“请进来”。“走出去”方式是进入军营，这种方式能让学生亲身感受军旅生活，真实体验军人作风。然而，随着学生的增多，这种方式在大部分高校很难实施。而“请进来”的方式，条件好的高校请军校学员给大学生军训，一定程度上弥补了不足，但是公共设施的不足，军事场地、器材的短板，使射击训练无法开展；缺少军事地理教学模型与战术教室，使得很多教学形同虚设，以走对列为主的军训模式很难让学生感受军训的真实生活。

其三，从军训评价方式来看对于军训效果的评价，有调查显示：“有34%的人认为‘体能得到了锻炼’，27.5%的人认为‘培养了坚强意志’，17.5%的人认为‘培养了协作精神’，15.6%的人认为‘培养了集体主义精神’，14.4%的人认为‘增强了国防意识，培养了国防观念’，还有7%的人认为‘没有多大收获’。”[6]从中可以发现，调查显示只有14.4%的人认为增强了国防意识，这与军事教学的目标有很大差距。另外，在今天很多高校中，军训的评价体系相当模糊，整体队列展示、汇报演出成为主要模式，全员过关，缺少层次。这种评价方式，虽彰显了整体协调性，增强了整体荣誉感，但是在个人方面，难以做到有效测评。更有甚者，一些学生寻求各种借口，逃避军训，但又不影响学分的取得。正是由于评价体系的缺失，军训成果并没有得以承续，难以长久地发生效力。

三、高校国防教育存在的主要问题的应对策略

高校国防教育存在的诸多问题，还需寻求破解之道，从而使国防教育能够得到深入开展，使得学生能够内化于心、外化于行。

（一）坚持马克思主义思想指导，更新教育观念，服务国防

高校国防教育要以马克思主义为指导，立足中国国防的具体实际，深

入研究现代军事教育规律，做到增强国防意识，服务国防，形成优良作风，为中华民族的伟大复兴贡献力量，为国防事业献计献策。

十八大强调："国防和军队现代化建设，必须以毛泽东军事思想、邓小平新时期军队建设思想、江泽民国防和军队建设思想、党关于新形势下国防和军队建设思想为指导。"[7]因此，要积极发挥思想政治教育的引领作用，使得思想政治教育成为国防教育强大的推力和助力，增强"思想政治工作的主动性、针对性、时效性，做到始终同党中央、中央军委保持高度一致"[4]。要更新教育理念，创新教育模式，建设国防教育实施平台，突出国防教育的特殊性，走以培养高质量人才为核心的内涵式发展路径。国防教育虽然具有多种功能，但是如果面面俱到，那么就难以把握重点，从而造成目标的迷失与错位，使得国防教育难以落实。在高校国防教育多重功能中，服务国防是其首要目标。在服务国防大视域下，提高政治素质、培养国防精神、增强体质、锻炼意志的目的是为国防服务，而不能相反，如果国防教育在一些院校是为了对学生进行身体锻炼、意志培养，这就偏离了国防教育的方向，即使是非常重要的爱国主义教育，也仅仅是国防教育的一个环节。

因此，军训要以马克思主义为指导，发挥思想政治工作作风，更新教育理念，树立国防首位意识，才能本末兼顾，才能胸怀大局，关注国防，立志成才，保家卫国，才能培养德智体全面发展的新时代综合性人才。

（二）突破传统教育课程藩篱，创新教学模式，培养专业人才

当今时代，国防的较量是综合国力的较量，涉及经济、政治、文化、科学技术、意识形态等多方面领域安全，并不仅仅是军事领域的对抗。例如，苏联的和平解体，美国空袭伊拉克的战争，美国的窃听事件，都深层次改变着传统型国防安全。另外，现代社会向后现代社会转变，社会呈现出碎片化发展趋势，在军事领域，表现为恐怖袭击等令人难以预防的新式安全问题。在这种传统安全与非传统安全相互交织的时期，在当今西方敌对势力加紧对我国进行"西化""分化"的步伐中，我们的国防教育要以辩证发展的眼光看问题，与时俱进，使大学生具有全局的视野、批判的眼光、进取的精神与危机意识，要突破传统国防教育的藩篱，培养大学生的综合安全观，从而符合新时代国防战略的发展方向。

现阶段的国防教育，如同列宁所说的"理论是灰色的，而生活之树是常青的"[8]。因此，国防教学的内容要根据时代变化，顺时发展，把握时代发展逻辑与主题，优化国防教育内容。诸如，增设非传统安全、网络安

全、海洋安全、大国关系等方面的课程与专题讲座；调整教学模板，缩小军事色彩浓厚的篇章，增加信息化教学比例等等。在教学方式上，要改变单一化的“填鸭式”教学模式，创新教学方式。首先，军事教学本身就是一门综合性学科，在教学上，不能以军事理论论军事理论，而是要打破学科壁垒，打破学生的专业界限，发挥各自优势，资源共享、优势互补。其次，要运用“启发式”“引导式”等多种教学方式，教师引导，学生积极参与，发挥“三人行，必有我师”的实践优势，做到教学相长。例如，开展读书辩论会，小组讨论、采取对历史事件和当今热点进行案例分析、探究、归纳，集中讨论、书写报告等形式，从而使学生的课外与课内学习、理论与实践有效对接起来。在师资上，师者，传道授业解惑，优秀的师资是国防教育的重中之重。随着高校的扩招，国防教育的师资队伍不容乐观，这就需要从几个方面入手：第一，明确教帅的从业资格，使替代者难以达到相关要求，有学者指出，可以试点国防教师资格考试，能够引起社会的足够重视，让有志于从事国防教育的优秀人才任教。第二，加强国防教育学科建设，目前，国防教育的研究生层次培养挂靠在高等教育学下，相关本科专业并没有单独开列。因此，可以考虑把国防教育发展成为一个独立的学科，培养具有本科、硕士和博士的层次化人才，实现专业化。第三，促进各省人民武装发挥其办学优势。

（三）组织体系要责权分明，保障有力，评价科学

高校领导干部在思想上要高度重视大学生军训，深刻认识到军训是国防教育的一项重要内容。因此，要自觉把军训与学生学业统一起来，高等院校作为组织大学生军训的主体，要积极主动与承担军训任务的军队沟通，成立分管领导小组，诸如采取联席形式，由学校校级领导、武装部、保卫处、学生处与辅导员等相关人员参与，制订军训计划，做好管理协调工作，使其各司其职，责权分明，确保大学生军训的顺利开展。

抓好大学生军训，离不开强有力的组织保障。中国有句古话叫“三军未动，粮草先行”。组织保障的效果关乎学生军训的质量。因此，军训的保障要在经费投入、硬件设施的配置上做好文章。在经费保障上，要把军训经费纳入高校经费予以保障，实行全额拨款，确保军训的顺利进行。在硬件设施上，首先，要搞好场地保障，加大基地建设力度，尽可能地改善军训条件，为军训以及后期打下坚实的基础；其次，有条件的高等院校开展射击项目，可以与部队和军训指导小组申请使用枪支、购买所需器械。

构建科学有效的评价体系。有效的评价体系可以检测军训的实施效

果。军训的实施效果评价涉及军事的思想、技能、知识与素质，这里面既要显示整体，又要关注个体；既要单方面测试，又要进行系统性评估。在方法上，可以进行整体性的汇报演出，也可以进行个人展示；既可以进行文化测试，也可以进行问卷调查、个人访谈等多种方式。另外，要实现军训效果的长期性，就不能仅仅关注目前的效果，同时也要有后期规划，主要包括对高年级大学生的后续培训，诸如做国防报告、军事讲座，提高大学生对中国国防安全的关注度与责任感，使得高校军事教育效果实现理论与实践的有效对接，为实现中国的强军梦、强国梦贡献力量。

参考文献：

[1] 习近平．全面实施改革强军战略，坚定不移走中国特色强军之路［N］．人民日报，2015-11-27（1）．

[2] 习近平．勉励青年志愿者以青春梦想用实际行动为实现中国梦而努力奋斗［N］．人民日报，2013-12-6（1）．

[3] 中共中央编译局．马克思恩格斯文集（第八卷）［M］．北京：人民出版社，2009：53.

[4] 习近平．深入贯彻落实党在新形势下的强军目标　加快建设具有我军特色的世界一流大学［N］．人民日报，2013-11-7（1）．

[5] 李科．高校国防教育课程教学的问题及改革措施探析［J］．教学与研究，2014，(5)：78.

[6] 张华．新时期高校国防教育三大课堂体系的构建［J］．企业导报，2010，(12)：93.

[7] 中共中央文献研究室．十八大以来重要文献选编（上）［M］．北京：中央文献出版社，2014：33.

[8] 中共中央编译局．列宁选集（第三卷）［M］．北京：人民出版社，2012：27.

（原载于《池州学院学报》2017 年第 1 期）

高校学生社团的法治化建设研究

俞念胜

摘　要：党的十八届四中全会为中国未来发展指明了明确的方向和道路，即建设中国特色社会主义法治体系，建设社会主义法治国家。正是在这一主题下，高校学生社团要担当起法治责任，构建法治型社团是必然选择。目前高校大学生社团在建设过程中存在着社团价值培育中法治理念建设的薄弱；社团建设、管理过程中法治化建设的不足；社团商业化环境中法律建设的缺失等问题。因此，需要在增加法律社团数量，提倡法治价值，培养法治精神；厘正社团法律建设，完善社团法治管理，优化社团章程；转变行政部门服务理念，创建社团内外连接规约，增强自主身份这几个方面着力，提高社团建设的法治化水平，为构建法治校园、建设法治社会和法治国家而服务。

关键词：大学生社团；法治化建设；路径

加强社会主义法治建设，是社会主义核心价值观的客观要求，也是促进和保障中国梦得以实现的前提条件；是实现“两个一百年”的奋斗目标与“五位一体”的总体布局的必由之路，也是“四个全面”的重要组成部分。从十五大提出“依法治国”的基本方略，到十六大、十七大、十八大的有效推进，到十八届四中全会提出的法治国家、法治政府和法治社会一体化建设。由此可见，社会主义法治建设成为社会主义价值要求与实现中华民族伟大复兴的关键所在。大学生社团作为大学校园一个重要的组成部分，对大学生的自主、自立、自强有着不可或缺的价值。基于此，大学生

基金项目：安徽省振兴计划思政综合改革计划项目名师工作室项目（Szzgjh1-2-2016-24）；安徽省教育厅人文社科重点项目（SK2015A426）；安徽省质量工程项目（2014jyxm400）。

作者简介：俞念胜（1984—），男，安徽贵池人，池州学院思政部讲师，武汉大学马克思主义学院博士研究生，研究方向：高校党建与思想政治教育。

法治精神、法治规范、法治践行的培养与社团的法治化有着举足轻重的作用，对大学生社团法治化建设的研究就显得更为重要。

一、高校大学生社团法治建设的必要性

（一）依法治校新常态下的强烈诉求

目前，新常态已经成为国内各类媒体与社会各界关注、研究的高频热词，而站在新的历史起点上，面对我国高等教育发展的新特征、新趋势，推动高等教育在发展方式与治理方式上的双重转型，是新常态下我国高等教育改革最为关键的两大任务[1]。早在2003年，教育部为了贯彻党的十六大精神颁发了《关于加强依法治校工作的若干意见》。《意见》对依法治校工作的指导思想、目标、重要性和依法治校的具体措施做了详细的阐述，“把教育管理和办学活动纳入法治轨道，依法推进教育改革与发展”。高校学生社团这一基层组织是由学生自愿参与，其主旨倡导的是一种民主、平等的理念，这也是依法治校的题中应有之义。

如果说依法治国是党和国家的基本方略和强国之本，那么依法治校则是依法治国视域下保障高校良性发展的重要前提。因此，高校学生社团管理的法治化是应对高等教育改革的必然要求，同时也是依法治校的强烈诉求。一方面，高校学生社团必须由外延式发展向内涵式发展转型。高校大学生社团是高校学生组织中的重要活动单元和组织结构，在大学生日常活动中起着举足轻重的作用，随着高等教育发展进入“新常态”，原有的传统的管理必然要有相应的变化来适应新常态的发展。因此，高校学生社团管理的改革必然要以学生为主体，创新法治化管理方法，全面提升管理的水平，从而培养学生的创新精神。另一方面，高校学生社团必须从单向管理向多元管理转型。在高校学生社团的发展过程中，传统的管理体制和管理方式很难为大学生社团的发展提供必要的支撑，这就要求学校的管理者转变观念，树立法治化的理念，实施多管齐下的创新管理手段。是故，笔者认为，立足于依法治校的定位和使命，法治化是高校学生社团的必然趋势，高校学生社团这一基层组织也应积极构建自身发展的“新常态”。

（二）高校大学生法治教育培养的必然要求

十八大提出“三个倡导”，明确将“法治”纳入社会主义核心价值体

系，这是继“依法治国”后，党和国家在法治理念上的承续与延伸。法治，不仅仅是一种法律体系、社会普遍范式、程序化过程，同时还是一种价值实践要求，需要正义的思维指向；需要服务、诚信、节约的思维转换。这就需要人们秉承个人伦理层面的“善”、社会集体层面的“正义”，同时也要与时俱进，在经济全球化视野下丰富法治内涵，坚持服务导向，树立诚信威望，构建节约理念，创造实践理性。

大学生是青年的精英、民族的希望、祖国的未来、家庭的期待，因此，对大学生进行法治教育无疑意义重大。同时，体现在大学生法治教育方面，首先要转变法治思维方式，有利于打破中国传统的人情关系，树立法律意识。其次，学法懂法用法相结合。学，要兼古今、通东西，做到立足于中国实际，借鉴中西优秀成果，与时俱进，探索创新；懂，就是知其然，也要知其所以然，融会贯通；用，就是要理论与实践相结合，做到知行结合。只有做到学法懂法用法相结合，才能使大学生毕业后在各个工作岗位，承担起自身的追求、民族的腾飞与国家的希望。

二、高校大学生社团法治建设中存在的问题

学生社团建设的法治化有利于大学生的有效治理，有利于保障大学生的各项权利，有利于培养大学生的法治精神。然而，高校大学生社团在社团价值、管理过程和商业化环境中存在法律建设的缺失与不完善。

（一）高校大学生社团价值培育中法治理念建设的薄弱

1934 年，我国著名学者、教育家林砺儒先生谈到学生自治方面曾说：“学生自治有两个层面的价值，第一是公共维持学校秩序；第二是积极养成公民德性。”[2] 从中不难发现，如果缺少大学生法治理念，就难以在目标制定、实践过程中实现有序发展，难以提供自我约束机制，大学生的自治理念很难实现。就现实而言，目前高校大学生社团价值建设中存在着法治化建设的薄弱。

就法律的社团数量而言，有学者针对全国 17 个省、市 54 所高校的大学生社团进行了抽样类比，分为学术研究型、技术型、理论研究型、文学类、语言类、艺术类、志愿服务型以及其他类型。研究结果显示，高居前三的是“青年志愿者总队等志愿服务类的占社团总数的 20. 7%，理论学习类占社团总数的 18. 8%，文化娱乐类占 19%”[3]。不难看出，正是这种社

团形式的趋于集中单一化，一方面不利于学生的整体发展；另一方面严重制约了法治理念的教育与熏陶。

从法治价值指向而言，学生社团理应坚持“民主、自由、平等、参与”的理念，这是法治的题中应有之义和理念基石。学生在法治价值的培养中不仅仅是作为受动者，同时也是参与者、实施者。但是现实不容乐观，从上述分析可见，高校大学生在人文素质培养方面还需提高，法治精神更要加以重点培养。另外，随着高校的扩招，一些社团也在“求大”和“求众”方面下足功夫，降低门槛，疏于管理，流动性强，领导换届比较随意，缺少教师的专业性指导，使得学生法治价值趋于消解，严重挫伤了学生追求法治精神的积极性和主动性。

（二）高校大学生社团建设、管理过程中法治化建设的不足

大学生社团在建设、管理过程中法治化建设的不足，主要表现在以下几个方面：

其一，在大学生社团法律属性方面。大学生社团是由学生自愿组成的非营利性组织，我国宪法确认中华人民共和国公民具有结社自由。这也是大学生社团存在的法律支撑。但是，学生社团又不具备法人条件，缺失了法人社团的法律地位。据可查资料来看，目前关涉高校社团管理和发展的依据主要来自三个方面。一是《中华人民共和国宪法》和《中华人民共和国高等教育法》均提到“高等学校学生，可以在校内组织学生团体”；二是《普通高等学校学生管理规定》中提到的“学生可以在校内组织、参加学生团体。学生成立团体，应当按学校有关规定提出书面申请，报学校批准。学生团体应当在宪法、法律法规和学校管理制度范围内活动，接受学校的领导和管理”；三是《关于加强和改进大学生社团工作的意见》。其中，前两个方面主要谈及学生社团成立的问题，它为高校社团的设立提供了一种法律要件，第三个方面为加强和改进高校社团工作的确发挥着指导作用，但从其本质而论，《意见》又不具有法律的功能。因此有学者认为：“在高校内部经有关部门批准成立的学生社团的法律性质为非法人社团，具有法律赋予的非法人社团的一切权利。”[4]因此，正是由于大学生社团法律属性的特殊性，学生社团的法律地位缺乏明确、清晰的界定，社团内外的关系还需厘清，学生社团在主体资格、权利义务、保障机制等方面并不清晰，这些法律方面的难点与困境，是大学生法治建设无法绕开的沟壑。

其二，在大学生社团管理方面。学生社团作为学生成长的重要组织形式，其建设和发展无疑需要高校行政部门和教师的支持与指导。行政部门

主要涉及社团的成立、活动场地的审批、活动经费的支持以及选任教师指导等方面；高校教师主要参与社团的组织规划、专业技术的指导、思想认知的指引等方面。但是在执行过程中，凸显了高校社团管理不规范，不科学现象。高校学生社团主要由团委直接领导和管理，这种管理虽然能够整体布局，合理引导，统筹规划，但是大学生社团基于自身的开放性、求异性、自主性，有可能出现与行政方面的目标设计引导相左的现象，从而呈现出两者的张力，表现为“一统就死，一放就乱”的现象。另一方面，大学生社团建设是一项系统工程，需要在人、财、物等方面下足功夫，高校师资力量薄弱，严重影响到社团的健康发展，使得社团缺乏思想的统一性、组织的科学性和创新性，更为甚者，在少数民族地区，一些社团基于宗教信仰、民族出身、文化理念的不同，往往容易形成小宗派团体，需要加大监管的力度。

其三，在大学生社团自身建设方面。大学生社团管理的松散情况突出表现在负责人的变动、组织活动的自身设计、自我形象的宣传以及财务的管理分配方面。大学生社团存在着缺乏自我约束力、管理不科学、运作不规范等问题，导致社团机构的混乱、无序竞争。正是自我约束力不强，管理失调，运作失范，从而出现负责人的变动随意性比较大，很多以原有负责人指定为准，组织成员进入随意，缺少硬性约束；组织设计活动容易出现负责核心小组盲目指挥，缺乏民主程序和规则制约；自我形象宣传容易偏离本位，偏离社团的自身追求，变成负责人的自我形象展示；经费管理重点不突出，下层社员很难进行有效监督，容易造成经费浪费。

（三）高校大学生社团商业化环境中法律建设的缺失

随着社会经济的发展，大学生社团不仅仅要在学校内部发展，同时也要实施“走出去”战略，实现自身发展与社会的有效对接。另外，大学生社团的经费来源，从学校支持方面看，毕竟有限。因此，无论是从自身发展还是从经费支持来审视，现有社团的商业化运行方式都已成为一种潮流。然而，大学生社团在商业化过程中也呈现出了法律建设的缺失。

从行政部门来看，大学生社团适度商业化运作，得到很多学校的默许与认同。学生社团的“走出去”战略，可以增强学生的自主、独立意识，学以致用，能够在实践中有效地提高自己。但是，学生的人生观、价值观尚未完全形成，学生社团本位上是促进大学生的全面发展；另外，当今社会物质多样化、思想多元化，往往给学生带来巨大的物质和精神冲击。然而，领导大学生社团的行政部门并未对学生社团的商业化发展做出细致的条文规划，从而使得一些社团出现方向迷失等现象。

从赞助商家来看，学生社团能够获得赞助商的认可，可以得到足够的经费支持，为顺利组织活动打下了坚实基础。诸如篮球比赛，社团可以冠以体育赞助商的名称进行，实现共赢。但是，一些高校学生社团与赞助商关系上出现了法的真空。赞助商往往以自己的经费投入对社团活动进行自我包装，甚至控制整个活动的规划，使得学生社团缺乏自主性。商家与社团之间的利益博弈，还需法律规范。

三、大学生社团法治建设的破解路径

大学生社团凸显的法治化建设的问题，需要全面分析，寻求破解路径。

（一）增加法律社团数量，提倡法治价值，培养法治精神

增加法律社团数量，客观需要法律专业学生能够积极响应与参与，利用自己的专业特点，以“宣扬法律文化，传播法律知识”为宗旨，使得大学生能够学法、懂法和用法，用法律武器维护自己的利益，宣传法律精神，共建法治社会。同时，法律性社团的建设，可以和其他社团形成互动，用自己的法律魅力感染其他群体。

提倡法治价值，法治是社会主义核心价值观的题中应有之义。法律的有效实施，不仅仅在于法律制度的完善，也在于法治思维的培养；法律不是铭刻在大理石上，而是铭刻在每个人的心中。践行社会主义核心价值观，需要大学生社团以马克思主义为指导，努力把法治精神、法治意识、法治观念融入大学生的日常生活，让法治成为一种信仰。如有学者所言：“当全社会都把法治当成一种生活方式的时候，法治中国就会形成。”[5]借用其形式，当校园把法治当成一种生活的时候，法治校园就会形成。这也是大学生社团的法治价值的努力方向。

缺少精神的法治，犹如缺少灵魂的人体。法治教育不是“恫吓式”教育，法治精神的培养也不是进行无原则的灌输，国外的法治教育很大部分是融入日常活动，成为一种习惯。诸如，学生如何选择负责人、参与决策等诸多方面。由此，大学生社团在法治精神培养方面要从以下方面着力：首先，加强教师指导，专业教师指导可以发挥言传身教、润物无声的作用，以自身的行为引导社团形成法治思维与法治意识。其次，理论与实际

相结合、知与行相结合，一方面加强法律知识的学习；另一方面在学习中加以实践检验，提升社团的法律水平与法律意识，逐渐构建法律精神。其三，构建法治文化校园，让法治成为校园文化的一个组成部分，让每一个人都是法律的宣传者、践行者和传递者，潜移默化地感染每一个学生。

（二）厘正社团法律建设，完善社团法治管理，优化社团章程

厘正社团法律建设，必须给予高校社团管理和发展充足的法律依据和支撑。西方学者曾经说过，“与其说我们需要的是好人，不如说我们需要的是好的制度”。制度虽然无形，但制度的约束是有形的、明了的。因此，对大学生社团而言，高校社团法治化建设，既要全面指导，也要因地制宜。从普遍性而言，要给予高校社团管理和发展以充分的法律依据和支撑，促使高校社团的管理和发展更加制度化、法治化，祛除盲目性、随意性。从特殊性而言，做好这项工作，需要对大学生社团加以调查、调研，厘清本地区社团管理过程中存在的切实问题和突出矛盾，为建立和健全适宜的相关法律、法规和制度打下基础，使高校社团管理和发展走向法治化、规范化、科学化。

完善社团法律管理。目前，法治化建设已经成为开展高校各项工作的路径选择，高校社团管理和发展作为高校工作的重要组成部分，法治化必然成为不二路径，这是时代的要求与选择。由此，在法律、法规基础上健全高校学生社团的相关规章制度必然是题中应有之义、破解之法。尤其在目前依然缺乏相关法律依据和支撑的情况下，规章制度的健全需要祛除以往社团管理的随意性、无规划性，以给予社团发展充分的空间和独立性为原则，诸如，社团管理的行政化管理方式严重制约了社团自身的发展空间，压制了社团的自主性与积极性。因此，国家、学校应该及时为高校社团的管理和发展完善法律制度和规章，破除旧有不相宜的规章和制度，做到新的规章制度立足于学生本位，以本地区社会发展为依托，以社团发展为方向，依法成立社团，依法管理社团，依法规划社团的发展，以法治作为衡量社团活动有效性的标准，绝不能允许超脱法律的行为在高校社团管理和发展的过程中存在，促进法治校园、社团、学生一体化建设。

优化社团章程。十八大报告中明确指出，“法治是治国理政的基本方式”，那么对于高校社团自身而言，法治也应成为社团自身发展的基本方式。高校社团章程是社团建设法治化的核心。社团章程是“为了实现其宗旨、调整内部关系、规范内部成员的行为而制定的文件，是社团及其成员活动的行为规范”[4]。正是这种规范、制约性，能够破除社团内

部的随意性和散漫化，提升社团的工作效率，提升社团成员的纪律意识、责任意识和法治意识，使社团管理和发展更加符合规范，避免社团成员和管理层将过多的人为、人情关系因素掺杂在社团的管理和发展过程中。因此，社团章程的优化也是当代大学生社团的重点工作，要从以下几个方面入手：首先，优化社团章程要具有合法性、合理性和明确性，体现出社团的自治性、公益性与核心理念；其次，加大审查力度，对社团成立、活动和财政进行审查，避免用人无序、财政不清等诸多现象；最后，明确权利意识，要清楚自身的职权范围，能自我行使，也要自我约束与自我规范。

（三）转变行政部门服务理念，创建社团内外连接规约，增强自主身份

转变行政部门的服务理念。随着商品经济的发展、社会分工的日益精细化，政治发展多元化，人民思想观念多样化。一方面是物质的丰富，人们精神文化生活的提升；但是另一方面，物质生活的充盈容易使人踏入"拜金主义"陷阱，思想观念的多元可能埋下"文化欺骗"的布影。要走出陷阱，就要把握住事物的本质，按照规律办事。学生社团的商业化运作，虽然在一定程度上符合社会的发展方向，但是，如果在商业化中迷失自己，社团的发展无疑会走向扭曲。高校行政部门在合理的范围内可以支持社团的商业化方向，但是要学会用法律管理、引导社团，用法律服务代替管制，杜绝长官意志、家长制领导，变主体角色为服务角色。

创建社团内外连接规约。高校大学生社团在进行"走出去"的过程中，为避免自身身份的迷失与缺位，需要在以下几个方面实现突破：首先，从政府方面来看，随着学生社团商业化的进展，建立大学生社团与赞助商法律性或者具有法律效力的条文势在必行，弥补空缺。从校方来看，学生社团的外部运作，与自己学校的名气与声望有很大关联，在一定程度上是学校的一种外部象征。因此，在参与商业化的过程中，高校要密切关注，并制定条文章程，对其进行约束指导，使之健康发展。从自身来看，学生社团在与赞助商进行协商时，要与赞助商在具体事宜方面进行规约化处理，厘清各自的权利与义务，预防赞助商的越权行为，保持自身的独立性。

参考文献：

[1] 陈先哲．新常态下我国高等教育面临双重转型［N］．中国社会科学报，2015-03-01.

[2] 杨东升．大学精神［M］．上海：文汇出版社，2003：32.

[3] 李朝晖，穆娜．维稳视角下高校学生社团活动管理状况的实证研究［J］．黑龙江高教研究，2014，(5)：49.

[4] 花瑞锋．大学法治与学生社团的法律治理［J］．人民论坛，2011，(8)：108-109.

[5] 让法治成为一种全民信仰［N］．人民日报，2013-03-01.

（原载于《菏泽学院学报》2015 年第 6 期）

高校和谐校园文化与思想政治教育良性互动研究

陈 鑫

摘 要：高校和谐校园文化建设是我国和谐文化建设的重要组成部分，是推动社会主义和谐社会建设的重要因素。加强和谐校园文化建设，有利于进一步推进高等学校的教育教学改革，增强大学生思想政治教育的实效性，全面提高大学生的综合素质。大学生思想政治教育工作要全面贯彻党的教育方针，它主导着和谐校园文化建设的方向。

关键词：和谐校园文化；思想政治教育；良性互动

2006年10月，党的十六届六中全会明确指出："建设和谐文化，是构建社会主义和谐社会的重要任务。"[1]2007年10月，党的十七大报告进一步指出，"当今时代，文化越来越成为民族凝聚力和创造力的重要源泉、越来越成为综合国力竞争的重要因素"，"建设和谐文化，培育文明风尚。和谐文化是全体人民团结进步的重要精神支撑"[2]。作为和谐文化子系统的高校和谐校园文化也顺应时代的发展，已成为构建和谐社会的重要力量。

一、高校和谐校园文化和思想政治教育的内涵

（一）高校和谐校园文化的内涵

高校和谐校园文化是学校在全面推进素质教育的背景下，认真贯彻我

基金项目：安徽省高校思想政治教育研究会专项课题"高校和谐校园文化与思想政治教育良性互动研究"

作者简介：陈鑫（1980—），男，安徽池州人，池州学院思想政治理论课教学研究部，讲师，南京师范大学硕士研究生，主要研究方向为马克思主义与思想政治教育。

国高等教育方针，坚持以人为本、依法治校，通过学校各管理机制的和谐运转，创设有利于教师发展、学生全面成长的和谐校园文化环境，实现学校的可持续发展和师生的和谐发展[3]。加强和谐校园文化建设有利于进一步推进高等学校的教育教学改革，增强大学生思想政治教育的实效性，全面提高大学生的综合素质。

（二）高校思想政治教育的科学内涵

我国历来重视思想政治教育工作。随着时代的变迁，思想政治教育在政治方向和教育内容上，已有了较大变化。当前，我国高校思想政治教育也吸取了中外优秀思想政治教育的理论和经验，以思想教育、道德教育和心理教育等为具体内容，通过系统地宣传和传播马克思主义，培育大学生正确、科学、统一的政治观念、思想道德素质、法律素质和心理素质，促进大学生的全面发展，实现国家富强和民族独立[4]。

二、高校和谐校园文化与思想政治教育良性互动的表现及现状

（一）良性互动的内涵

良性互动是指作为相对独立的主体，通过活动设计，双方相互作用并接受正向影响的互动；这种互动模式能使双方都能达到最佳状态，取得最好的效果。

高校和谐校园文化与高校思想政治教育并不能简单理解为影响与被影响或制约与被制约的单向关系，而是相互影响、相互作用的良性互动关系。因此，各高校要实现高等教育的最终目标，为社会主义现代化培养更多合格人才，就必须促进高校校园文化与思想政治教育的相互融合与渗透，实现二者的良性互动。

（二）高校和谐校园文化与思想政治教育良性互动的表现

一方面，高校和谐校园文化能进一步充实和丰富大学生思想政治教育的内容。和谐校园文化中所涵盖的校风学风、建校理念和发展目标等都属于高校思想政治教育的范畴。青年学生身处和谐的校园文化氛围中，在平时的学习和生活中，能接受其熏陶、影响和激励，逐步发展和完善自己，

达到思想政治教育的目标和效果。

高校和谐校园文化建设有利于拓宽大学生思想政治教育的空间和途径。校园文化活动作为大学生思想政治教育的“第二课堂”，以院校班级或学生社团等为载体，通过学生的亲身实践，开展各种活动，将大学生思想政治教育由课堂向课外延伸，拓宽大学生思想政治教育的空间和途径，提高大学生思想政治教育的趣味性、灵活性、吸引力和感染力，增强大学生思想政治教育的实效性。

另一方面，大学生思想政治教育工作为和谐校园文化建设提供方向保证。高等教育的改革为高校提供了广阔的发展前景，但同时也使高校的发展面临着巨大的挑战。当今社会，各种思潮激烈碰撞，西方敌对势力一直把高校看成是进行“和平演变”的重要前沿阵地。在这种背景下，就必须进一步加强思想政治教育工作，保证校园文化建设的社会主义方向，确保高校校园文化的和谐健康发展，这不仅是高校自身发展的要求，更是社会持久进步的需要。

（三）高校和谐校园文化与思想政治教育良性互动的现状

当前，绝大部分高校已充分意识到和谐校园文化建设在推进学校各项事业和谐发展中所起的重要作用；同时，绝大多数高校也认为加强思想政治教育有利于实现高等学校育人目标以及推进学校教学改革，并且有些高校对和谐校园文化建设与思想政治教育工作也进行了积极的实践探索。但同时，还有多数高校并没有对和谐校园文化与思想政治教育的良性互动关系有充分的认识，对和谐校园文化与思想政治教育相互结合、渗透、作用、影响的认识不够，将二者作为两个并列的主体独立开来，导致和谐校园文化与思想政治教育良性互动建设在这些高校没有科学、合理地开展。

三、高校和谐校园文化与思想政治教育良性互动的实现途径

（一）提高高校师生对于高校和谐校园文化与思想政治教育良性互动的思想认识

早在2004年，教育部、共青团中央在《关于加强和改进高等学校校园文化建设的意见》中就明确指出了高等学校校园文化建设的主要任务，

要求各高等学校积极开展丰富多样的校园文化活动，把德育与智育、体育、美育有机结合，使学生在参与各种文化活动的同时接受教育，促进大学生全面发展。

然而，大多数高校师生并没有对高校和谐校园文化与思想政治教育的良性互动关系进行系统的总结，只是以一种不自觉的行为进行二者的良性互动实践。因此，增强高校师生对于促进和谐校园文化与思想政治教育良性互动的意识，对于更好地开展高校校园文化活动与思想政治教育工作、培养合格的社会主义事业建设者和可靠接班人，具有重要意义。

（二）优化高校和谐校园文化与思想政治教育良性互动的环境

一方面，通过加强立法、整顿社会秩序、惩治违法犯罪行为，倡导良好的社会道德风尚和正确的舆论导向，弘扬爱国主义、集体主义和社会主义的主旋律，为高校和谐校园文化与思想政治教育的良性互动提供优良的社会环境。

另一方面，通过积极开展健康向上的文化活动，形成优良的校园风气、培育高尚的道德风尚、营造良好的政治氛围，为高校和谐校园文化与思想政治教育的良性互动提供优良的校园环境。

（三）加强高校和谐校园文化与思想政治教育良性互动的队伍建设

在高校，进行和谐校园文化与思想政治教育良性互动的成员覆盖面广，从组织者到参与者，基本涵盖了全校师生；这就需要各高校从学校领导班子、广大教职工到由优秀学生干部、优秀学生党员、社团学生干部等组成的学生骨干队伍，都应树立良性互动的全员共建意识，通过学校党政工团齐抓共建，建立一支高效全员化的良性互动建设队伍。

要通过不断探索高校和谐校园文化与思想政治教育的良性互动的实现途径，不断完善高校和谐校园文化与思想政治教育的良性互动关系，使二者在相互作用和相互影响中发挥更大的合力作用，从而促进大学生的全面健康发展，增强高校思想政治教育的实效性。

参考文献：

［1］本书编写组．《中共中央关于构建社会主义和谐社会若干重大问题的决定》辅导读本［M］．北京：人民出版社，2006.

［2］胡锦涛．高举中国特色社会主义伟大旗帜为夺取全面建设小康社

会新胜利而奋斗——在中国共产党第十七次全国代表大会上的报告［M］. 北京：人民出版社，2007：33-35.

［3］李宪中．协调四个关系构建和谐校园［J］．天津教育，2005（6）：52-53.

［4］陈秉公．思想政治教育学原理［M］．北京：高等教育出版社，2006：3-4.

（原载于《池州学院学报》2012 年第 5 期）

高校志愿服务活动开展现状及对策研究

俞念胜

摘　要：志愿服务活动是高校校园文化建设的主要内容和大学生成长成才的重要载体，新时期高校志愿服务活动的开展存在着志愿服务活动专业性不强、层次稍低、志愿服务活动个人的自觉性程度不高、志愿服务活动凸显功利性、志愿服务活动的开展缺乏资金保障等问题；必须在规范志愿服务活动制度、丰富志愿服务活动的形式和加大对志愿服务活动的投入力度上下功夫，才能保障高校志愿服务活动的科学化、长效化发展。

关键词：志愿服务活动；对策；长效机制

我国高校志愿服务活动大规模的普遍开展是以1993年共青团中央发起的实施中国志愿者行动为起始的。一般而言，志愿服务活动通常是指在不索取任何物质金钱报酬的情况之下，志愿者奉献自己的时间和精力，服务整个社会需求的同时，也是为了实现个人的价值和促进社会的和谐发展而提供的志愿性服务，其宗旨是“奉献、友爱、互助、进步”的服务精神[1]。近些年来，我国高校青年积极地投身于志愿服务活动。高校大学生所接受的教育和其自身的特点使他们成为志愿服务活动中的一个特殊的群体，正因为如此，在志愿服务活动队伍中往往发挥着先锋队的模范作用，在新时期，高校志愿服务活动也日益成为高校青年学生全面发展、知行合一的有效途径。

一、新时期高校志愿服务活动开展的现状

高校志愿服务活动开展将近二十年来，在共青团组织的领导下，志愿

作者简介：俞念胜（1984—），男，安徽贵池人，池州学院管理与法学院讲师，研究方向为高校党建与思想政治教育。

服务活动一直加强其队伍的建设和活动的良性开展，取得了非常好的社会影响和效果。一方面，目前，在全国的高校中，自上而下基本上都普遍实行志愿者注册制度，校团委、各院系团总支都已经把志愿服务活动作为全年工作计划的一部分。各个大中型学校每学年都设有志愿者活动月，并以此为载体，基本实现了志愿服务活动常态化，保证了各项志愿服务活动有序开展[2]。另一方面，各高校还分别以各类志愿组织和公益社团为主要依托，充分利用青年学生的专业特长和自身优势，在一定程度上推进了志愿服务项目具体化，各个院校都建立了志愿服务活动的保障——志愿服务基地，从而推动高校建立志愿服务活动的长效性机制。这在一定程度上以特色鲜明的志愿服务活动的开展，促进了志愿服务活动的品牌化。尽管如此，当前在高校志愿服务活动中，还有以下几点不足：

（一）志愿服务活动专业性不强，层次稍低

目前，在高校实际开展的志愿服务活动中，普遍存在着志愿服务活动缺少长期的发展规划，很多情况下是按照上级文件的传达走一步算一步，这就造成了有些高校的指导老师和青年志愿者们把志愿服务活动当作是临时性、突击性的活动，往往流于形式，勉强应付。一方面，大部分高校的具体开展情况是去福利院、敬老院等机构清洁卫生，或在校园内外一些单位负责清洁、义务支教等。从调查的结果反馈来看，各个高校开展的志愿服务活动大同小异，最重要的是活动的本身不能与学生所学的专业密切结合起来形成特色优势项目，从而不能体现大学生所受的高层次的教育水平和专业优势，与大学生身份不符。另一方面，在活动开展的形式上层次不高，通常都是采取一些具体的措施，如给予社会上需要帮助的人以衣物、书本实物等等。这些都导致了高校志愿服务活动的层次性较低，对高校志愿服务活动取得良好成效都带来一定的影响。

（二）志愿服务活动个人的自觉性程度不高

在全国高校开展的志愿服务活动中，大部分是按照学校团委和相关部门的要求组织开展的，志愿者自身还没有形成自发自觉的行动模式。在活动中，一般是学生会的学生干部承担活动的组织和开展等工作，普通的志愿者往往处于被动的状态，服从于部分学生干部的安排，在一定程度上削减了志愿者应体现的志愿服务主体意识。从各个高校开展的情况来看，刚进校的大学生积极性非常高，再加上对志愿服务活动的新鲜感，一开始都积极投身到志愿活动中，但是随着志愿服务活动的不断开展，新鲜感慢慢

淡化，逐渐表现出懒散、浮躁的心理。

（三）志愿服务活动凸显功利性

众所周知，目前在本专科院校中，参加志愿服务活动的志愿者大多以一、二年级的学生为主，由于这些青年学生刚刚走出高中的象牙塔，思考问题的方式简单化、理想化，而且缺少社会经历和开展工作的具体方法。而本科学生进入大四、专科学生进入大三之后，随着学习和就业的压力加大，慢慢地远离了院、系开展的志愿服务活动。在高校中，部分志愿者仍存在着功利心理，往往是为了个人的利益去参与活动，如每学期综合素质测评加分。有些学校缺少相应的志愿服务活动的管理机制和激励措施，从而导致了学生过分地看重活动的形式，忽视了志愿服务活动“奉献、友爱、互助、进步”的真正内涵，在一定程度上也弱化了活动的实际成效。

（四）志愿服务活动开展缺乏资金保障

高校志愿服务活动开展需要一定的资金保障，但是从目前来看，高校青年志愿服务所需的资金非常紧张。一般来说，活动具体实施都是从基层系部开始，系部由于自身的客观原因，对志愿服务活动无法投入固定的经费，往往都是给予活动开展所需的日常运作经费，有些学校的基层志愿者活动还要依靠拉赞助等形式开展或志愿者自掏腰包。这样也就导致了高校志愿服务活动的连续性和后续性不强，也使得一些高层次的和具有意义的志愿服务活动很难有效开展。

二、高校志愿服务活动运行优化对策研究

志愿服务工作的良性开展需要一个良好的综合条件，因此相关政策的制定和落实迫在眉睫，这样既可以保证高校志愿服务活动的健康有序发展，又可以避免不必要的纠纷。

（一）规范志愿服务活动制度

对于高校志愿服务活动来说，首先，从根本上保障高校大学生的志愿服务活动有效、长期、良性地健康发展，最重要的是具体问题具体分析，各个高校应根据自身的实际情况，建立健全符合自身需要的规范化的管理

制度。其次，各个高校团委可以制定相关的具体制度，进一步细化志愿服务活动的程序和权利义务，包括激励和表彰、培训等等。这样以制度为保障，促进志愿服务活动的规范性。最后，各个高校还可以根据相应的制度，结合志愿者服务的时间和综合素质进行考核，评选优秀志愿者和辞退不合格的志愿者，使志愿服务工作能够更好地发挥作用。

（二）丰富志愿服务活动的形式

目前，各个高校开展的志愿服务活动形式大体上相近，较为单一。尤其是进入新时期以来，随着大学生的自主个性越来越强，他们的世界观、人生观、价值观也呈多元化趋势。传统的形式主义色彩浓厚的志愿服务活动已经和新时期的青年不相符。所以，作为志愿服务活动开展的组织者，要与时俱进地拓宽形式、丰富内容，使志愿服务活动更加贴近新时期青年的思想和生活。只有这样，高校开展的志愿服务活动才能吸纳更多的青年自主地参与并积极地发挥主观能动性，共同打造志愿服务活动的品牌。

（三）建立志愿服务活动的长效机制

建立健全高校志愿服务活动的长效机制是开展高品质的志愿服务活动的有力保障之一，对于大学生来说，要转变志愿服务活动只是大一、大二学生的专属活动的观念，志愿服务活动应贯穿于大学生四年大学生活甚至整个人生阶段[3]。解决这一问题就要建立系统化、长期性的工作机制。首先，各高校基层组织应不断加强志愿者队伍的管理，并做好档案工作，及时进行活动成效记录、反馈工作，采取积极的激励措施，确保志愿服务队伍的积极性。其次，基层组织还应积极地召开座谈会，倾听志愿者们的意见和建议，从根本上满足志愿者们的意愿。各高校基层组织还应建立志愿服务活动基地，让志愿者们目标清晰，有归属感，以饱满的热情投入活动中去。最后，还应把志愿服务活动的开展与大学生的思想政治教育结合起来，各级团组织应以志愿服务活动为载体，切实加强大学生的思想政治教育工作。

（四）加大社会对志愿服务活动的投入力度

高校开展的志愿服务活动归根结底还是学校组织的学生活动范畴，要想提升志愿服务活动的品牌性，要得到地市各级组织广泛的社会支持，只有这样，活动才能更好地开展。目前来说，社会各界人士对高校开展的志愿服务活动已经有了一定的认可，但仍要加强社会宣传。今后，要汇聚多方面的力量，多渠道地加强舆论引导，使志愿服务活动得到社会的更多认可，让更多的人关注、关心高校开展的志愿服务活动。这样，一方面，高校的志愿服务活动的主体得到了一种精神上的满足；另一方面，也给志愿服务活动提供了物质上的保障。

三、高校开展志愿服务活动的意义

首先，高校志愿服务活动的现实意义是为了满足个体和社会的需要，高校志愿服务活动虽然起源于团中央 1993 年发起的志愿服务活动，但也是基于人们的满足和需求之间的矛盾出现的。正是由于社会服务无法满足人们日益增长的需求，高校志愿服务活动才有存在的意义。近些年来，北京奥运会、上海世博会、广州亚运会的成功举办都离不开高校志愿者们的辛勤付出。所以，高校志愿服务活动培养出来的志愿者在服务社会中发挥着非常重要的作用。

其次，高校志愿服务活动已经成为加强和改进大学生思想政治教育工作的有力载体。要发挥思想政治教育工作的主渠道作用，提高思想政治教育的实效性，关键一条就是抓好载体。大学生的思想政治教育工作在一定程度上以志愿服务活动为抓手，在大学生亲自参与志愿服务活动中，大学生的思想、行为得到了提升，完成了思想政治教育的内化，并外化于言行举止中。现在有些高校的团组织已经鼓励广大的大学生积极参与志愿服务活动，如暑期的“三下乡”活动、“义务支教”活动。从目前各个高校开展活动的情况来看，高校青年志愿服务活动总体上已经逐渐成为大学生的一种内在要求，也成为大学生思想政治教育工作的重要载体。最后，高校青年志愿服务活动能够帮助大学生树立正确的世界观、价值观和人生观。从调查的情况来看，高校大学生在志愿服务的过程中，大部分的学生能够将自己所学的专业知识和掌握的理论用于志愿服务活动之中，这也是大学生理论联系实际的重要表现之一。高校通过长效性、连续性开展的志愿服务活动，在某种程度上能够帮助新时期的大学生树立正确的世界观、人生观和价值观。

总之，在新时期，高校志愿服务活动已经成为校园文化建设的重要组成部分，大学生在志愿服务活动中的主力军作用也越来越重要。所以，我们要不断地加强高校志愿服务活动开展及运行的制度建设，从而保证高校志愿服务活动的科学化、形成长效机制，真正做到弘扬“奉献、友爱、互助、进步”的志愿服务精神。

参考文献：

[1] 丁元竹．志愿活动研究：类型、评价与管理［M］．天津：天津人民出版社，2001.

[2] 中国矿业大学 2010 年志愿服务工作创新论坛研讨报告［R］，2011.

[3] 田丽娜．大学生社区志愿服务长效机制初探［J］．思想教育研究，2009，(2)．

（原载于《赤峰学院学报（自然科学版）》2012 年第 12 期）

大学生选秀对思想政治教育实效性的启示

姚丽娜

摘　要： 近些年来，各大媒体竞相举办各类选秀活动，而参与者多数是在校大学生，这种现象对于高校思想政治教育既带来挑战，同时也为大学生思想政治教育工作带来很多启示，思想政治教育工作者应把握契机，转变教育观念与教学方法，增强思想政治教育的实效性。

关键词：： 选秀；思想政治教育；实效性

自2005年的“超级女声”播放以来，全国各大电视台举办过众多选秀活动，此类活动得到大学生的竞相追捧。以“超女”为例，有这样一组天文数字：全国报名达15万人；每周有超过2000万观众热切关注“超女”活动，收视率突破了10%，最高收视率达3.2亿观众，超过800万人发送短信投票等等。荧屏上演着各种大同小异的“选秀”节目——“超级女声”“快乐男生”“梦想中国”走了，还有“我型我秀”“花儿朵朵”来接班，在这些活动中，参与者以大学生居多，对大学生群体产生深远影响。很多人担心中国的娱乐为了吸引大众的眼球，过分追求时尚，对于青年大学生产生错误的导向，可有一点不得不承认，诸如“超级女声”等选秀活动成功地吸引了众人的眼球，满足了大学生对于精神文化消费的需求，也给高校的思想政治教育工作提供了许多新思路和新启示。

作者简介： 姚丽娜（1982—），女，安徽舒城人，池州学院政法管理系专职辅导员，安徽师范大学政法学院硕士研究生，主要研究方向为马克思主义与思想政治教育。

一、选秀受到大学生青睐的原因

（一）大众传媒的强大影响力

报纸、广播、电视、网络、手机、杂志、电影等大众传播媒介是大学生们日常生活中不可或缺的组成部分。数量众多的当代大学生群体比以往任何一代人都更加充分地享有媒介资源，其成长也当然更多地受到了大众传播媒介的影响，在众多传播媒介中，电视的娱乐与教化功能最为明显。大众传媒以直观的效果迅速地在大众群体中传播，影响当代大学生对于个性的健康发展和社会的认识，它对于大学生的渗透作用甚至超过了家庭和学校。选秀活动在大众传媒特别是电视的推动之下，越来越被大众知晓和追捧。

（二）思想政治教育方面的原因

中学阶段长期以来的应试教育，繁重而又单调的学习，造成了学生强烈的孤独、压抑感受。进入高校后，在中学生向大学生的角色转换过程中，他们出现很多的不适应，如情感需求无法得到应有的满足、人际关系紧张带来的窘迫、就业形势下的现实压力等，在诸如此类情况下流行读物、流行音乐对于繁重的学习来说，就是最好的调剂。高校虽开设思想政治理论课，但很多大学生缺乏学习热情，在一些大学生看来，思想政治理论只是空洞的理论说教，加之一些思想政治理论课教育工作者枯燥的讲授方法，让大学生认为理论学习与实践脱节，进而使得思想政治教育的实效性大打折扣。

（三）大学生自身方面的原因

大学生群体处于走向成熟但尚未成熟的特殊阶段，人生观、世界观、价值观处于完善时期。大学生对于外界环境的变化比较敏感，自我意识不断增强，急切地渴望获得社会的认同，并对生活充满激情、幻想。他们一方面对于新鲜事物有着美好向往和追求；另外一方面，从众心理干扰了自身正确的判断，常常跟着感觉走。参与选秀能够让他们体会到强烈的归属感，同时也彰显了个性，体验到课堂上从未接触过的东西，正符合成长中的大学生心理。选秀充分迎合了大学生追求时尚、向往展现自我的心理需求，不设门槛，“想唱就唱，唱得响亮”，为当代大学生所关注和积极参与。

二、大学生选秀对大学生思想政治教育的积极影响

（一）选秀揭示思想政治教育需充分尊重大学生的心理需求

《今晚经济周报》调查发现，大学生已经成为“秀场”的主力，其中超过60%的大学生选手通过大赛“秀”出了许多就业机会。如今，令人眼花缭乱的各类时尚选秀大赛，在高校中催生了“选秀族”。在参加“时尚女孩大赛”的大学生选手中，46%的人已经有两次以上参加各类时尚比赛的经历。大赛评委们表示，高校大学生内外兼修、内涵丰富，在时尚大赛中表现非常抢眼。选秀为何能激起大学生如此高涨的热情，大学生处于张扬个性的年龄段，他们希望拥有一个展示自我的舞台，在这个平台上，他们可以民主地、公平地与他人“PK”，能够自信地展现自我才能，得到他人与社会的广泛认可。追捧选秀的大学生，看到舞台上光彩夺目的同龄人自信的风采，产生强烈的共鸣与认同。思想政治教育工作者应该分析了解大学生的心理特点，尊重学生渴望以成人身份参与社会事务的心态，有效地开展工作。

（二）选秀热潮提醒思想政治教育需转变方法

选秀活动使大学生由被动接受变为主动参与，受到广大大学生的青睐，这无疑对传统的思想教育方式提出挑战。高校思想政治教育应充分尊重大学生的主体地位，适时转变教育方法，如利用网络（QQ、飞信、微博、博客等）对大学生开展思想政治教育，将传统的“灌输”教育转变为师生之间的平等对话，没有遏制、没有压抑，有的是精神的交流。教育者可以借助多媒体的技术手段，把许多无法单纯用语言表达的思想情感用声像、动画等手段形象地表达出来，有利于教育效果的提高。

（三）选秀提示思想政治教育应积极引导大学生参与社会实践

在诸如“超女快男”的比赛中，很多选手脱颖而出被大众认可，除了拥有极高的才华外，选手为人的修养、谈吐的气质、临场应变能力以及为人处事展现出来的礼仪，都和他最后的胜出有极大的关系。大学生在追求

个性参加选秀时，除了在基本功上强化自己之外，更能磨炼自己的受挫能力，提升竞争力，这也是选秀受大学生追捧的原因所在。大学生思想政治工作者应积极引导大学生参与社会实践，并为之营造良好的实践环境，给大学生以展现自我的勇气和才能的舞台。而现实的高校思想政治教育过程中，虽然也有众多实践环节，但在质量及趣味性上远不及选秀活动，有些大学生参加学校组织的社会实践活动只是为了完成任务，未能起到实际效果。学校应从经费、政策上对大学生参加社会实践给予支持，并开设社会实践课程，争取更多的、有意义的社会实践机会，加速大学生的社会化的进程。

三、选秀热潮下大学生思想政治教育实效性的实现途径

（一）克服消极影响，发挥积极作用

思想政治教育倡导培养大学生科学、高尚的人生价值观，这与“超级快男”等选秀节目的世俗化与功利化是相冲突的。改革开放 30 多年来，随着经济水平的提升、社会分层的加剧、外来文化的冲击，相对单一的价值观念逐步演变为多元化的价值观，社会价值观的世俗化、功利化带来的是人们相对浮躁的情绪和行为，这种社会现象也影响到大学生群体，对高校思想政治教育提出挑战。大学生思想政治教育是一项特殊的社会实践活动，其特殊性在于教育对象同样具有主体性，在思想政治教育实践活动中，大学生往往根据自身所具备的人生价值观念对教育者传输的信息进行选择、评判、认同、接受或者反对，因为自身价值观念的迷失而产生抵触情绪与逆反心理，从而引起对思想理论的拒绝和教育结果的背离。选秀活动为大学生提供了一个展示自我的舞台，满足了大学生强烈需求社会认同的心理，高校思想政治教育可以借鉴这一积极层面，转变教育方法与观念，优化教育效果。

（二）强化思想政治理论课实践性教学环节

思想政治理论课是高校思想政治教育的主阵地，但是由于高校思想政治理论课的抽象性，课堂教学以书本、课堂、教师为中心，以理论说教、灌输为主，这种教学方法让学生感觉到“假、大、空”，枯燥乏味，很多高校出现思想政治理论课到课率低的现象，甚至有些学生在课堂上睡觉、

玩手机、看小说来应付思想政治理论课教学。实践教学具有多样、生动、具体的特点，学生不仅学有兴趣，而且在实践教学过程中通过交流互动、耳濡目染，一些思想上的困惑、理论上的疑问不同程度地得到了解答，从而实现思想政治理论课教学由外化—内化—外化的目的，即实效性。在实践性教学环节中安排大学生进行动态互动的学习方式，教学场所不再仅仅局限于课堂、校园，可以让师生走进农村、社区、企业等，教学空间更加开阔，学习内容更为广泛，知识视界也得到开拓。实践性教学打破教学常规，调动了大学生学习的积极性，在交流互动中让学生接受原本枯燥的理论说教，从而实现思想政治教育目的。

（三）确立以大学生为主体的思想政治教育观念

思想政治教育的目的是将一定社会所需求的思想观念、政治观点、道德规范内化为自身的道德品质，在思想政治教育过程中应确立以学生为主体的教育管理观，充分发挥大学生学习的主体性，建立平等互动的交流平台，以人为本，让课堂成为师生平等对话的殿堂，让学习成为彼此交流的过程，确立大学生在思想政治教育中的价值主体地位。与其他社会活动相比，选秀吸引人的亮点之一就是：它宣扬了娱乐的民主化，鼓励普通的选手勇于展示自我。选秀平民化的参与机制启示思想政治教育应抓住大学生的兴奋点，充分尊重大学生的主体地位，在生活上体贴关爱、在学习上给予帮助、在人格上充分尊重，激发大学生乐于学习、善于学习的潜质，创造诚信友爱、公平公正的和谐氛围。思想政治教育工作者可以引导大学生对社会新文化、校园新现象进行反思，为大学生自我教育、自我发展提供有力的帮助，增强思想政治工作的实效性。

大学生正处于追求个性、张扬自我的年龄阶段，迫切希望得到他人、社会的认可，面对大学生对于选秀的热衷，高校思想政治教育工作者没有必要一味地指责与批判，甚至采用回避或者打压的态度，而是应该从中得出启示，分析这一现象背后的原因，把握大学生的成长特点，了解大学生之所想，转变传统教育观念与教学方法，充分尊重大学生的主体地位，让思想政治教育成为师生之间平等对话、学生欣然接受教育内容的过程，提高思想政治教育的实效。

参考文献：

[1] 苏大鹏．“超女”现象带给大学生思想政治工作的启示［J］．中国青年研究，2006，(2)：73-74.

[2] 胡忠青．大众传媒对大学生思想政治教育的影响及对策［J］．三峡大学学报，2007，(3)：81-84.

[3] 梁子贞．歌手选秀现象对高校思想政治教育的启迪［J］．长江大学学报，2008，(3)：266-268.

[4] 卜叶蕾．浅析“超女”背后隐藏的心理现象［J］．中国电力教育，2009，(s2)：127-128.

[5] 郭华茹，朱忠孝．高校思想政治理论课实效性与实践教学［J］．江苏工业学院学报，2010，(6)：102-104.

(原载于《池州学院学报》2011 年第 2 期)

高校就业指导中的人生理想教育

何竞旻　宛明高

摘　要： 人生理想教育在当今的大学生就业指导中起着重要的作用，在大学生的就业指导中加强人生理想教育顺应了时代的需求。必须重视开拓就业新途径，围绕感恩教育、诚信就业、格物立志和平等就业等四个方面，建立完善健全的工作机制。

关键词：　大学生；就业；人生理想

当代大学生本着对未来世界的探求精神而投身职场，逐步实现人生理想。但是，复杂而激烈的职场竞争必然对大学生的身心施以深刻的影响，甚至会阻碍人生理想的实现。因此，如何正确引导大学生在职业生涯中实现人生理想，将成为高校就业指导中的重要课题。

一、就业指导中人生理想教育的意义

大学生就业问题正发生深刻变化，突出表现在大学生对人生理想追求的偏差上。由于激烈的市场竞争环境中存在诸多消极因素，误导人们在实践人生理想过程中，把个人追求作为择业主要依据，甚至脱离社会，缺乏社会责任感和献身精神。这些都将导致个人在职场中，迷失劳动者本来面目，妨碍了个人的全面发展。

目前，多数高校虽然成立了专门的就业指导部门，但是就业指导工作普遍形式单一，一般仅强调就业政策宣传和信息收集发布等方面[1]，缺乏

基金项目： 高校省级优秀青年人才基金项目（2010SQRW104）。

作者简介： 何竞旻（1971—），男，安徽安庆人，池州学院机械与电子工程系讲师，硕士，研究方向为大学生思想政治工作。

人生理想的深层教育，难以充分实现大学之道的真实意义。

人生理想是人们对人道真理性认识，是人生意义和目标的集中体现[2]。大学生由于缺乏完整的自我认识，不能清晰地认识社会，人生标准失衡，官本位主义、拜金主义显现，好逸恶劳：哪个岗位更有助于当官？哪家单位的工资高？哪种行业的劳动强度小？哪个职业发展空间大？哪类工作能方便跳槽？这些问题的出现，迫切要求在大学生就业教育中，加强远大的人生理想教育，引导学生将社会需要和个人职业发展方向有机联系起来。

二、就业指导中加强人生理想教育

（一）加强大学生的感恩教育，正确定位人生理想

正确的认知可以帮助学生养成良好的行为习惯，进而形成高尚的品格。“八荣八耻”以爱国主义为基础和本质，是社会主义核心价值观，既包含中华传统美德，又有现代社会的现实要求，应该成为当代大学生遵从的做人底线。爱国主义是民族存亡的大事。没有国家为依托，个人就失去了生存基础，何谈理想抱负？爱国主义不能仅流于口号，而应见于行动。皮之不存，毛将焉附？爱国之心就是一颗深切感恩的心。

知恩图报是中华民族的传统美德，是人皆应具备的基本道德素质。孝道是感恩的自然流露。“孝”字是“老”字头、“儿”字尾，寓意儿子将老子扛在头顶上，要孝敬父母。古人说，“夫孝，德之本也，教之所由生也”。下至一个家庭，孝道是其生存的核心。2011 年 12 月 23 日，安徽省马鞍山市的“90 后”女孩杨蓉为挽救身患晚期肝硬化母亲的生命，放弃了高考，在天津市第一中心医院将自己近 70% 的肝脏移植给了母亲，其割肝救母孝亲之举，令津城百姓动容。“夫孝，天之经也，地之义也，民之行也。”上至国家民族，要报效祖国，服务人民。如果将感恩的心放大，以天下人的父母为自己的父母，以天下人的儿女为自己的儿女，最终从人的本性中激发爱国主义，才是大孝，并成为各民族大团结的政治基础和道德基础。

就业是实现人生理想的路径，大学生就业教育应以感恩教育为起点，帮助学生从内心深处，培植自立、自尊、责任和服务意识。大学生应该珍惜当前和平稳定的生活环境，回报祖国。在职业舞台上要能展现风采，需要高度的责任心。责任心是源自对国家的感恩之心。饮水思源，感恩是对历史的尊重，对现实的反思，对未来的憧憬。感恩能激发学生的孝行意

愿，在工作中转化为敬业精神。感恩的心是就业之体，就业是感恩的心之用。工作就是感恩社会的路径，是实现人生理想的舞台。在当今瞬息万变的竞争市场中，人们如果没有坚定的信念，一定会迷失无助。感恩的心从人性深层发出宏深仁爱的力量，对万千之法做出正确判断。不计较个人得失、踏实工作，就是感恩国家，服务大众。名利金钱是阻碍人的价值充分实现的雾霾，感恩的心是破除这些障碍的动力。

在大学生就业教育中应大力倡导感恩教育，充分发挥辅导员的主导作用，联合全校各级党团组织的力量，利用节假日，组织学生开展义工服务之类的公益活动，在劳动实践中，让学生真实体会服务大众、奉献社会的关注感和成就感。大学生在感恩之心的强大推动力作用下，意志坚定，勤奋学习，克服重重困难，实现人生理想。在社会主义和谐大家庭里，用实际行动去真诚感恩培养自己的国家，感恩予己生命的双亲，感恩授己慧命的老师，感恩关爱自己的朋友。

（二）以诚实就业形成正确的人生理想

诚信为人，乃安身立命之本。2012 年 1 月 12 日，中华全国学生联合会驻会执行主席、广西大学学生会主席孙某在该校化学化工学院举行的有机化学期末考试中，使用手机作弊，严重违反了考纪，亵渎了学风。很显然，此类“人才”徒有虚名。如果这样的“人才”走上领导岗位，必将祸国殃民，实乃德不配位。不讲诚信是道德缺失的表现，2008 年的世界金融危机就是因诚信沦丧、道德失范而引发的一场深重的全球经济恶果。试想连对自己都不真诚，何来守信于人？必将严重危害社会的秩序以及国家的稳定。

当前，大学生就业过程中普遍存在诚信观念淡漠的问题，引发了社会深刻反思。居有常，业无变。大学生频繁调换工作，不利于企业的长期发展和整个社会的经济发展，不仅损失了工作机会，而且迷失了忠诚仁义的优良品德，抛弃了爱岗敬业的时代精神，失信于己，也失信于人。子女在家赡养老人是尽孝道，在学校尊敬师长、勤奋学习也是尽孝道，在企业尊重领导、关心同事、踏实工作更是尽孝养天下父母之道。日企员工奉行诚信为人，忠于自己赖以生存的企业。企业面临困难时，员工会更加团结，从产品质量上寻找突破，企业才能在市场中日臻完善，只有这样才能挽救企业，最终拯救自己！

高校就业指导工作并非仅是就业政策解读和择业技能的博弈，它是扎根于育人的土壤中和人才共同成长的系统工程。为此，高校教育应及时调整工作方向，大力倡导开展“以诚信为导向”的思想教育，提高大学生的就业忠诚度。首先，完善考试机制，提高对实践和课堂应答能力、科技创新等的考核权重，以促进学风考风的良性回归。其次，积极建立在校大学生的诚信档案，并有机融于社会信用体系中，形成一个有效的人才诚信监督机制。最后，开设有关忠诚度的企业文化必修课，聘请企业优秀员工来学校举行讲座，从理论和实践上引导大学生树立正确的人生观，培养社会主义合格的建设者和接班人。在大学生的心灵中固化忠诚自己所服务的企业，感恩自己所依存的环境。在顺境中不懈怠，逆境中决不退转、不逃避，努力工作，尽自己所能，帮助企业渡过难关，服务社会。

（三）重视挫折教育，树立坚定的人生理想

人的行为由思想意志决定，缺乏坚强斗志的学生将无法正确处理就业中的挫折情境。工作中的挫折就是人们心中的不如意，它是人对外界攀缘的物欲在其内心的虚假反映，影响了人们的正确判断而做出错误的行为。人若贪求名利权势，因求不得，遂产生恼己恼人的情绪；纵然得之，贪欲更盛，进而贪污腐化，祸国殃民。有许多高校毕业生在公司中可以听进赞赏的声音，却无法忍受领导或同事的微词批评指正，进而怀疑自己的工作能力，轻易地放弃职位；有学生因为嫌弃加班、倒班的辛苦而离职，后来得知留下来的同学已经加薪而后悔不已。须知，不想当将军的士兵不是好士兵，没当过兵的将军肯定是不能指挥打胜仗的。对待物欲，必须摒除，亦即格物。“格”是格正，司马光解释其为格杀、格除物欲。只有将虚荣的物欲放下，格正贪求名利的心，才能认清实现人生理想的方向，进而脚踏实地，勤奋工作，忠于职守。

挫折是多种多样的，人们面对挫折的态度也各不相同，有的人大度处之，有的人神情沮丧，结果是天壤之别。对待工作中的挫折，应以智慧处之，不可寻求极端。应放下烦恼，提起责任，以艰苦奋斗的工作作风，不断增强战胜困难的能力。这样，挫折自然转为前进的动力，不断突破重重狭隘的观念，实现美好的人生理想。

大学生是可爱而又缺乏经验的人群，坚强品格是其充分发挥学习能力的保证，是认清事实，战胜困难的保障。学校应考虑适当调整教育教学结构方案，强化学生的心理素质教育。为此，在高校就业指导中，可以从以下几个方面着手：

首先，加强专职辅导员队伍建设。以“八荣八耻”为主线，将社会主义核心价值观教育落实到辅导员工作中，指导大学生完成社会服务实践活动。其次，做好职业生涯规划工作。积极开展大学生职业生涯规划培训活动，鼓励学生自己研读有关职业生涯规划方面的书籍[3]。邀请校友讲解职业生涯规划的经验，帮助同学们明确职业生涯发展方向。再次，倡导中华传统文化。欲教人，应正身。定期开展辅导员中华传统文化培训活动，邀请专家授课。积极鼓励辅导员进入社区，身体力行，服务社会。最后，发挥互联网的文化导向作用，建立高校思想政治教育系统网络，以马克思主义政治文化思想为主导，结合中华传统文化智慧，教育大学生树立正确的人生理想，不以物喜，不以己悲。在复杂多变的困难面前，以马克思主义的立场、观点和方法去分析解决问题，坚定信心，忠于职守，格正拜金主义、享乐主义、玩世不恭及颓废主义等各类腐朽思潮。

（四）以平等就业价值观引导大学生最终实现人生理想

宁静以致远，格物而致知。以智慧来洞察事物的真相。好男儿志在四方，在社会主义现代化建设中，“四方”不是我们身外的世界，而是人与自然和谐统一的社会整体。从小学到大学，学生所接受的都是竞争教育，所感知的都是为了各自的利益，而去适应环境。到了职业人阶段，依旧为利驱使，官位、财富和名利成为谋职的动机。热门专业的大学生有机会同时挑选多家单位，但又被贪求之心所乱，而缺乏智慧，即使看中一家心仪的单位后，仍然贪恋攀缘、这山望着那山高，却因“利”字而“被迫”放弃。其实，幸福是在平凡的岗位中创造来的。曾是美国第二大的钢铁制造商伯利恒钢铁公司创始人齐瓦勃还是打工仔时，就抱有“不为单纯赚钱，只为自己远大前途打工”的志向，其付出远远超过所得，在平凡中提升自己而获得机遇，谱写了非凡业绩。

劳动创造人本身，劳动者在改造客观世界的同时，也在改造自身的主观世界。事业心是实现人生理想的决心。须知，事业绝非千差万别的外界，环境只是变化无常的舞台，而人是事业的主人，是事业成败的决定力量。各行各业，只要合法、符合社会进步要求，无论大小，都是我国社会主义物质文明和精神文明建设的有机细胞，应该得到平等的尊重，不应有高低贵贱之分。大学生如果缺乏奉献精神，以分别心去就业，追逐不切实际的外界，就是迷失自我、抛弃人生理想，最终将一事无成。

人生理想的最高阶段是社会理想，即是人们对未来社会制度、政治结构的要求和设想，其最高层次是共产主义理想。应以辩证的观点看待个人事业。人是社会的人，个人事业在本质上是社会性的，是社会事业的有机环节，可以说，人的发展与社会的进步是和谐一致的。大学生应具有坚定的事业心，为共产主义理想而奋斗。伟大出自平凡，任何著名的企业家、科学巨匠都是从最普通平凡的岗位起步的，不经过基层的摸爬滚打，没有丰厚的生活积淀，是不能实现远大理想的。地质学家李四光在其艰苦卓绝的奋斗历程中，最终将人生理想与共产主义理想联系起来，真正对人类做出了较大贡献，为当代大学生实现人生超越树立了学习的楷模。在社会主义初级阶段，大学生应坚持社会主义核心价值观，以集体主义为主导，摒弃职业的外在幻象，以平等心履行岗位职责，创造社会价值。无论职位尊卑，都应将个人理想融入为实现共产主义理想而奋斗的大事业中，这样才是大爱之心，才是人生理想的超越。

高校就业教育应积极引导学生确立平等的劳动价值观，培养为国家无私奉献的精神。百川归海，大学生应志存高远，不能鼠目寸光，不以就业谋求名利，应全身心投入社会主义物质文明和精神文明建设中去，在劳动过程中逐渐达到对宇宙和人生正确的认识，成为社会主义事业合格的建设者和可靠的接班人。

三、结　语

大学生就业教育不仅是就业政策解读和就业技能的传授，更是智慧教育。大学生就业教育要以社会主义核心价值观为指导，以实现人生理想为主线，以全心全意为人民服务为目的。

在大学生就业指导中应积极倡导人生理想教育，把个人生活的幸福和满足社会的需求有机地结合起来，把社会的需求放在首位，为自己确立较高的成就目标，体现以人为本的大学理念，这样，不仅能提高大学生就业质量，而且能促进个人的发展和社会的进步，最终有利于构建社会主义和谐社会。

参考文献：

[1] 王小军．浅谈高校就业指导工作的现状与对策［J］．河北企业，2009，(3)：61-62.

[2] 魏巍，张婷．融入人生理想教育的个性化就业指导体系研究［J］．出国与就业，63-65.

[3] 王菲，史艳芳．高职院校学生性格对职业兴趣影响的调查研究［J］．长春理工大学学报（高教版），2009，4（3）：11-12.

（原载于《池州学院学报》2013 年第 4 期）

目标管理在大学生职业规划中的运用

王代娣

摘　要：目标管理运用于高校管理的实践已经不是新的尝试，但在新的就业形势下，如何将目标管理和大学生职业规划结合起来，是值得探索的新课题。首先要充分认识目标管理运用于大学生职业规划的重要意义；其次是如何在大学生职业规划中实践目标管理；最后是如何建立目标管理的长效机制，促成大学生成为目标管理的主体，设计和实现自我。

关键词：目标管理；职业规划；长效机制

目标管理运用于高校管理的实践，始于20世纪80年代。近年来随着我国经济的快速发展、社会结构的转变，高校学生管理工作正面临着一些新的问题和挑战。从高校中走出来的大学生究竟应成为什么样的人，才能适应社会的发展和变革？这个问题直接考问着高校教育的革新和发展。高校教育功能必须结合社会需求，培养方案必须更具针对性和目标性。将目标管理引进高校管理，创建积极有效的管理模式，是我们当前应该做的一项重要课题。如何强化目标管理，这涉及方方面面的工作，本文将立足于二本院校的学生管理工作，重点探讨目标管理在大学生职业规划中的运用。

一、目标管理在大学生职业规划中的重要性

近年在全国各地不同层次的人才交流会上，我们往往会面对这样的矛盾：一边是高校毕业生抱怨求职艰难；一边是用人单位抱怨招不到合适的员工。据调查，毕业生求职艰难是难在找不到对口的工作，或者是对自己

作者简介：王代娣（1980—），女，安徽池州人，池州学院中文系

定位过高；企业招不到合适的员工也是专业对口问题，要不就是没有相关专业的求职者，要不即使有相关专业也是广而不精，不能胜任相应的工作。造成这种人才供需矛盾的原因有很多，但大学生没有进行职业规划，没有将本专业和社会需求相结合，应是重要原因之一。

美国管理大师彼得·德鲁克于 1954 年在其名著《管理实践》中最先提出了“目标管理”的概念，我们从中获知并不是有了工作才有目标，相反，是有了目标才能确定每个人的工作。而后他又提出“目标管理和自我控制”的主张，强调组织成员可以通过自我设定目标、自我管理，尽可能发挥主观能动性，充分发掘内在潜力，最终实现整体目标。目标管理在企业管理中的实践充分证明了其科学性和实用性。在高校管理中同样能显现出目标管理的科学性和必要性，因为社会需求不会根据高校的培养模式来提供就业岗位，高校只有根据社会需求来制订培养计划，才能避免教育资源的浪费和大学生的求职困境，因此，帮助学生进行职业规划便成了高校管理的工作重心之一。

职业规划是对职业生涯乃至人生进行持续、系统的计划的过程。高校应将目标管理理论作为自己工作的指导，帮助大学生进行科学详尽的职业规划。只有将目标管理引进大学生的职业规划，他们才会从高校管理的客体成长为高校管理的主体。大学生会因明确的职业规划而更具学习动力，职业规划也会因目标管理的运用而变得切实可行。高校目标管理在大学生职业规划中的运用，将会提高大学生的综合素质，实现他们的全面发展，为社会源源不断地输送应用型人才。

二、目标管理在大学生职业规划中的运用

目标管理在大学生职业规划中的运用是指将学生发展与社会需要相结合，在对学生个体和内外环境因素进行分析的基础上，确定每位学生的事业发展目标。当宏观目标确定后，应进一步制定微观目标——职业和岗位，将宏观目标具体化。微观意义上职业、岗位定位后，应制订相应的学习计划和步骤，并对每一步骤的时间、项目和措施作出合理的安排。

（一）科学分析，合理定位

不少二本院校存在两种不容忽视的现象：一是学生对自身发展目标不明确，不清楚自己的特长和求职方向；二是学生有较强的事业心和职业愿

望，但是目标不具体可行。产生这两种现象有一个共同的原因，那就是学生对自己没有进行科学分析、合理定位，很难找准正确的努力方向。

目前在大学生就业形势相对严峻的情况下，我们的学生不免茫然困惑，忙于各种各样的求职，考教师编制、考公务员、考城管、考村官等等，当每场考试一一落败后，才又匆忙上阵，着手考研。如果每次考试都孜孜以求的话，如此多的考试会让大学生们压力倍增。不能否认这类学生群体的求职态度，但是我们并不赞赏这种做法。稍作分析便发现出他们一次次失败的必然性。更糟糕的是，他们可能会因此打击自己的积极性，消磨自己的战斗力。每个人都有自己的特质，由于志趣不同、特长不同、弱点不同、体魄不同、心理承受力不同等等，所以必须有不同的职业规划，所谓“闻道有先后，术业有专攻”；反之，如果对自己认识不清、定位不明，没有科学的职业规划或者根本不去规划，随波逐流，终究难逃被洪流淹没的结局。所以说对自己有清晰的认知，找到自己所处的坐标，是制订职业规划方案的前提。

（二）设定具体的近期目标，预设高层次的远期目标

根据美国心理学家马斯洛的需求层次理论，人的最高级的需求是自我实现的需求，是指人们最大限度地发挥自己的潜在能力，全面提高自己的综合素质，最终实现自己的理想和抱负。人们常说理想和现实之间有很大的距离，这个距离可能是因当前经济、技能等条件的限制，可能是得不到亲朋的理解和支持等等。为缩短这个距离，我们可以通过制订一份具有可行性和可操作性的职业规划方案，并且这份方案必须包括三大要素：职业定位、目标设定和通道设计。其中目标设定不能停留在宏观层面，必须将更高层面的目标具体化和阶段化。

日本马拉松选手山田本一的“夺冠智慧”告诉我们，职业目标的设定也可以像跑马拉松一样，“大目标分解成小目标，小目标逐个消化掉”，这样就能不断自我激励，就能积跬步至千里，最终实现终极目标。笔者曾遇到过这样一名学生，大一入学阶段表现得桀骜不驯，不太遵守纪律。通过谈话得知，原来该学生的理想可谓远大——要做知名电视台主持人，在他看来专业学习是不能帮助他实现理想的。笔者首先表示支持他的想法，但随后提出了一系列的问题，比方说通过普通话等级考试问题，必须完成专业学习、修满学分才能毕业等等。只有实现一个个小目标，才有可能实现将来做知名主持人的大目标。该学生经过谈话后很认真地制订了远期规划和近期目标，并默默为之努力，终于在本科毕业后进入了一家市级电视台

工作。

将目标具体化、阶段化是目标管理模式的重要组成部分，将其运用于考研学生群体，最能体现其实效性。学生在校期间考研机会只有一次，而且临近毕业时才见分晓。要想实现这个大目标，学生必须将其具体化、阶段化，才不会望而却步、犹豫不前，才能做到迎难而上、持之以恒。因此，学生可以将目标分解如下：大一，主动适应高校学习模式，学会自修，广泛涉猎。大二，努力完成规定课业，打好扎实的专业基础，同时积极找准兴趣，挖掘特长。“知之者不如好之者，好之者不如乐之者”，选准自己喜欢的专业，是考研的前提也是意义所在。大三，根据自己选定的专业方向，选修相关课程，拓展视野，纵深发展。大四，积极备考，并合理分配考研、实习和做毕业论文的精力等等。当然每学年还可以按每学期、每月、每星期甚至每天来设定目标、分配任务。如此一来，考研这个在大一学生看起来遥远的目标便马上具体可感、切实可行了。学生到了大四也不会手足无措、茫然惶恐，考研于他们而言就是水到渠成的事情了。

（三）设计目标监督和考核体系，建立目标管理的长效机制

目标管理理论告诉我们，目标定期反馈和及时考核是搞好目标管理的重要保证。反馈的目的是及时调整设计；考核的目的是对完成目标情况进行客观评价，从而开始启动新的计划，完成下一个目标。这种自我监督、自我考核的管理方式，为整个职业规划注入新的力量，使得目标管理在职业规划中的运用成为一种长效机制，也使得学生真正地从管理客体转变为管理主体。

职业规划方案中，建立目标考核体系应该包括两个方面：首先，要针对具体目标设计相应的考核标准。比方说考研的同学可以针对外语设计考核细则，包括“什么时间通过外语四级、六级考试；什么时间开始进入考研外语的真题训练”等等。其次，制定自我激励和自我惩戒办法。因为能否持之以恒地去践行职业规划、是否不折不扣地完成每个细节，需要及时的自我检测，补缺补差。有这样一个案例：一名学生想考金融学方面的研究生，因为是文科生，所以要到理科系去旁听高等数学课程。经过权衡，我们制定了相应的实施办法，比方说要求他制定旁听课表、制定本专业的课程的补学办法等。如能按计划完成任务，在请假制度上可以适当放宽限定；如果不能完成，就要求他调整自己的考研目标，降低考研难度。在这个案例中我们还要求他定期和辅导员交流学习情况，及时调整自己的学习状态，检测考研目标完成情况。尤其是到最后冲刺阶段，这种检测、监督

显得尤为重要，因为很多考生到最后很容易因倦怠而放弃考研。

实践证明，进一步强化目标管理在大学生职业规划中的运用，是高校管理工作的重要举措，但是目标管理不是万能钥匙，无法解决所有问题。如何将目标管理引进高校德育工作、心理健康教育工作等；如何根据二本院校特征，尝试在院、系、班范围内建立一整套的目标管理体系等等，我们还有更多的领域需要去尝试、更多的课题需要去研究。

参考文献：

[1] 于祥成，彭萍．大学生生涯规划与发展［M］．长沙：湖南大学出版社，2009.

[2] 袁振国．当代教育学［M］．北京：教育科学出版社，1999.

[3] 叶春妍，杨娜娜．大学生职业生涯规划存在问题及原因分析［J］．长安学刊，2010，(3)：171-172.

[4] 陈东．目标管理与高校学生工作［J］．重庆大学学报（社会科学版），2007，(5)：135-140.

[5] 洪文建．目标管理理论对高校学生管理工作的启示［J］．集美大学学报（哲学社会科学版），2006，(3)：93-96.

（原载于《池州学院学报》2012 年第 4 期）

大学生职业素养培养思考

——基于学生工作案例

苏　翔

摘　要：良好的职业素养，是当代大学生走向职业生涯成功的必备要素。学生职业素养的形成与其个人综合品质的提升是紧密相关的。因此，高校辅导员在对学生进行思想政治教育的同时，应有意识地培养与锻炼他们的职业素养与能力。文章结合具体学生工作案例，探讨对大学生职业素养培养的思考。

关键词：职业素养；综合品质；工作案例

一、案例背景

小 A 是某英语本科班毕业生，第五学期已联系好了工作单位，在一家电子科技企业从事外文翻译与文秘工作。该生专业素养良好，有较为突出的工作实践能力，在校期间担任过班级干部，但也有较为明显的缺点，即缺乏耐心与持之以恒的精神，时有浮躁情绪。作为刚步入职场的大学生的典型代表，社会角色的转换、能力的定位以及对社会环境的适应问题时常困扰着她。因此，对其进行适时的思想教育与引导，有助于她将来的职业生涯发展。

作者简介：苏翔（1984—），男，池州学院外语系教师，硕士。

二、案例过程

在临近毕业前，某一次小A主动联系我寻求帮助。主要是想让我帮她纠正最近在工作岗位上一直拖延工作的恶习。该生反映当她一旦面对复杂困难的工作时，就很无奈和烦躁，并有意拖延和躲避问题。这种状态维持了几个月，问题一直困扰着她，以致影响到她对这份职业的态度和兴趣。她开始怀疑自身的工作能力，并有辞职跳槽的想法。最初我们讨论了她对工作岗位的认识，与领导同事之间的关系，以及由竞争产生的压力等问题。尽管一再努力分析，但这种常规心理疏导并未触及问题的症结。此后，我逐渐意识到她所面临的问题不仅仅是心理问题，更可能的原因是其自身职业素养——自律性缺乏所造成的。因此，在后来与其的谈话中，我引用了生活中常见的吃蛋糕的例子，让其意识到问题所在。对话内容如下：

我："女生一般都喜欢吃蛋糕吧，你呢?"

"当然喜欢。"她如实承认。

"蛋糕上涂抹的奶油与蛋糕本身相比，哪个你更感兴趣?"我问。

她坚定地说："当然是奶油!"

"一块蛋糕，你通常怎么开始吃?"我接着又问。

她不假思索地说："我通常先吃完奶油后才吃蛋糕的，饱了蛋糕胚就可能不吃了。"

"那我和你吃蛋糕的习惯可不一样。"我说。

…………

就这样，随着从探讨彼此吃蛋糕的习惯开始，我逐渐重新认识她对工作的态度与方法。通过进一步的了解发现，她在工作时间的最初阶段，总是把容易和喜欢做的工作先做完，而在剩下大部分时间里就尽量有意识地逃避棘手的差事。这恰恰是她的症结所在，畏惧困难，缺乏自律，避重就轻，过早地满足。我建议她从现在开始，推迟满足感，增强自律性。告诫她一方面要端正工作态度，不畏困难，积极面对；另一方面要合理安排工作时间，掌握正确的方法。应该在工作的前几个小时集中精力解决难度大、耗时长的棘手差事，这样任务算是完成了一大半。然后再放松心情，去做剩下的并不困难的、相对快乐的事情。虽然前期过程烦冗复杂，但先苦后甜有益于培养员工的自律性，长期坚持是一种积极的工作态度。她自省后，完全同意我对工作的态度与管理方法，而且坚决照此执行，逐渐改掉了拖延工作的恶习，在毕业后一直在这家公司保持稳定的工作状态。

三、案例分析

毕业班在最后一学期绝大多数时间都是离校找工作或已经就业，与辅导员交流沟通的机会很少。但此阶段更需要老师的指导与帮助，因为他们面临的是新的问题：日益严峻的就业形势、用人单位对人才的高要求、对工作岗位的适应、社会角色的转换、职业素养的提高等等。上述案例虽是个案，但反映的却是目前毕业生所表现出的一种共性：职业素养的欠缺。小 A 同学正是因为在校期间未能重视职业素养的培养与锻炼，或是在成长阶段养成了较早满足的不良习惯，贪图安逸，缺乏自律，面对困难畏惧逃避，从而在行为上出现拖延工作的现象。案例中我和小 A 之前的反复交流，并未触及问题的关键，包括了解她的职业观、价值观、人际关系和家庭情况等。后来逐渐意识到她作为步入职场的新人，可能存在自身职业素养和能力缺乏等问题，即自制力不足。这也是目前绝大多数大学生所欠缺的一种品质。自律作为人的意志品质的表现，是一种比知识更重要的素质，是指人善于控制和支配自己行为的能力。只有控制自己的情绪，约束自己的言行，才能迫使自己去完成任务，实现既定目标[1]。因此，作为一种职业道德，自律是目前大学生必备的一种职业素养。后来为进一步了解，她是否因为自制力不足和自律性差而导致消极怠工，我借用了心理学家斯科特派克的蛋糕理论来考验她。结果从她吃蛋糕顺序的习惯得知：该生易于满足，对待痛苦与快乐往往有很强的选择性，工作中挑肥拣瘦、避重就轻、畏惧困难。找到顽疾之后，与之对应的教育引导同样需要很强的针对性。通过简单的算术，我告诫她要学会推迟满足感，改变以前的工作方式，加强自律，并坚持下来才能有所进步。通过案例中的交流与沟通、思考与引导以及指导与建议，我成功帮助一名毕业生解决了实际问题，同时也引发我对大学生职业素养培养的一些思考。

四、案例反思

引导和促进学生智力和人格的发展是高校思政辅导员的重要任务之

一。学生个人良好的意志品质、行为规范和职业素养短期内是难以速成的[2]。事实表明，很多大学生在这些隐性素养方面存在不足，且在就业时显露无遗。因此，辅导员应在学生的学习生活中，有意识、分阶段地培养他们坚定的意志品质、认真负责的工作态度、科学合理的工作方法以及独立的社会个体意识。只有抱着对学生负责的态度，长期坚持培养，才能真正使他们在步入社会后有所受益。本人觉得培养大学生职业素养的有效途径有以下几点：

（一）要培养职业规划意识

凡事预则立，不预则废。在大学期间，学生若对自己的发展规划不明确，不能运用职业设计理论，规划未来的工作与人生发展方向，则会严重影响学生的提前准备和准确定位，甚至影响对工作的适应性。这样导致的后果就是找工作比较随意，目的性不强，哪儿热闹往哪儿挤；到了企业以后往往怨天尤人，对将要遭遇的种种困难没有心理准备，工作流动性大，这对个人和企业的长远发展都十分不利。因此从高校新生入学开始，辅导员就应结合开设的职业规划课程，通过与学生交流沟通和各种实践活动，让学生逐步认识自我，包括个性特征与能力、兴趣动机与价值观等，能够客观地评价自己的优势与不足，有意识地结合市场需求与社会环境来明确职业发展目标。这样一步步地构建自身的职业规划，一方面了发挥学生的主观能动性；另一方面也培养了他们的职业意识，将来能够主动适应社会环境。

（二）将学生个人意志品质的锻炼与班风培养相结合

良好的班风对学生有很强的教育影响作用，包括尊敬师长、团结同学、相互协作、集体荣誉感、不畏困难、知难而进、诚信负责、热心服务、乐于助人等等。不难发现这些优良的班级风气的形成需要集体中每一位个体的积极努力，优良班风的构建与学生个人意志品质的锻炼是分不开的，它们相互联系、相互影响。辅导员应根据班级的自身特点，加强班级舆论引导，多传递正能量，及时有意给予学生鼓励，让学生面对困难和失败时，坚信自己有能力克服困难。这种正面性教育比简单的批评对学生的品质培养要有成效得多。同时，辅导员平时要有针对性地利用课堂教学、主题班会、团日活动、社会实践等，多渠道培养学生形成良好的学习动机和兴趣，鼓励他们积极主动的探索精神，为学生创造良好的学习情境，从而进一步锻炼知难而进的意志品质和情绪管理能力。要注意个体培养和整体构建的关系，只有认识到良好的班风与学生个人的品质培养的关系，才能从真正意义上以锻炼学生自我意志品质为基础来构建优良的班风与学风。

（三）扩充德育载体，增强职业教育的实用性与针对性

高校思政辅导员要认清德育的最终目的是让学生在校期间培养正确的价值观和人生观，以健全的人格和不断完善的能力面对将来的职业发展。辅导员的德育工作并非传统教条主义的说教，而应在不断的摸索与实践中扩充思想品德教育的新载体。在德育过程中，要有目的地以职业与就业为最终目标，以具体实例为材料，通过网络、多媒体、学校宣传栏、讲座等多种渠道与载体，加强教育，使学生不断提高自我教育的意识和能力，逐步认识到职业道德、职业素养与能力的重要性。目前对学生的职业教育方面仍然以职业指导课教学为主，存在着手段单一、实用性和针对性不强等问题。因此，辅导员应不断创新方式，结合具体案例教学和理论教育，课堂和课外都要引导学生以职业发展为高校学习生活的最终目标，系统性地培养他们的职业道德和素养，使德育与职业教育紧密结合起来，发挥最大的功效。

参考文献：

[1] 费志明，杨永林．自律能力与提高职业素养的关系［J］．经济师，2009，2（2）：56-57.

[2] 平芸．大学生素养的培养［J］．现代商贸工业，2001，15（2）：92-94.

[3] 杨祖勇．大学生职业素养培养的思考［J］．池州学院学报，2009，23（4）：149-150.

[4] 张希玲．论大学生职业素养的培养途径和方法［J］．河南机电高等专科学校学报，2008，16（3）：47-48.

[5] 刘新庚，刘邦捷，李超．论大学生职业素养的现代拓展［J］．湖南科技大学学报（社会科学版），2010，13（5）：129-133.

（原载于《教育教学论坛》2014 年第 4 期）

抗战初期陕甘宁边区开展思想政治工作的成功经验及其现实启示

汪 枫 俞念胜

摘 要：思想政治工作历来在党的事业中占有重要的地位，对党的革命事业的发展壮大及成功发挥了重大作用。陕甘宁边区自建立以来，就非常重视思想政治工作的开展，在正确分析抗战形势和任务后，结合中央政策要求，对军队、党内、群众分别开展了不同内容和形式的思想政治教育工作，并取得了明显效果。当前我们的思想政治工作需要借鉴陕甘宁边区思想政治工作的成功经验主要有：适应新需要新要求，切实增强思想政治工作的针对性；时刻维护群众利益，准确把握思想政治工作的根本要求；创新形式与方法，努力提高思想政治工作的实效性。

关键词：陕甘宁边区；思想政治工作；现实启示

陕甘宁边区是抗日战争时期中国共产党建立的第一个抗日根据地。中国共产党正是在这里实现了思想上、政治上、组织上的成熟，实现了由弱到强的转变，为自身发展壮大进而领导全国人民实现解放奠定了基础。抗战初期，陕甘宁边区成为中国共产党领导革命斗争和指挥抗战的总中心。面临独特的斗争形势，该时期该地区的思想政治工作在开展政策理论宣传、壮大革命队伍、团结和发动一切力量进行抗战等方面成效卓著、积累了宝贵经验，成为当时全国各抗日根据地思想政治工作开展的成功典范。当前，总结抗战初期陕甘宁边区思想政治工作的成功做法与经验，对当下思想政治工作更好地适应教育形势变化、提高教育实效性仍然具有重要的启发意义和现实价值。

作者简介：汪枫（1963—），男，安徽怀宁人，高级经济师，池州学院党委副书记，主要从事高校思想政治教育工作；俞念胜（1984—），男，安徽贵池人，池州学院管理与法学院讲师，武汉大学马克思主义学院博士研究生，研究方向为高校党建与思想政治教育。

一、抗战初期陕甘宁边区的思想政治工作面临的形势与任务

在不同的历史条件和形势下，思想政治工作有着不同的任务与使命，它总是为新需要、新要求服务的。1931 年，侵华日军发动九一八事变，侵占中国东北。此后，日军陆续在华北、上海等地挑起战争，中日民族矛盾上升，中国局部抗战开始兴起。在国际国内形势急剧变化的情况下，抗日救国、救亡图存成为中国革命的首要任务。面对民族危机、亡国之险，中国共产党积极抗战救国，并于 1935 年 12 月在陕北瓦窑堡召开了政治局扩大会议，这次会议的召开为抗日民族统一战线的确定提供了政治路线上的支撑和强力保障。基于此，中国共产党根据形势调整了党的路线和方针，党的思想政治工作也随着党的路线方针的调整在内容、形式和方法上发生了一些新变化。

为了团结抗战、促成国共合作，1937 年 3 月，中国共产党将陕甘宁苏区改为陕甘宁特区。七七事变后，日军掀开了全面侵华的序幕，中华民族面临着生死存亡的考验，建立抗日民族统一战线、进行全民族抗战是救亡图存的唯一选择。经过一系列的谈判，国共达成了合作协议，蒋介石承认了陕甘宁特区的合法性。1937 年 8 月，中国共产党在陕北洛川召开中共中央政治局扩大会议，会议在题为《为动员一切力量争取抗战胜利而斗争》的宣传提纲中再次强调："在国共两党合作的基础上，建立全国各党各派各界各军的抗日民族统一战线，领导抗日战争，精诚团结，共赴国难。"[1]365 同年 9 月 6 日，中国共产党将苏维埃西北办事处正式更名改制为陕甘宁边区政府，陕甘宁边区最终成立。

宣传党的新主张、新政策，促进建立抗日民族统一战线，团结和发动一切力量，引导广大党员干部、革命军人和群众积极抗日，是抗战初期陕甘宁边区思想政治工作的重要内容。在日本侵华、国家面临危亡的形势下，中国共产党提出了实现国共合作、建立抗日统一战线、发挥一切力量进行全民抗战的主张，抗日成了该时期党的一切方针政策的主题，党的各项政策都是围绕着该主题展开的。陕甘宁边区党组织围绕着抗战这一主题，切实结合党的新主张、新路线、新政策，通过加强军队的思想政治工作，增强军队士气、激发战士的战斗力；通过加强党员干部的思想政治教育，提高干部素质和领导工作能力；通过宣传组织群众，发挥人民群众的力量，从而掀起了全民抗战的高潮。

二、抗战初期陕甘宁边区思想政治工作的主要对象及内容

“思想政治工作是一切工作的生命线”[2]，抗战初期陕甘宁边区面临严峻的革命斗争形势，中国共产党高度重视并积极发挥思想政治工作在团结群众、凝聚军心、强化党员教育等方面的重要作用；积极出台相关文件与政策，针对军队、党员、群众等不同群体开展不同内容的思想政治工作。思想政治工作成为抗战初期陕甘宁边区团结和凝聚一切可以团结的力量展开抗战、积极开拓抗战斗争新局面的重要法宝。

（一）对军队的思想政治工作

军队是抗战的先锋，是战场上的主力军。如果军队的思想政治工作做得不够，就容易导致军心涣散、士气低落，甚至会不战而败。做好军队的思想政治工作，是鼓舞斗志、提高士气、凝聚军心的重要途径，为打造作风优良、士气高涨、能打胜仗的卓越军队提供了保障。抗战初期，陕甘宁边区对军队的思想政治工作主要围绕着全面抗战这一主题来展开，以凝聚军心、团结力量、鼓舞斗志、提高士气为重点。

1. 做好红军改编过程中的思想政治工作，稳定军心

为了更好地建立抗日民族统一战线，进一步实现国共联合抗战，1937年8月25日，中国工农红军改编为国民革命军第八路军。中国共产党领导的工农红军与国民党军队由土地革命时期的敌对状态走向联合抗战，许多红军战士不能接受改编为国民革命军的现实，认为这是在向国民党投降、这会改变军队和革命的性质等等，表现出了种种思想认识问题和抵触心理，直接影响到了战士情绪和军心稳定。

针对这些不正确的思想认识，红军各部队向广大指战员和士兵进行了抗日民族统一战线的宣传教育，同时各级军政领导深入基层调查研究，通过讲故事、做宣传、解疑问等方式，讲明民族战争和阶级战争的关系。为了进一步打消战士们的疑虑、稳定军心，1937年，中央组织部颁布了《关于改编后党及政治机关的组织的决定》。决定明确指出，“保证党在红军中的绝对领导”，“健全与加强红军中党的组织及其作用”[3]305-306。通过宣传教育，士兵打消了疑虑，稳定了军心，顺利实现了改编。

2. 加强抗日战略策略教育，确保军队的战斗力

洛川会议在《为动员一切力量争取抗战胜利而斗争》中提出了“发展

抗日游击战争”的主张，但当时党内、军队内对游击战在抗战中的战略地位认识不清，不能很好地执行。为了解决这一问题，更好地发挥部队的作战力量，从1937年8月到1938年初，毛泽东给八路军和北方局负责同志撰写电报多次，一再强调游击战的重要性，并于1938年5月发表了《抗日游击战争的战略问题》一文，论述了抗日游击战的必要性。根据毛泽东和党中央的战略思想，各军队内部开始通过开办游击训练班、召开干部会议、开展军政教育课等形式，进行游击战等作战策略的宣传教育活动，从而提高了军队的作战能力和水平。

3. 创造民主、平等的氛围，增强军队的凝聚力、向心力

1937年7月23日，毛泽东在《反对日本进攻的方针、办法和前途》中写道：“改造军队的政治工作，使官兵一致，军民一致。”[1]346其目的在于在军队中创造一种民主、平等、和谐的氛围，减少内耗，使每一位军官、士兵，每一个民众都能团结起来、凝聚起来，齐心协力，发挥最大的抗战力量。1937年10月25日，毛泽东在同英国记者贝特兰的谈话中，对军队政治工作的经验作了新概括，指出了三大原则在军队建设中的重要作用。其中“官兵一致的原则”“军民一致的原则”等民主原则、平等原则，使中国共产党的军队与传统军队明显区别开来，使广大官兵和谐相处、紧密团结，增强了士兵对军队的认同感、归属感，进而使全军团结一致、协力抗战。

4. 加强纪律建设和作风建设，创建纯洁的军队

抗战初期，陕甘宁边区党组织对军队的思想政治工作既注重加强党性教育、理论教育，又注重思想作风建设、纪律建设。为了加强改编后的部队官兵的党性教育，提高思想觉悟，军队展开了一系列的教育实践活动。针对军队内出现的军纪松散以及军阀主义倾向，八路军总司令部和野战政治部首先开展了整军运动，并于1938年2月发布了《关于整军的训令》，要求军队“讨论一些基本理论政策和党的建设等类问题，以提高政治理论水平”，同时“在思想斗争中应注意反对存在着的贪污、腐化、散漫、堕落现象，反对生长着的军阀主义和忽视政治工作与党的领导作用之倾向，必须严格党的纪律”[3]308。1939年6月，中央军委、总政治部又再次发出训令，对新部队及地方武装进行整理和巩固。纪律教育、思想作风教育保证了军队思想和作风上的纯洁性，为统一军队思想、提高军队整体素质提供了保障。

5. 加强军队的政治文化教育，激发部队的战斗情绪

《关于新阶段的部队政治工作的决定》明确提出要“实施部队的政治

文化教育，巩固与提高部队的战斗情绪”，并要求宣传教育部“专负部队内的宣传教育文化娱乐之责”“团设俱乐部”“组织与进行部队的文化娱乐及各种课外的活动”[3]422。为了不断增强军队抗日杀敌的信心，提高军队士气和作战情绪，陕甘宁边区各部队采取各种形式进行战前动员，并组织各种文娱活动，如“缴枪比赛”“捉俘虏比赛”等杀敌竞赛活动。这些活动激发了军队士兵的战斗热情，增强了战胜敌人的信心，对提高军队士气、点燃战斗激情发挥了重要作用。

（二）对党内的思想政治工作

抗战初期，国内形势复杂，抗战任务艰巨，陕甘宁边区党员干部所面临的工作性质也变得复杂起来，对党员干部教育提出了新要求。为了使广大党员干部能适应新形势的要求，以胜任新任务，陕甘宁边区十分重视新形势下的党员干部教育，并加强干部教育的组织领导，建立了各种形式的教育机构，开展各种形式的教育活动。在内容上，坚持思想教育、政治教育、理论教育、业务教育与文化教育相结合；在形式上，灵活运用在职教育和学校教育。

1937 年 1 月，中国工农红军学校迁至延安，改名为“中国人民抗日军事政治大学”（简称“抗大”），专门培养抗日军事政治干部。“抗大”从成立之初就注重对学员进行“坚定正确的政治方向，艰苦朴素的工作作风，灵活机动的战略战术”培养。同时期的中央党校于 1937 年 2 月迁入延安桥儿沟，重点开设马列主义、党的建设、中国革命战争等课程，毛泽东、陈云、刘少奇等主要领导人多次为学员演讲，亲自讲授相关课程。为了进一步提高党员干部的理论水平，中共中央宣传部根据中共六届六中全会精神，于 1939 年 3 月制订了《延安在职干部教育暂行计划》，要求延安 4000 多名在职干部坚持每日两小时学习时间。毛泽东于 1937 年 5 月在延安召开的中国共产党全国代表会议上就党员干部教育问题再次明确指出：“干部和领袖懂得马克思列宁主义，有政治远见，有工作能力，富于牺牲精神，能独立解决问题，在困难中不动摇，忠心耿耿地为民族、为阶级、为党而工作。”[4] 1938 年，毛泽东在六届六中全会上明确提出了学习马列主义的任务，并强调党的干部学习理论更为重要。1939 年 5 月 20 日，干部教育部在延安召开教育动员大会，加强了对党员干部的教育，一方面适应了抗战初期陕甘宁边区革命斗争新形势的需要；另一方面，也对提高党的领导能力、保持党的先进性、促进党的成长发展具有重要意义，进而为壮大党员干部队伍、夺得抗战胜利提供了保障。

（三）对群众的思想政治工作

在民族危机面前，中国共产党力促抗日民族统一战线的建立和巩固，并团结和发动一切抗战力量，尤其是重视通过政治宣传和鼓动来发挥群众的力量。

1. 宣传党的抗日主张和党的各项政策

1935年8月1日，在《为抗日救国告全体同胞书》中，党中央就号召全国人民、各族同胞能够尽己之力，共同抗日，引起了根据地群众的关注，鼓舞了人民的斗志。“七七事变”后，陕西省委在1937年10月10日致国民党陕西省党部的一封公开信中强调要“开放民众运动，增强抗敌力量”，并指出：“陕西民众领略到华北抗战的教训，要一致的怒吼起来，组织起来，武装起来，在抗日民族统一战线旗帜之下，结合成为千百万民众的民族抗战的军队！”[5]为此，陕甘宁边区党组织依靠各级宣传机构、宣传部门，及时深入群众中去，通过创办学校、散发传单、张贴标语、召开群众大会、上演文艺节目等形式，向群众宣传党的抗日主张以及废除苛捐杂税、减租减息等改善人民生活的政策。与此同时，中国共产党还通过向群众宣传八路军与新四军的英勇事迹、陈述日本侵略者的种种恶行来对广大人民群众进行爱国主义教育，激发群众的爱国热情和抗战激情。这些政策主张的宣传和爱国主义教育，不仅使共产党得到了群众的认可与拥护，还激发了民众抗日的热情，为壮大抗战队伍、凝聚抗战力量，进而掀起全民抗战高潮奠定了基础。

2. 切实维护群众利益

切实维护群众利益是党获得群众认可与拥护的关键。在抗战形势严峻的情况下，党依然将切实维护群众利益始终放在第一位。《关于新阶段的部队政治工作的决定》明确强调党员和支部“应注意群众一切实际问题和每一表现的反映（但不是监视）”，“更主要是在于政治的解释与实际问题的解决”[3]315。1937年8月，洛川会议通过了《抗日救国十大纲领》，明确将“改善人民生活”作为一大纲领。在抗战中，游击队每到一地，都会对敌伪抢粮、抓丁等行为进行有力打击，用武装切实保护群众利益。正是通过实际行动维护群众利益、与群众建立起真情感，共产党才会被群众所接受、所认可，才能树立了良好形象、获得了民心、拥有了广泛的群众基础。

3. 组织发展群众运动

洛川会议在《关于目前形势与党的任务的决定》中明确提出“用极大

力量发展抗日的群众运动"[3]307。1938 年 5 月，毛泽东在《论持久战》中又强调要宣传、组织、武装群众。为落实党中央要求和毛泽东的指示，陕甘宁边区的各地党组织积极组织群众，建立民运工作团、战地服务团等群众组织；同时，还领导组建民兵和自卫军等，并加强民兵、自卫军的思想、政治建设等。这些举措不仅密切了党与群众的联系、树立了党在人民群众心目中的领导地位，还切实发挥了群众的抗战力量和作用。

三、陕甘宁边区思想政治工作的现实启示

抗战初期，陕甘宁边区的思想政治工作做得有声有色，积累了宝贵的经验，保障了当时抗战工作的顺利进行，其中根据形势需要提出新教育要求、时刻维护群众利益以及不断创新工作形式等历史经验，依然对于今天我们进一步改进和加强思想政治工作有着重要的借鉴意义。

（一）适应新需要、新要求，切实增强思想政治工作的针对性

抗战初期，陕甘宁边区的思想政治工作结合新形势、新需要、新要求，紧紧围绕抗战这一主题，针对军队、党员干部、群众分别开展了不同形式的教育工作，适应了新形势的要求，坚持了需求性原则、适时性原则、针对性原则、灵活性原则，提高了思想政治工作的科学性、有效性。

当前我国改革开放和社会主义现代化建设进入了关键时期，社会阶层分化，各种矛盾凸显，党情、国情、民情皆发生了重大的变化，党员干部、人民群众中都出现了一系列的问题。如：少数党员干部责任意识不强、松散懈怠，为人民服务的意识淡化、贪污腐化严重；少数人民群众对社会和党员干部存在不满情绪，少数人民群众思想政治觉悟较低、品德素养有待提高；等等。这些问题都有碍于我国社会的发展，影响着社会的和谐稳定。为此，当前我们的思想政治工作要紧紧围绕这一系列的问题来展开，结合不同问题有针对性地开展思想政治工作，以适应新形势、解决新问题。首先，我们要认清社会发展形势与需要，结合党和国家面临的一系列问题和挑战，审时度势，有针对性地转变思想政治工作的侧重点和内容。其次，分析社会发展的矛盾与问题，加强社会动员与舆论引导，做好群众的思想教育与心理疏导工作，为我国社会发展以及和谐稳定保驾护航。第三，紧跟党的政策方针，切实加强党员干部的教育管理、监督考察、作风建设等工作，提高党员干部的素质，使广大党员干部以新思想、

新面貌适应新需要。

（二）时刻维护群众利益，准确把握思想政治工作的根本要求

能否充分发挥人民群众的力量，关键在于能否维护人民群众的利益，在于能否坚持为人民服务。坚持以人为本，切实维护人民群众的利益是党的思想政治工作的出发点和根本要求。我们党的一切工作都要从这一根本要求出发，坚持为人民服务的宗旨，时刻将维护人民群众的利益放在第一位。抗战初期，陕甘宁边区的思想政治工作之所以取得巨大成效，其关键就在于肯定了人民群众的地位和作用，从人民群众的切身利益出发，充分发挥人民群众的力量。

2012 年 11 月 15 日，习近平在《全面贯彻落实党的十八大精神要突出抓好六个方面工作》中强调：人民群众的利益是一切工作的出发点和落脚点，开展思想政治工作要切实维护和保障人民群众的权益，重视和发挥人民群众的力量、作用。思想政治工作是否做得到位，是否做得够好，就要“看人民是否真正得到了实惠”，人民群众的主体地位是否得到了承认，人民群众的力量是否得到了发挥。在现实工作中，有些党员干部群众意识不强、为人民服务观念淡薄，损害了群众利益，失去了群众的信任与拥护，这是非常可怕的，更是非常危险的。获得信任颇难，失去信任很易。党员干部要坚决克服轻视群众地位、漠视群众作用、忽视群众利益的错误思想，要时刻保持“失道者寡助”的警醒意识和“失民心失拥护”的危机意识，谨记为人民服务的宗旨与本职，党的各级领导干部要改变高高在上、居高临下指挥一切的工作方式，经常深入群众、步入基层，倾听群众呼声，了解群众需要，把思想政治工作和解决群众实际问题和困难相结合，把讲道理与办实事相联系，通过办实事讲道理，在办实事的基础上讲道理，只有这样党员干部才能被人民群众所认可、所接受，才能真正走进人民群众的心里。

（三）创新形式与方法，努力提高思想政治工作的实效性

形式是内容的载体，方法是实现内容的手段，形式是否具有吸引力、是否被认可，方法是否科学、是否易接受，关系到思想政治工作内容能否被接受、能否被吸收，关系到思想政治工作的实效性。抗战初期，陕甘宁边区的思想政治工作在借鉴中央苏区的经验基础上注重结合当地的实际和现实需要，紧紧围绕抗战这个中心任务，充分利用报纸杂志、标语宣传等媒介与途径，注重教育载体和宣传教育形式的创新，这对提高思想政治工

作的实效性发挥了重要的作用。

当前，思想政治工作应在内容、形式、方法上紧密结合当前社会发展新常态下的现实境遇，在思想政治工作的机制发展和创新上下功夫，要综合运用各种先进的方式与途径、手段与策略，开展贴近生活、贴近实际的思想政治工作，真正地做到思想政治工作的“落地生根”。

一方面，思想政治工作要充分利用科学技术快速发展带来的技术载体的变化。做好思想政治工作必须要立足于互联网+这一宏观背景和发展趋势，建立适合思想政治工作发展的网络平台，积极探索互联网+背景下的教育途径和渠道。我们还要充分借鉴和利用优秀传统思想政治教育资源和国外思想政治教育的有效方式方法，并在结合实际需要和现实特点的基础上，实现新的创新和融合，形成富有时代特色、适应本国特点的方式方法。另一方面，建立和完善思想政治工作新机制。科学的思想政治工作机制是思想政治工作“落地生根”的前提和保障。在机制建设方面，我们应注重建设物质激励和精神激励相结合的激励机制，网络媒介和人民群众相结合的监督机制，队伍建设和学科支撑的保障机制，重效果、纠问题、客观而合理的科学评估机制，从而全方位构建各级党政、社会力量、各类学校齐抓共管的合力机制。

总之，要根据时代发展的新特点，不断创新思想政治工作的形式，利用一切有利的形式、利用有利形式的一切，切实增强思想政治工作的吸引力，着实增强思想政治工作的实效性。

参考文献：

[1] 中共中央文献编辑委员会．毛泽东选集（第二卷）[M]．北京：人民出版社，1991.

[2] 中共中央文献研究室．建国以来重要文献选编（第二十册）[M]．北京：中央文献出版社，1998：197.

[3] 中共中央文件选集（11卷）[M]．北京：中共中央党校出版社，1991.

[4] 中共中央文献编辑委员会．毛泽东选集（一）[M]．北京：人民出版社，1991：277.

[5] 中共中央党校党史教研室．中共党史参考资料（四）[M]．北京：人民出版社，1979：12-15.

（原载于《池州学院学报》2015年第5期）

新时期高校双拥工作长效机制研究

——以安徽省为例

俞念胜

摘　要：高校双拥工作是高校国防教育持续有效开展的重要内容和保证。高校双拥工作长效机制必须遵循依法双拥、全员参与、注重实效、不断创新的原则，在创新组织领导、宣传教育、活动载体、考评机制等方面做好高校双拥工作，从而为构建和谐校园、和谐社会做出新贡献。

关键词：　高校双拥工作；机制；长效化

党的十八大报告在关于加快推进国防和军队现代化建设的论述部分强调，坚持以推动国防和军队建设科学发展为主题，以加快转变战斗力生成模式为主线，全面加强军队革命化现代化正规化建设。培养大批高素质新型军事人才，深入开展信息化条件下军事训练，增强基于信息系统的体系作战能力。这充分体现了党对加强国防和军队现代化建设重要性认识的新高度，同时也对新时期高校双拥工作的长效化开展提出了新的挑战。双拥工作是“拥军优属、拥政爱民”工作的简称[1]。双拥工作作为我党和我军的优良传统，同时也是密切军民关系的重要体现，在改革开放进程的新时期发挥着重要的作用。而高校是一个特殊的组织，在双拥工作中作为一个重要的窗口，在新时期，如何建立高校双拥工作的长效机制，创新高校双拥工作的新机制，是当代高校国防教育亟待研究和解决的重大课题，也是保持高校双拥工作与时俱进发展的根本需要。

作者简介：俞念胜（1984—），男，安徽贵池人，池州学院管理与法学院讲师，武汉大学马克思主义学院博士研究生，研究方向为高校党建与思想政治教育。

一、安徽省高校双拥工作的概况及述评

2012年3月，中共安徽省委、省人民政府、省军区出台《关于加强新形势下全民国防教育工作的实施意见》，要求各级党校、行政学院要把国防教育纳入教学培训计划，各地区、各部门要把国防教育纳入领导工作实践，加强对学校国防教育的督导，积极推进国防教育进课堂教学、进课外活动、进考试内容、进校园文化，对高等学校学生进行全面系统的国防教育[2]。今年是双拥工作开展70周年，在新时期，对于高校双拥工作也有着特殊的意义，高校双拥工作是各高等学校政治工作和文明建设的重要内容，也是高校德育的构成环节。为了进一步深层次地了解安徽省内高校开展“双拥”工作的情况，本课题组于今年年初在安徽省六个院校范围内随机选取部分院系的学生，进行了一次抽样问卷调查，包括具体内容、活动方式、体制机制、成效及存在的问题等。主要问题如下：

（一）观念冲击

双拥观念在新时期高校学生中受到时代的冲击，显性影响效果欠佳。在改革开放深入发展和当前网络技术迅速发展的背景下，高校青年学生的思想容易受到一些多元的思想冲击。现在社会上一些利己的思想普遍存在，在一定程度上干扰了双拥工作的开展。在问卷中，我们设计了一些基本的常识题，如“你知道双拥的具体含义吗?”参与问卷的只有15.6%选择了知道，选择不知道的占总人数的54.2%。高校青年懂知识，学科多样，这是双拥工作中高校的特色优势，在新时期，要把高校青年的知识通过科技拥军的途径发挥双拥工作的实效性，是新时期国防建设的重要内容。

（二）意识不强

在对各高校进行的问卷调查中，对于“您在校园内看到过有关‘双拥’或者‘国防建设’内容的宣传标志或宣传牌吗?”选择“看到过”的占参与问卷人数的36.1%，选择“没有看到过的”人数占总人数的63.9%。由此可见，高校双拥工作的宣传力度还有待加大。对于高校来说，要积极主动地通过各种形式在校园内向青年学生宣传“拥军优属、拥政爱民”观念；对于地方部队来讲，要积极地与高校以及与高校的基层组

织建立相关基地，保持双拥工作的长效化开展。

（三）内容单一

高校双拥工作是高校和地方部队的双向有机互动，两者之间的良性互动对于高校双拥工作的长效化、科学化发展至关重要。目前，从调查报告的分析来看，我省各高校的双拥工作样式陈旧、方法稍显单一，在一定程度上减弱了吸引力。各高校基本上是通过每年一度的军训使地方部队和高校学生亲密接触，各高校的军训少则一个星期、多则一个月，这在一定程度上给学生提供了接触军人的机会，提高了高校学生爱民拥军的自觉性[3]。但要使高校双拥工作长效化开展，仍需要在内容、方法上下功夫。

（四）操作实效

高校双拥工作一般是由各高校保卫处下辖武装部或双拥部门负责，在操作过程中可能会出现人为因素影响工作的开展，高校双拥工作需要各个部门和全体师生的齐抓共管。有的学校可能存在“双拥和我无关”这样的思想，不能认为高校双拥工作是某个部门、某个人的事，不论哪个部门、哪位领导和老师都应在人才培养的过程中承担起抓好双拥工作的责任[4]。

二、高校双拥工作长效机制的构建原则

高校双拥工作是国防教育的重要组成部分，是一项长期的社会战略任务，具有政治性、社会性、战略性、互动性等特点[5]。高校双拥工作是各高校和地方部队的双向互动，两者的互动成效在一定程度上决定了双拥工作的良性发展。因此，要使高校双拥工作长效化开展，应坚持以下原则：

（一）依法双拥的原则

双拥工作是一项政治性极强的社会工作，要使双拥工作形成长效化机制，必须坚持依法双拥的原则。只有立法，双拥工作才会有章可循，有法可依，从而得到健康的发展[6]。高校双拥工作同样如此。在当前市场经济的条件下，高校双拥工作要充分地认识到我国国防教育的根本内容，把握国情，按照市场经济条件依法办事。高校在双拥工作中要以马克思主义为引领，使双拥工作有章可循、有法可依，从而推动高校双拥工作健康持续发展。

（二）全体参与的原则

高校双拥工作的主要目的是适应军队的现代化需要，高校利用自己在教育、科技、人才方面的优势为军队的科技现代化建设做出贡献，同时也增强了全体大学生的国防意识。因此，双拥工作强调双向互动，学校和部队都应积极参与，众志成城，形成合力，是高校双拥工作的基本原则。一般而言，不同高校所在地都有部队，因此部队作为高校双拥工作的一方面，应把双拥工作作为经常性的任务，积极地同高校加强联系，形成全体参与的一体化工作模式。

（三）注重实效的原则

实效原则在一定程度上是评价双拥工作的一个重要原则，高校双拥工作涉及面广、内容丰富、形式多样，在实际开展过程中应该坚持注重实效的原则。对于高校来说，要认真研究双拥对象，紧密联系部队、军队的思想实际，开展形式多样的活动，推进双拥工作的开展。对于地方部队、军队来说，要利用高校科技方面的优势，通过双拥工作的各种形式真正做到提高部队官兵的各方面素质。无论是高校还是地方部队都要合理安排双拥工作实践，灵活地采取不同的形式，增强高校双拥工作的实效性。

（四）持之以恒的原则

有国就有防，有国防建设就有国防观念、国防教育。双拥工作是一项具体的长期的工作，同时也是国防教育的一项重要的内容。双拥工作从提出到现在已走过了 70 年，可以说双拥工作过程的长期性，决定了高校双拥工作必须坚持持之以恒的原则。坚持持之以恒，除了要思想重视、认识到位外，还要有法律制度上的保障和组织机制上的落实。高校党委要重视双拥工作，制订切实可行的工作方案；部队也要利用各个重要的时间节点开展工作，只有在制度上和机制上实现了科学化、规范化、长效化，才能保证高校双拥工作的顺利进行和深入发展。

（五）不断创新的原则

双拥工作长效化开展必须坚持不断创新的原则，也要与不断变化的双拥意识相适应。对于高校双拥的主体来说，要不断发挥主观能动性，适应时代的发展要求，要随着情况的变化而不断创新。简而言之，在以经济建设为中心、继续深化改革的今天，要从内容上、组织上力图创新，使得高校双拥工作既生动活泼，又卓有成效。

三、高校双拥工作长效机制的构建对策

高校双拥工作应在深化国防教育、强化民众爱国拥军观念的基础上，建立和健全科学有效的运行机制，走社会化道路，向智能化发展，促成科技教育与军事人才、装备的有机结合，为国家的现代化建设和我军的高科技建设提供强有力的支持[7]。高校双拥工作长效机制的构建主要应从以下五个创新点来加强工作：

（一）创新加强双拥工作的组织领导

双拥工作一般是由地方政府双拥专职部门来负责开展，而高校双拥工作一般是在校党委领导下由保卫处武装部负责开展。高校双拥工作的长效化发展，需要各级党委、政府把双拥工作放在精神文明建设的重要议事日程上。目前，各高校、部队基本上都有相关的双拥工作领导小组以及相关的办事机构，但在实际的操作过程中，存在着被动双拥的现象。这就要求双拥主体要不断加强组织领导，制定相关的政策法规，并将其纳入责任目标考核体系中去。

（二）创新发展双拥工作的宣传教育

宣传教育是我党的优良传统和政治优势，在建党九十多年的历程中发挥着重要的作用。高校双拥工作的长效化机制运作需要创新宣传教育，高校和地方部队都要广泛地利用报刊、广播、电视和网络新兴媒体进行爱国主义宣传，进行双拥工作的教育活动。本课题组的问卷调查中，关于“您在校园内看到过有关‘双拥’或者‘国防建设’内容的宣传标志或宣传牌吗?”这一选题，选择没有看到过的占参与调查学生总人数的63.9%，可见，我们的宣传力度和宣传范围都不够。高校要积极地利用建军节等特定的时间节点，在校园内大力宣传人民军队戍边卫国的爱国奉献精神，要在全社会以及校园内形成拥军优属、拥政爱民的良好氛围，使双拥的客观要求转化为高校广大师生的内在自觉需求[8]。

（三）创新发展双拥工作内容

高校双拥工作是一项经常性教育的系统化工程，双拥工作的内容选择

如何是高校提高双拥工作实效性的重要保证，同时也是高校双拥工作长效化开展的重要前提。现阶段高校双拥工作的主要内容有：新生军训、特定节假日的活动等。高校大一新生每年九月的军训是各高校与地方部队紧密联系的重要环节之一，这种少则一个星期多则一个月的军训，使广大的青年学生增强了爱国主义感情，部队官兵也得到了精神层面的收获，但要形成双拥工作的长效化机制，则要巩固军训成果，拓宽军训思想外延。在军训结束后，各高校一方面要积极开展演讲、军事知识竞赛等活动，另一方面高校各院系要开展带学生进军营活动，带学生实地感受部队官兵生活，只有这样才能巩固军训的成果和提高双拥工作的实效。当前，创新双拥工作的工作内容最重要的是让高校双拥工作与精神文明建设结合起来，这样可以进一步促进和谐校园的建设。

（四）创新发展双拥工作的活动载体

高校双拥工作的有效开展离不开双拥工作的载体，积极有效的载体可以提高双拥工作的实效性。在本课题的问卷调查中，关于“您所在学校是否有关于国防、军事或者双拥的社团组织?”选择“有”的占总人数的20.2%，从这一数据我们看出，高校双拥工作没有充分发挥学生社团组织的作用。学生社团是在各高校团委管理下的学生自治组织。在新时期，高校双拥工作要做到长效化发展，就要利用学生社团这一重要的活动载体开展相关的有计划性的双拥工作。

（五）创新双拥工作的考评表彰手段

高校双拥工作是一项长期性的政治工作，考评表彰是提高双拥工作积极性、主动性的有效手段。各级组织包括高校内部基层组织要实行考评表彰手段来促进高校双拥工作的开展。20 世纪 90 年代兴起的双拥模范城（县）评选活动，是双拥工作发展的创举之一。高校双拥活动也要开展一系列的考评表彰手段，只有制度上的完善才能促进双拥工作的长效化发展。

高校双拥工作是国防教育的重要内容，同时也是构建和谐校园、和谐社会的重要载体。在新时期，高校双拥工作的长效化发展要坚持走群众路线，充分利用各方面力量，动员组织学校、地方、部队的共同参与，注重培养广大师生的爱国主义情怀，进一步发扬双拥精神，为构建和谐社会做出新贡献。

参考文献:

[1] 操国胜. 改革开放以来双拥工作研究综述 [J]. 池州学院学报, 2010, (24): 5.

[2] 省委、省政府、省军区. 关于加强新形势下全民国防教育工作的实施意见.

[3] 赵大勇, 冀育峰. 新时期高校双拥工作探讨 [J]. 山西高等学校社会科学学报, 2001, (13): 2.

[4] 陈仕格. 浅谈高校中如何开展国防教育 [J]. 广西大学学报 (哲学社会科学版), 2000, (22).

[5] 罗平飞. 关于双拥工作的几个问题 [J]. 理论前沿, 2007, (4).

[6] 雷朝晖. 双拥立法势在必行. [EB/OL]. [2007-12-16]. http: //sy. mca. gov. cn/article/llyjlm/200712/20071200005204. shtml.

[7] 于峰, 李志刚. 浅谈高等院校如何做好双拥工作 [J]. 佳木斯大学社会科学学报, 2001, (19): 4.

[8] 周士禹. 双拥工作操作和调控初探 [J]. 民政论坛, 1996, (3).

(原载于《池州学院学报》2014 年第 2 期)

校地合作模式在党建育人共同体中的应用

——以池州学院外国语学院为例

苏　翔

摘　要：池州学院外国语学院党总支与碧山社区党总支联合开展的“大学生进农家”系列活动，整合了校地优势资源，形成人才培养合力；加强校地文化交流，促进社会主义新农村建设；校地结对共建支部，探索党建育人新途径。该模式为育人共同体的构建奠定了思想基础，改变了党建工作“主客体”，与地方产生党建育人“共振”效应。

关键词：大学生进农家；校地；党建；育人共同体

《教育部2014年工作重点》中强调要改革人才培养方式，切实加强和改进德育工作，提出了建设“高校实践育人共同体”的概念。在高校育人体系当中，党建育人工作既是思想政治教育的龙头工程，又是实践育人的重要环节[1]。

实践育人环节对于地方本科院校而言是实现人才培养目标的重要途径，是其应用型人才培养特色的集中体现。在育人工程中如何利用地方优势加强支部建设，如何彰显党支部的凝聚力和战斗力，如何建设党建育人共同体，是构建和谐校园，实现教书育人、活动育人、服务育人、环境育人和管理育人的一项基础性任务[2]。池州学院外国语学院党总支和池州市马衙街道碧山社区党总支于2012年6月建立了基层友好党组织关系，并在学生实习、文化交流、党员培训及技术指导等方面开展合作。2014年4至8月期间，两党总支合作开展了“城乡统筹一体化，校地共建新农村——‘高校+支部+农户’学生党员进农家”社会实践活动（简称大学生进农家系列活动）。经不断摸索与实践，该校地合作模式正逐渐成为党建育人共同体新平台。

作者简介：苏翔（1984—），男，池州学院外语系教师，硕士。

一、校地合作模式在党建育人共同体中的具体实施

校地两基层党总支于2012年6月建立友好关系，并于2014年开展校村共建——大学生进农家系列活动，这不仅是贯彻落实中央有关基层党组织建设年深化创先争优活动的重要举措，更是加强基层党组织建设的重要机遇，是校地合作模式在党建育人领域的重要探索与应用。经过前期调研并结合实际，校地共同研究了活动的实施方案，对活动主题、时间节点及参加人员都做了周密安排。具体实施情况如下：

（一）学生与村民结对帮扶

“学生党员进农家”活动由外国语学院学生党支部的39名师生共同参加，其中30名学生党员与20户村民家庭牵手结对，共同生活一周时间，同吃同住同劳动，切身体验乡风民情，并按期开展“七个一”社会实践活动，包括：一是与村民共同开展一次责任承包卫生清扫活动；二是与村民开展一次务农活动；三是开展我为碧山建设发展献一策座谈活动；四是与村民共看一部红色教育宣传电影；五是带动村民家庭参加一次群众性的文化表演活动；六是给村民家庭中的孩子集中开展一次学业辅导；七是学生党员独立完成一次有关农村留守儿童问题的社会调查报告。通过结对帮扶，一方面将大学生特有的先进思想与文化以及良好的生活习惯带到农村，为新农村建设添砖加瓦；另一方面，系统性的社会实践活动也为学生党员锤炼作风、提高党性提供了新的育人平台，实现了社会教育与学校教育的有机结合。

（二）学生与留守儿童结对助长

碧山小学是碧山社区唯一一所学校，在校生中留守儿童占比较高。留守儿童的心理与教育问题一直是社会与学校共同面对的难题。为帮助留守儿童健康成长，同时使大学生更加了解社会、服务社会，外国语学院学生党支部、团总支在院党总支的指导下与碧山小学联合开展“大手牵小手，关爱留守儿童”活动。2014年5—6月期间，外国语学院以学生党员、志愿者为活动主体，采取“一对一”或“一对五”的形式，以“党建带团建”的模式，针对留守儿童的身心特征，结合专业教师建议，每周定期与留守儿童结对。帮扶内容主要包括：一是摸底造册。他们走访了留守儿童

家庭，建立了留守儿童特别档案，了解留守儿童的家庭收入、人员构成及学习和生活情况，及时掌握个人动态。二是“漂书”活动。学院志愿者将通过多方募集的书本送到碧山小学孩子们的手中，现场辅导孩子们阅读、讲解，鼓励相互交换书本，学会分享。三是学生党员分组为碧山小学儿童集中授课四次。四是学业优先辅导。对小学生的书法、绘画、朗诵、主持、手工艺、基础课程进行帮助辅导，并且结合外国语学院的专业特点，引导孩子们提升学习外语的兴趣和方法。五是心理优先辅导。学生党员及青年志愿者与留守儿童交朋友，以朋友的立场帮助孩子们树立自信；充分利用“结对子”“心理咨询法”“主题队会”法提高留守儿童的心理素质，帮助他们更好地融入集体，感受集体的温暖。

二、地方本科院校党建育人共同体中校地合作模式的主要特色

（一）整合校地优势资源，形成人才培养合力

池州学院是一所地方性应用型本科院校，外国语学院又以培养熟练运用外语工具的应用型人才为目标，应以强化应用实践并致力于服务地方为主要导向。因此，高校大学生应对所在地方的地情、经济发展情况包括“三农”问题有清楚的认识；而地方农村经济发展与建设同样也需要高学历人才的辅助与参与。“大学生进农家”系列活动通过高校、基层党组织、农户之间的有效互动，成功构建了以院校为依托，支部来引领，学生党员、青年志愿者、农民个体等全面参与的党建育人共同体。该体系充分调动了高校与地方对于人才培养和农村建设的积极性，有效整合了社会各方面的优势资源，拓宽了育人渠道，提升了实践育人的实效性，形成了强大的人才培养合力。与地方共建技术指导、党员教育、社会实践、志愿者服务基地，为学生综合素质能力培养提供了平台与条件。这些有效缓解了地方应用型本科院校实践育人资源的紧缺，为学生德育工作开创了极好条件，既提高了学生培养质量，又提高了社会服务成效[3]。

（二）加强校地文化交流，促进社会主义新农村建设

全面参与社会主义新农村建设不仅是高校的历史使命和责任所在，同时服务新农村建设也是地方高校适应自身发展与办学定位的必然选择[3]。地方本科院校具有独特的人才和教育资源，是社会先进思想与时代文化的

发源地。在地缘优势和情感优势的影响下，合理配置高校教育资源，使广大教师与学生以学校为依托、以地方为切入点，契合当前全面构建小康社会的需要，积极参与到社会主义新农村建设中，以达到“地方高校服务地方”的基本办学理念和要求。同时，大学生包括学生党员通过接触农村、深入农村，能够不断加深对当前农村建设发展的感性认识，有效提升他们将来毕业后能够积极投入基层建设的热情与积极性。

高校具有向地方传播先进科学文化的重要功能。党中央、国务院对于社会主义新农村建设提出“繁荣农村文化事业”和“倡导健康文明新风尚”的要求[3]。“大学生进农家”系列开展的多种形式丰富的文体活动，创新了校地文化交流载体，活动的内涵提倡的是一种积极、健康、向上的生活方式，能够较好地满足广大农村人员的精神文明需求，引导农民摒弃传统陋习，崇尚科学，提升生活质量与自身素质，净化乡风、民风，逐步树立乡村文明道德风尚。

（三）校地结对共建支部，探索党建育人新途径

池州学院外国语学院党总支和碧山社区党总支的联谊共建，是以党的十八大精神及科学发展观为指导，以加强基层党组织建设为目的，以结对共建为载体，在党建工作中不断巩固和发展各支部的优良做法，通过开展一系列学习交流活动，在党支部建设及党员教育培养方面，实现了“资源共享、优势互补、互相促进、共同提高”的结对共建目标。“支部共建”活动不仅发挥了我院学生党支部师生的专业和智力优势，深化了学生党员主体在知识文化传承、思想政治教育、社会主义核心价值观建设中的核心作用[4]，并结合共建单位的实际需求，建立有效的帮扶机制，通过服务基层和社会，加强党员的党性修养，提高党员的服务意识，增强支部战斗堡垒作用；同时，校地各基层党支部为“大学生进农家”系列活动提供方案、咨询与服务工作，实现了高校—支部—地方的有效联动，构建了以学生为中心的“党建育人共同体”，丰富了党建工作手段与育人渠道，探索了党建育人新途径。

三、校地合作模式在地方本科院校党建育人共同体中的价值

（一）准确定位，为育人共同体的构建奠定思想基础

“以孔子为师，以行知为友”，是池州学院办学理念和文化精神的集中

表述，它强调以“德”（德性教化）为依据、以“仁”（关爱奉献）为依靠、以“艺”（文化专业学习）为内容，秉承“知行合一”的教育思想。大学生进农家系列活动将高校与地方基层紧密联系在一起，凝集了多方力量与智慧，充分调动各方积极性，创新了人才培养机制。这与学校“求真、求实、求新、求活”的教育理念相吻合，推动了学校的内涵发展、转型发展、特色发展及改革创新。而在党建育人共同体构建当中，学院始终坚持“思想引领，文化交流、专业支撑、机制创新”的价值定位，充分发挥基层党支部的战斗堡垒作用，激发了党员个体活力与组织群体动力，在校地合作模式中注重以生为本、注重博学重行、注重以用为先、注重传承创新，这不仅契合了学校的办学实际，也充分体现了学校追求传统与现代、理论与实践、继承与创新相结合的教育理念与大学精神。

（二）创新形式，改变党建工作“主客体”

培养面向基层一线人才的应用型本科院校，强调实践性、参与性与体验性等非认知性目标[5]，而这些均需要跨越传统课堂，让学生从实践锻炼中获得。校地合作模式创新了党建育人的手段，通过让大学生与农户紧密结对，定期开展相关活动，同吃同住同劳动，拓宽了大学生社会实践活动向纵深发展，形成一套以学生为主体的“行动—思考—收获”的育人思路。将党建育人的平台从高校延伸到农村，让广大青年对我国社会主义新农村建设战略有了更加清晰、全面的认识，增强了学生的自我认知能力，同时也激发了大学生党员的党性觉悟、道德修养、主体意识、责任意识、创新精神，增强了实践动手能力，有效提升了实践育人的实效性与社会感染力。

（三）机制创新，产生党建育人“共振”效应

地方经济的发展离不开高校人才“血液”的输送，而高校的内涵发展也同样离不开地方“土壤”的支持。改革创新是增强高校党组织创造力、凝聚力、战斗力的必由之路[4]。外国语学院党总支突破传统局限，积极创新党建工作方法，丰富了党支部的育人手段，将校地合作模式引入党建育人共同体的构建当中，形成多样化、规范化、制度化、常态化，同时具有针对性和时代性的党建工作机制。这不仅能够在高校内起到一定的示范引领作用，也与地方产生一定的“共振”效应，带动了地方基层党组织共同创新组织生活形式，优化育人途径，完善服务功能，促进校地双方“合作、交流、共享、发展”，为进一步构建党建育人共同体提

供一定的实践经验。

参考文献：

[1] 杨恋恋. 高校党建育人功能性与育人途径探析 [J]. 高教高职研究，2011，(1)：159-161.

[2] 唐红洁，王占岳. 高校基层党组织发挥育人功能的长效机制——关于“153 支部共建模式”的实践与思考 [J]. 湖南科技学院学报，2009，30（3）：188-190.

[3] 兰定峰，兰智高，鲍红礼. 地方高校在社会主义新农村建设中的促进作用 [J]. 黄冈师范学院学报，2009，29（4）：16-18.

[4] 王玲. 高校党建工作改革与创新 [J]. 学习时报，2014，(8).

[5] 牛金城. 应用型本科院校办学定位研究 [J]. 现代教育管理，2009，(11)：29-31.

[6] 易传英，张大能，刘真安. “高校+支部+农户”大学生进农家——新课程体系下思想政治理论课实践育人模式探索 [J]. 成都纺织高等专科学校学报，2012，29（2）：49-53.

[7] 张大能，史在宏，易传英. “高校+支部+农户”大学生进农家社会实践模式探析 [J]. 成都理工大学学报（社会科学版），2013，21（1）：19-22.

（原载于《池州学院学报》2016 年第 6 期）

科学发展观背景下的高校思想政治教育新审视

张　瑜

摘　要： 在新的历史时期，创新高校思想政治教育（以下简称思政教育）工作是科学发展观的必然要求，在高校思政教育中实践科学发展观也是实现思政教育工作创新的有效途径，但就目前的形势来说，在实践的过程中遇到了很多阻力，如传统的说教方式、教育工作者意识不强及教育实践环节滞后等因素直接影响实践科学发展观，因此在科学发展观背景下创新高校思政教育工作，必须抓住三个关键点：理论创新、能力创新和实践创新。

关键词： 科学发展观；高校思政教育；理论创新；能力创新；实践创新

中共中央、国务院结合当前大学生的思想实际和生活实际下发了《关于进一步加强和改进大学生思想政治教育的意见》（以下简称《意见》），要求高校学生思政教育工作者运用科学发展观指导新时期大学生的思想政治工作。此《意见》是大学生思政教育的纲领性文件，为深化大学生思政教育提供了理论指南，同时开创了大学生思政教育工作新思路。

一、科学发展观与高校思政教育

（一）科学发展观内涵

科学发展观是以胡锦涛同志为总书记的党中央在总结改革开放的历史经验，结合新时期新阶段的实际，汲取人类关于发展的有益成果，继承和

作者简介： 张瑜（1982—），女，安徽宿州人，池州学院中文系讲师，硕士。

发展三代中央领导集体关于发展的重要思想，着眼于丰富发展内涵、创新发展观念、开拓发展思路、解决发展难题的基础上提出来的。科学发展观的第一要义是发展，核心是以人为本，基本要求是全面协调可持续，根本方法是统筹兼顾。

（二）科学发展观与高校思政教育创新

在新的历史时期，科学发展观的提出对思政教育的改革与发展具有重要的现实指导意义。在推动思政教育的过程中，面对新的教育环境和新的历史机遇，只有不断地对思政教育进行创新，丰富它的内容与方法才能适应新时代的要求。

科学发展观的本质和核心是以人为本，以促进人的全面发展为目的。高校思政教育要坚持以人为本的思想，就要坚持以学生为本。这就要求高校在进行思政教育的过程中要改变以往传统的说教、灌输等强制的教育方式，要尊重学生的主体意识，同时注意切实帮助解决学生的实际问题等，帮助他们养成良好的品德和健康的心理。

科学发展观以协调发展为中心。所谓人与社会的协调发展，是指人在发展过程中与所处的环境、条件的互动与和谐。人的全面发展与协调发展是不可分割地联系在一起的。因此，在科学发展观下，思政教育要促进学生的全面发展，要坚持育人为本、德育为先，注重培养大学生的人文素质、科学素质、身心素质等综合素质，以达到促进大学生全面发展的根本目标。

科学发展观以可持续发展为根本。今天的大学生将成为未来社会的中坚，是社会主义事业的建设者和接班人，未来社会的可持续发展取决于今天大学生能否确立可持续发展观。作为向国家和社会输送人才重要阵地的高等学校，在思政教育中应落实以人为本的科学发展观，着眼于大学生的可持续发展观的培养。

由此看来，思政教育工作的创新是时代发展的要求，也是科学发展观的题中应有之义。

二、目前在高校思政教育中实践科学发展观的客观环境分析

创新高校思政教育工作是科学发展观的必然要求，在高校思政教育中实践科学发展观也是实现思政教育工作创新的有效途径，但就目前的形势来说，在高校思政教育中实践科学发展观并非一蹴而就的事情，其中必然

也会遇到很多阻力。全面分析在高校思政教育实践科学发展观过程中的阻抗因素，才能有充分的准备来应对实践中的种种困难，积极寻求解决的途径。同时，当前在高校思政教育中实践科学发展观也存在一些非常有利的因素，全面分析这些有利因素将使教育者有信心解决实践过程中的问题。

（一）阻抗性因素

1. 传统的说教方式的影响

传统的思政教育方法是“灌输式”的，在价值取向上片面化。强调思政教育的“塑造”“管制”功能，追求“整齐划一”的德育效果，将“听话教育”视作思政教育的最高境界。教师无须顾及学生的需要、动机和情感，忽视学生的个体需要与感受，不注重解决学生的实际问题，不关心学生的正当利益，缺乏人文关怀意识。这与以人为本的科学发展观是背道而驰的。

2. 教育理论研究与实践脱节

理论对实践的指导作用是众所周知的。由于我国教育科研人员工作过于专业化，很多仅从事科研但不从事教学、教育研究的机构过于机关化，使得许多教育理论研究者单纯强调和追求思政教育的规范性。他们不注意发现和解决基层基础教育中许多亟待解决的问题，仅热衷于理论之争，从而使我国目前高校思政教育工作研究领域新概念、新观点层出不穷，但真正有效可行的措施和方法却寥寥无几。

3. 教育工作者自身因素

高校思政教育工作者自身原因是制约实践科学发展观的一个决定性因素。很多教育工作者在科学发展观的观念、理论研究水平、工作方式等诸多方面的薄弱直接影响实践科学发展观。另外，诸多教育工作者在工作中都有严重的急功近利的倾向，进入大学校园，辅导员和专业课教师就三番五次向学生进行思想动员，要求学生认真学好专业课、学好英语，并为今后找工作着想，好好完善自己、提高自己和开拓关系。这看似很人性化地关心学生的成长，实际上却给学生以不恰当的引导和暗示。

4. 教育实践环节滞后

当前，部分教育者对于科学发展观的价值、地位与作用已经有了比较深刻的认识，但由于教育实践环节上的滞后，未能使科学发展观在教育活动中全面展开。这主要表现在教育实践环节缺少相应的教育规范，包括教育计划、课程建设及评估体系等等。教育者常常自觉不自觉地突出自己的角色地位，教育者选择和运用的工作方法往往是从自身出发，不考虑受教育者的个性特征和实践能力，教育表现出明显的形式主义和主观主义。

（二）有利因素

1. 当前社会对科学发展观的重视

在党的十七大做出了在全党开展深入学习实践科学发展观活动的重大战略决策之后，全国上下迅速掀起了深入学习实践科学发展观的热潮，一时间科学发展观的观念深入人心。在各个高校，学习科学发展观活动也是如火如荼，广大思政教育者们更是经历了一场思想的洗礼，促使他们在深入学习科学发展观的同时，结合高校思政教育实际，重立新的教育理念，思索新的教育方法，探寻新的教育机制。

2. 年轻教育工作者实验意识强烈

教育者是教育改革中的活跃因素，而年轻教育者更是教育改革的急先锋和主力军。年轻教育者较老一代教育者而言，具有更开阔的知识结构和心理结构，对于新事物、新观念的包容和接受能力更强，实验意识和变革意识也更强。他们的观念更新速度比老一代教育者快得多。年轻的教育者特别是年轻教师和年轻一线辅导员观念转变较快，实践意识强烈。

（三）实践中亟待解决的问题

1. 提高教育者的综合素质

一切美好的教育思想理论都要靠教育者的操作才能切实转为现实，思政教育者自身素质关系到高校思政教育工作的最终成效。鉴于目前很多教育工作者存在教育理念落后、理论水平薄弱、工作方式陈旧等素质上的欠缺，因而提高教育者的综合素质迫在眉睫。

2. 丰富受教育者的实践能力

传统的思政教育采取的是“填鸭式”的教育方式，整个教育过程认知化：片面强调对社会规范的认知、掌握和理解，把思政教育过程等同于知识的认知过程，忽略人与人心灵之间的交流，将德育过程等同于智育过程；忽视外在的道德需求向学生个体道德需要转化的心理机制研究，将“掌握”和“认同”等同起来；忽视道德修养的巨大作用，对学生日常生活中多样化的道德实践关心不足。学生掌握的道德规范、准则体系缺乏实践，不能有效地内化为道德信念，导致“知而不信”。因此丰富受教育者的实践能力必须受到重视。

三、在科学发展观背景下创新高校思政教育工作的思考

（一）理论创新：以树立科学发展观为核心，提高教育者的理论水平

思政教育要以科学发展观为基础，重新构建其理论体系。要改革思政教育的方法，使之符合科学发展观的要求。以科学发展观为基础和主导的思政教育，必须渗透到人的全部生活之中，贴近实际、贴近生活、贴近科学，潜移默化，生动活泼，固本培元，夯实根基。

首先，科学发展观的实质是以人为本，因此，思政教育必须以人为本，切实确立教育者与受教育者的主体地位应是新时期高校思政教育理论创新的核心内容。为牢固确立人的主体性地位，教育者可充分发挥主动性，精心选取教育内容，采取行之有效的教育方法，利用现代化的教学手段，创造性地对受教育者进行思政教育，促进受教育者的全面发展。

其次，科学发展观以协调发展为中心，思政教育是培养人的工作，它的目标应是努力造就全面发展的、适合社会主义现代化建设要求的合格人才，因此思政教育必须以实现人的全面发展为目标进行内容创新。目前，在思政教育的内容上，还不同程度地存在着理论脱离实际的“两张皮”现象，缺乏教育的实效性。这就要求教育内容应由“远而空”向“近而实”的方向转变，应该克服以往社会由于片面发展而形成的“道德人”“政治人”“经济人”“工具人”的“单面人”现象。

（二）能力创新：适应科学发展观的要求，丰富教育者的能力结构

思政教育工作能否取得实效，与教育者的能力结构有着密切的联系，主要是教育方法问题。方法得当，事半功倍；方法不当，事倍功半，甚至劳而无功。

首先，适应时代和社会发展的需要，思政教育的单一、传统的方法也应向多样化、现代化的科学方法转变，以求得教育的最佳效果。例如：适应信息全球化发展需要的网络教育，通过现代化的技术手段，可以优化信息、网络空间，从而弘扬社会主义思想的主旋律，达到教育的目的。

其次，可以把思政教育渗透到学校生活的各个领域，寓教于知、寓教于乐、寓教于美，寓教于管理，推动思想工作贴近学生、贴近工作、贴近生活。高校应根据各自历史的、地理的和学科特色，创造性地营造一种高

品位的校园文化氛围和浓厚的学术氛围，激发大学生的学习热情和创新精神。

（三）实践创新：整合各职能要素，改进教育机制

思政教育是一个庞大的系统工程，我们应该认真分析和整合其中的各个要素，使其产生巨大的合力，推动思政教育的发展，这就需要建立长期有效的全面协调的教育机制。

首先，在高校要建立和完善一支高素质的思政教育兼、专职队伍，把思政教育与教学、科研、社会服务工作结合起来，以先进的理念、务真求实的工作态度，把思想教育工作落到实处。

其次，要不断完善大学生思政教育的保障机制。学校应加大学生思政教育工作的经费投入，列入预算，并为开展大学生思政教育工作提供必要的场所与设备。

再次，要注重校内、校外资源的有力整合，也就是把学校教育、家庭教育和社会引导结合起来，把思政教育渗透到各个环节当中，从而形成一种稳定的全方位的教育机制。

参考文献：

[1] 中共中央文献研究室．毛泽东邓小平江泽民论科学发展观［M］．北京：中央文献出版社、党建读物出版社，2009.

[2] 中共中央文献研究室．科学发展观重要论述摘编［M］．北京：中央文献出版社、党建读物出版社，2009.

[3] 郭伟．高校思想政治教育的创新与发展［J］．教育与职业，2006，（23）．

[4] 禹小平．科学发展观与高校思想政治教育工作创新［J］．文史博览，2006，（1）．

（原载于《文学教育（中）》2011 年第 2 期）

大学生孤独感问卷的编制与信效度检验

黄国萍　柳友荣

摘　要： 从内部结构、横向结构和纵向结构三个维度研究大学生孤独感的结构模型，编制大学生孤独感问卷并检验其信效度。有效抽取1502名大学生进行孤独感测量，结果表明：大学生孤独感的结构是一个包含内部结构、纵向结构和横向结构的复合体系，内部结构是一维的一般孤独感，纵向结构上包含短期孤独感与长期孤独感，横向结构上包含发展孤独感、生活孤独感、社交孤独感、师情孤独感、爱情孤独感、友情孤独感、亲情孤独感等7个因子。大学生孤独感的内部结构模型、横向结构模型和复合结构模型的各项拟合指数均符合心理测量学的要求。自编的大学生孤独感问卷的心理测量学指标良好，可以用于测量我国大学生的孤独感。

关键词： 孤独感；大学生；结构；维度；问卷编制

引　言

孤独感已成为高发病率和死亡率的一个强有力的危险影响因素[1]，已经严重影响到人们的生活质量甚至生存状态[2]。孤独感对个体的影响呈“∩”形，在青年期达到顶峰[3]。正处于青年阶段的大学生普遍有较高水平的孤独感[4]。

关于孤独感的结构与维度，国内外学者一直没有达成共识，他们往往把孤独感的产生限定在社会交往领域[5,6]，并据此编制了各种孤独感测量

基金项目： 安徽省高等学校省级优秀青年人才基金（重点）项目（2011SQRW149ZD）；安徽省哲学社会科学规划项目（AHSKY2014D33）。

作者简介： 黄国萍（1979—），女，山东潍坊人，池州学院讲师，硕士，研究方向：心理健康教育；柳友荣（1966—），男，安徽巢湖人，池州学院教授，博士，研究方向：心理健康教育。

工具。Russell孤独感视为单维度的情绪反应即对社会交往的渴望与实际水平的差距而产生的孤独[7]，并编制了测量一般孤独感的UCLA孤独量表[8]。在UCLA孤独量表（第二版）的修订和使用过程中，Austin等人发现了孤独感的三因子模型：友情孤独感、社交孤独感和归属孤独感[9-11]。Weiss把孤独分为两种类型：社交孤独与情感孤独，Vincenzi和Grabosky设计了情绪—社交孤独感量表（ESLI）旨在区分Weiss所提出的两种孤独感类型。Kenneth等编制的SELSA孤独感量表由亲情孤独、爱情孤独、社交孤独三个维度组成。李艺敏等将孤独感的产生初步扩展到社会生活领域，把大学生孤独感分为社会孤独感、社交孤独感、自我孤独感和发展孤独感，并编制了测量问卷[12]。Perlman对孤独从时间上作了区分，认为孤独既可以是短期的、暂时性的，也可以是长期的、特质性的[13]。Young将孤独区分为：长期性孤独、情境性孤独和暂时性孤独[14]。Gierveld把孤独分成三维：强度、时程、情绪特征，设计了Rasch式孤独感量表[15]。文化对孤独感有着重要影响，留学生会体验到三种孤独，即社交孤独、情感孤独和文化孤独[16]。四十多年来，国内的大学生孤独感研究热度持续上升，但大多直接以国外的孤独感理论和测量工具为研究基础，而这些理论本身及测验结果的矛盾和冲突一直存在。目前，使用最广的UCLA孤独量表只能测量一般孤独感水平，不能全面反映个体孤独感的状况，更无法揭示群体孤独感的共性和规律，对孤独感辅导也不能提供更为细致的数据支持。

本文整合国内外孤独感结构理论及研究成果，从内部结构（一般孤独感）、纵向结构（短期孤独感与长期孤独感）和横向结构三个方面初步构建大学生孤独感的理论结构。结合问卷调查和访谈结果编制大学生孤独感问卷，实施交叉验证，探索并检验大学生孤独感的结构模型，以期建立能够全面反映我国大学生孤独感状况的测量工具，详细和直观地展示大学生孤独感的特征和变化规律，为大学生孤独感干预和辅导提供科学依据。

1 研究方法

1.1 对象

样本1：从安徽省某两所高校随机抽取150名大学生进行开放式问卷调查，包括专科、本科和研究生各50名，其中男生63人、女生87人。抽取其中30人进行访谈。

样本2：以班级为单位，随机抽取安徽省某大学的300名大学生进行小样本预测，有效被试250人，其中男生112人、女生138人。

样本3：以班级为单位，随机抽取安徽两所大学的500名大学生进行初测，有效样本495人，其中男生210人、女生285人。

样本4：在五个省份的10所高校随机抽取1700名大学生进行正式施测，有效问卷1502份，男生550人、女生952人、专科生529人、本科生652人、研究生321人。其中600人被同时施测校标问卷，有效数据513份，其中男生248人、女生265人。将1502人的施测样本随机分为两个独立的部分，先用一部分（751人）进行探索性因素分析，初步构建大学生孤独感的结构模型；然后用另一部分（751人）进行验证性因素分析，对所得模型进行检验和修正，从而验证理论模型。

样本5：在正式施测样本中抽取100名大学生进行重测，两次施测间隔一个月，有效被试73人，其中男生50人、女生23人。

1.2 初测问卷的编制

1.2.1 访谈与开放式问卷调查

在开放式问卷中设计了两个项目：①在什么情景下或发生什么事情时，你会感到孤独？②当你孤独的时候，你会怎样做？对样本1中的大学生进行问卷调查，同时采用离线与在线两种形式对其中30名大学生进行半结构访谈。对问卷调查和访谈结果进行汇总整理，发现大学生孤独感在内容上主要涉及14大类：遭遇挫折和困难而无助；生活贫困与经济拮据；被误解或不被理解；失恋；失去亲人或好友；无事可干；无人陪伴；被老师批评；生活压力太大；被出卖或背叛；面临重要选择；遭遇失败；与别人（亲人、恋人、好朋友、同学）闹矛盾；被人忽略、冷落或遗忘。另外还有一些特殊情境，如初到陌生环境、生病、夜深人静时，想家时和想到未来时等。这些情况或情景涉及社会生活的各方面，而不仅仅是人际交往领域，而且与个体的社会需要与社会比较密切相关。

1.2.2 初测问卷的形成

根据文献分析，在访谈和开放式问卷调查的基础上，结合心理学专家的意见，初步编制了77个项目的问卷。每个项目按5级计分：1=从不如此，2=很少如此，3=有时如此，4=经常如此，5=总是如此。每个项目按照两个时间维度（“最近两周”与“多年以来”）分别进行填写。为了降低问卷的表面效度，施测时问卷标题改为“大学生活体验问卷”。为了保证问卷内容的代表性和全面性，没有按照理论构想对项目进行删减，而是以此问卷对随机抽取的某大学的300名大学生（样本2）进行小样本预测。根据鉴别力指数 D 和高低分组的差异性系数进行项目分析，将 $D<0.20$ 的项目和差异显著性系数 $p>0.05$ 的项目删除，再次寻求心理学专家的意见，并根据理论构想对问卷的维度和项目顺序略作调整，最后形成的大学生孤独感预测问卷由56个项目组成。抽取两所大学的500名大学生（样本3）进行预测。用SPSS17.0对数据进行初步的探索性因素分析，用主成分分析法抽取公共因子。根据因子分析和项目分析理论并结合理论构想修正大学生孤独感的项目，形成包含30个项目的大学生孤独感初测问卷。

1.3 校标问卷

UCLA孤独量表（第三版）：共20题，其中5个反向计分项目，高分表示孤独程度高，适用于大学生群体时 α 系数为0.94[17]，此次测量中 α 系数为0.87。应用UCLA孤独量表考查自编问卷的效标效度。

1.4 统计方法

使用SPSS19.0进行描述统计分析、探索性因素分析、相关分析、效标效度分析和问卷的信度分析，采用Amos17.0对数据进行验证性因素分析。

2 结果

2.1 问卷得分情况

大学生孤独感问卷为5级计分，每个项目的分数范围为1～5分，为了便于计算和比较，孤独感各因子得分为项目得分之和除以项目个数再乘以10，即：$Y=(X_1+X_2+\cdots+X_n)/n\times10$，所以每个因子的得分范围都在10～50分之间，30分为中点分。UCLA孤独量表为4级计分，每个项目的分数范围为1～4分，总分为各项目得分之和，范围是20～80，中点分为50分。

表1 大学生孤独感各因子得分情况（n=1502）与UCLA孤独量表得分（n=513）

因子	最小值	最大值	M	SD	超过中点分的比例（%）
短期友情孤独感	10.00	50.00	24.46	7.66	27.5

（续表）

因子	最小值	最大值	M	SD	超过中点分的比例（%）
短期生活孤独感	10.00	50.00	25.51	7.61	30.3
短期社交孤独感	10.00	50.00	23.19	7.65	20.8
短期亲情孤独感	10.00	50.00	19.15	8.35	24.8
短期发展孤独感	10.00	50.00	22.61	8.39	24.7
短期师情孤独感	10.00	50.00	26.17	8.24	40.2
短期爱情孤独感	10.00	50.00	30.55	9.85	64.5
短期孤独感总分	10.00	44.67	24.20	5.28	24.4
长期友情孤独感	10.00	50.00	23.14	7.36	20.5
长期生活孤独感	10.00	50.00	24.17	6.93	32.4
长期社交孤独感	10.00	50.00	22.65	7.26	18.3
长期亲情孤独感	10.00	50.00	19.26	8.42	14.4
长期发展孤独感	10.00	50.00	21.06	8.02	19.2
长期师情孤独感	10.00	50.00	24.70	8.06	31.8
长期爱情孤独感	10.00	50.00	29.89	9.33	63.0
长期孤独感总分	10.00	44.33	23.24	5.20	10.5

（续表）

因子	最小值	最大值	M	SD	超过中点分的比例（%）
孤独感总分	10.00	44.50	23.72	5.00	10.7
UCLA 量表总分	21.00	72.00	42.63	8.83	21.8

从表 1 中可见，虽然短期孤独感总分、长期孤独感总分及孤独感总分超过中点分的人数比例不是很高，但是在生活孤独感、师情孤独感因子上，分别有超过 30% 的大学生得分较高，在长期和短期爱情孤独感因子上，有超过 63% 的大学生得分较高。如图 1 所示，大学生孤独感各因子的平均得分主要集中在 23 ~26 分之间。

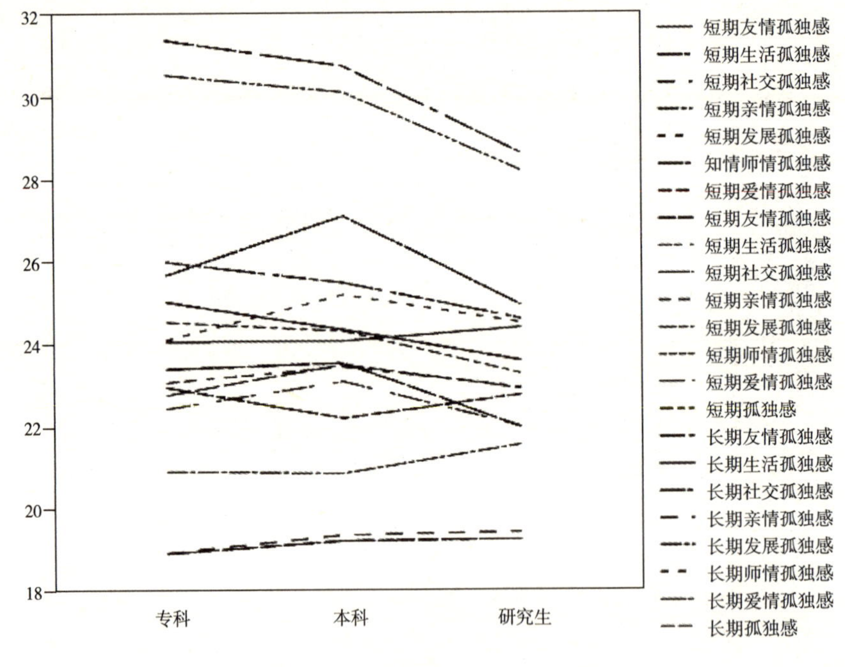

图 1　大学生孤独感各因子得分图

2.2　问卷效度分析

2.2.1　项目区分度分析

选取项目得分与问卷总分的相关以及“临界比率”（CR 值）来进行项

目区分度分析，短期孤独感问卷中有 5 个项目的指数在 0.32～0.40 之间，其他 83.3% 的项目指数均超过 0.40；长期孤独感问卷中有 7 个项目的指数在 0.31～0.40 之间，有 76.7% 的项目指数超过 0.40。30 个项目的决断值在 0.001 水平上都达到了显著性，项目的区分度非常理想。

2.2.2 探索性因子分析

对样本 4 的第一部分样本进行初步的因子分析，30 个项目在短期孤独感和长期孤独感两个时间维度上的因子负荷存在明显的差异，说明短期孤独感和长期孤独感两个维度确实存在。因此，分别对短期孤独感和长期孤独感进行探索性因子分析和验证性因子分析。

（1）短期孤独感的探索性因子分析

在短期孤独感维度的因子分析中，KMO 系数 0.89，球形检验 χ^2 值 6094.18（df=435，p<0.001），用主成分分析法和斜交旋转进行因子分析，抽取出 7 个公因子，解释总变异量的 54.28%（见表 2）。根据项目表述内容，7 个因子分别命名为友情孤独感、生活孤独感、社交孤独感、亲情孤独感、发展孤独感、师情孤独感和爱情孤独感。

表 2　大学生短期孤独感的因子分析表（n=751）

	友情孤独感		生活孤独感		社交孤独感		亲情孤独感		发展孤独感		师情孤独感		爱情孤独感	
	项目	载荷	项目	载荷	项目	载荷	项目	载荷	项目	载荷	项目	载荷	项目	载荷
	a6	.723	a15	.697	a26	.728	a7	.785	a10	.756	a22	.668	a11	.867
	a28	.678	a18	.695	a29	.674	a4	.737	a2	.651	a17	.525	a8	.859
	a1	.677	a13	.666	a27	.575	a3	.696	a25	.628	a20	.628		
	a5	.676	a16	.637	a30	.516	a23	.653						
	a12	.665	a19	.561	a24	.431								
	a21	.639	a9	.485										
	a14	.431												
特征根	3.747		3.144		2.347		1.857		1.761		1.759		1.667	
贡献率%	12.489		10.481		7.824		6.190		5.871		5.863		5.557	

（2）长期孤独感的探索性因子分析

在长期孤独感的因子分析中，KMO 系数 0.90，球形检验 χ^2 值 5950.36（df=435，p<0.001），用主成分分析法和斜交旋转对 30 个项目进行分析，

抽取出 7 个公因子，解释总变异的 53.563%（见表 3）。7 个因子包含的项目与短期孤独感各因子的项目一一对应。7 个因子分别命名为友情孤独感、生活孤独感、社交孤独感、亲情孤独感、发展孤独感、师情孤独感和爱情孤独感。

表 3　大学生长期孤独感的因子分析表（n=751）

	友情孤独感		生活孤独感		社交孤独感		亲情孤独感		发展孤独感		师情孤独感		爱情孤独感	
	项目	载荷	项目	载荷	项目	载荷	项目	载荷	项目	载荷	项目	载荷	项目	载荷
	b6	.723	b19	.666	b26	.666	b4	.756	b2	.704	b17	.668	b11	.867
	b1	.707	b18	.627	b27	.650	b7	.750	b10	.699	b20	.628	b8	.859
	b5	.664	b16	.617	b29	.599	b3	.626	b25	.646	b22	.525		
	b21	.639	b15	.606	b30	.511	b23	.587						
	b28	.607	b13	.587	b24	.497								
	b12	.558	b9	.356										
	b14	.385												
特征根	3.459		2.441		2.423		2.314		1.959		1.865		1.607	
贡献率%	11.531		8.138		8.078		7.712		6.531		6.215		5.357	

2.2.3　验证性因子分析

根据探索性因子分析结果，大学生孤独感在横向结构上至少包含社交孤独感、发展孤独感、生活孤独感、亲情孤独感、友情孤独感、师情孤独感和爱情孤独感等因子。在纵向结构上包含短期孤独感和长期孤独感。项目表述方式[18-20]可能影响孤独感结构的稳定性。自编问卷中的生活孤独感和社交孤独感两个因子共 11 个项目是反向表述。在 UCLA 孤独感量表（第三版）的修订中发现，包含一般孤独感与两个方法因子的孤独感结构模型最为稳定[8]。因此，分别构建三种大学生孤独感结构假设模型。

图 2 是由 7 个一阶因子构成的大学生长期孤独感的横向结构模型。图 3 是大学生短期孤独感的复合结构模型，7 个横向结构因子共同负荷在短期孤独感因子上，并分别负荷在两个方法因子上。图 4 是大学生短期孤独感的内部结构模型，30 个项目共同负荷在短期孤独感因子上，并分别负荷在两个方法因子上。短期孤独感的横向结构模型与图 2 相同，长期孤独感的复合结构模型和内部结构模型分别与图 3、图 4 相同。如表 4 所列，6

个模型的拟合结果都符合心理测量学的要求。因此，大学生孤独感结构是如图5所示的包含内部结构、纵向结构和横向结构的复合结构体系，而且横向结构因子中都包含了一般孤独感这一相通的内部结构因子。自编的大学生孤独感问卷既可以测量大学生的一般孤独感水平，也可以测量孤独感横向结构各因子水平或者短期孤独感和长期孤独感的水平。如图5所示，研究得出的大学生孤独感结构既验证了前人对孤独感内部一维结构和纵向结构的认定，也很好地展示了大学生孤独感横向细分结构的合理性。在实际的研究工作中，可以根据研究目的不同，选择测量不同结构因子的水平。

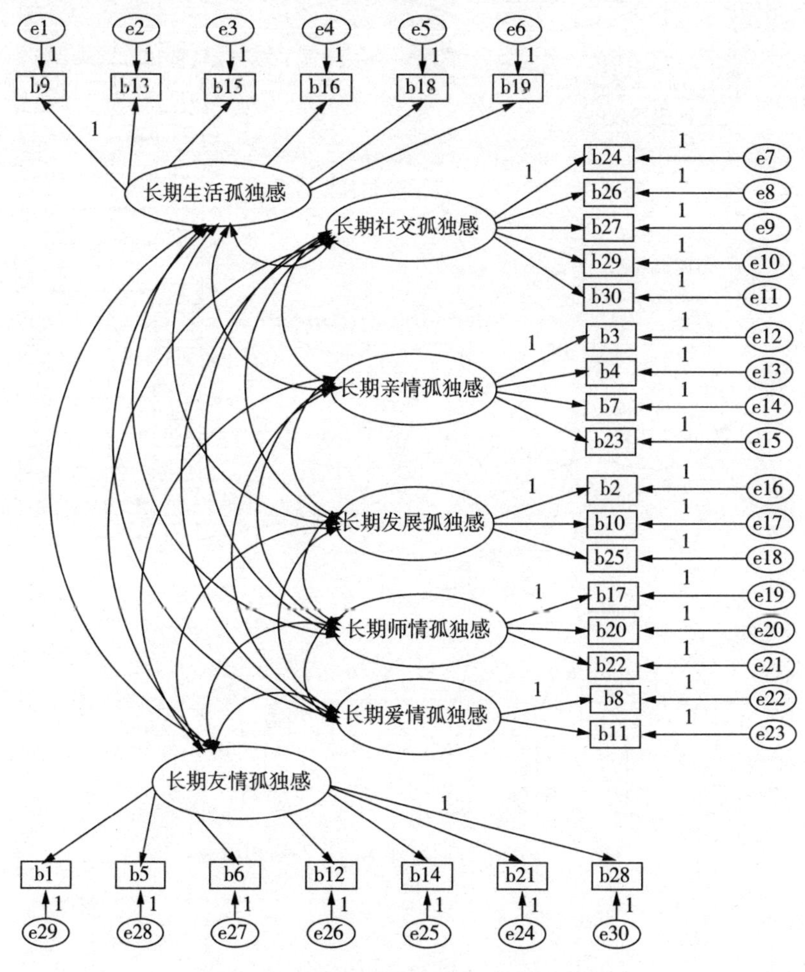

图2　大学生长期孤独感的横向结构模型

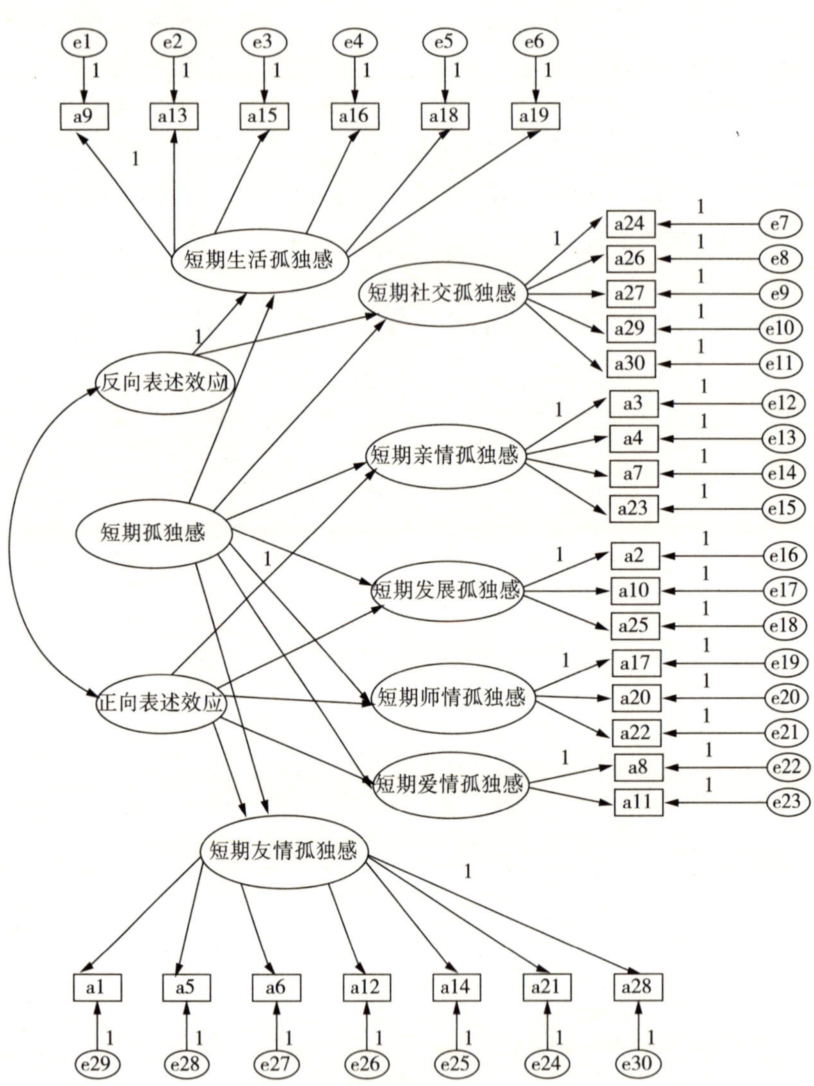

图3　大学生短期孤独感的复合结构模型

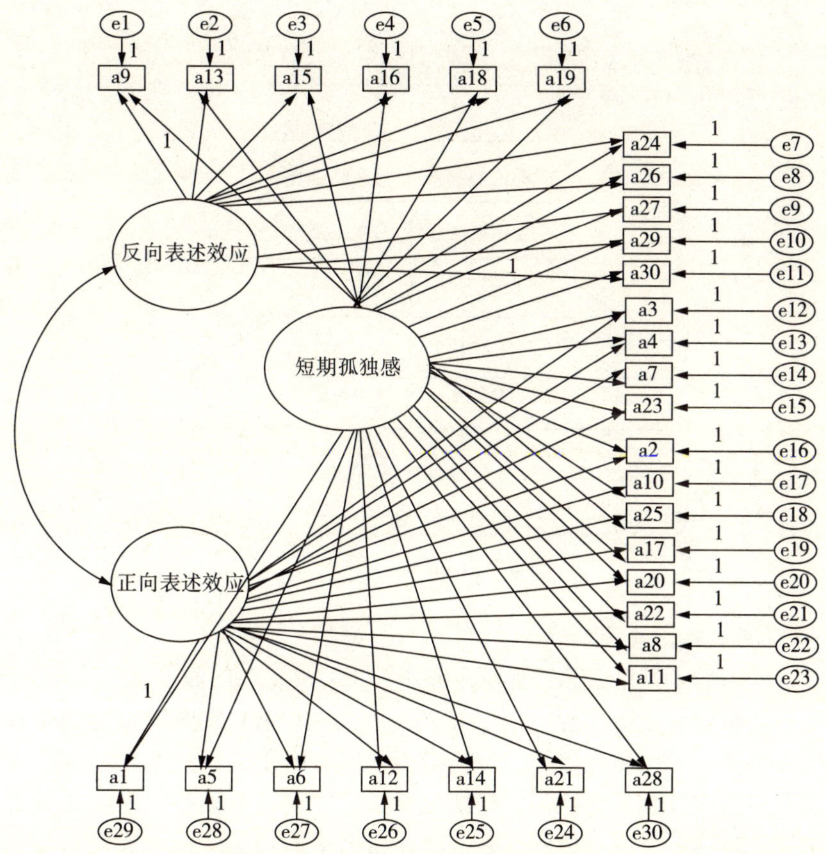

图 4　大学生短期孤独感的内部结构模型

表 4　大学生孤独感结构模型的 CFA 拟合指数

模型	CMIN	DF	CMIN/DF	RMR	GFI	AGFI	NFI	IFI	NNFI	CFI	RMSEA
M_1	518.18	351	1.48	0.04	0.96	0.94	0.91	0.97	0.96	0.97	0.03
M_2	456.74	341	1.34	0.04	0.96	0.95	0.92	0.98	0.97	0.98	0.02
M_3	497.00	338	1.47	0.04	0.96	0.94	0.92	0.97	0.96	0.97	0.03
M_4	589.48	362	1.63	0.04	0.95	0.94	0.91	0.96	0.95	0.96	0.03
M_5	578.29	347	1.67	0.04	0.95	0.94	0.91	0.96	0.95	0.96	0.03
M_6	559.66	336	1.67	0.04	0.95	0.93	0.91	0.96	0.95	0.96	0.03

备注：M_1 是短期孤独感的横向结构模型，M_2 是短期孤独感的复合结构模型，M_3 是短期孤独感的内部结构模型，M_4 是长期孤独感的横向结构模型，M_5 是长期孤独感的复合结构模型，M_6 是长期孤独感的内部结构模型。

图 5　大学生孤独感结构图

2.2.4　效标效度分析

UCLA 孤独量表是在"孤独感来源于社交领域"的假设基础上产生的，测量的是长期一般孤独感[8,21]。如表 5 所列，UCLA 孤独量表得分与大学生孤独感各因子均显著相关；与长期孤独感各因子的相关水平总体上高于与短期孤独感各因子的相关，与社交孤独感、友情孤独感因子的相关高于与师情孤独感、发展孤独感、爱情孤独感因子的相关。以上表明自编的大学生孤独感问卷具有良好的效标效度。

表 5　大学生孤独感各因子与 UCLA 孤独量表得分的相关分析（r）（n=513）

短期孤独感	UCLA 孤独量表总分	长期孤独感	UCLA 孤独量表总分
短期友情孤独感	0.58**	长期友情孤独感	0.66**
短期社交孤独感	0.59**	长期社交孤独感	0.58**
短期生活孤独感	0.51**	长期生活孤独感	0.52**
短期亲情孤独感	0.40**	长期亲情孤独感	0.44**
短期师情孤独感	0.46**	长期师情孤独感	0.46**
短期发展孤独感	0.32**	长期发展孤独感	0.38**
短期爱情孤独感	0.24**	长期爱情孤独感	0.25**
短期孤独感总分	0.68**	长期孤独感总分	0.70**
		孤独感问卷总分	0.72**

注：$^{*}p<0.05$、$^{**}p<0.01$，下同。

2.3 问卷的信度分析

如表6所列，虽然每个因子的项目数量较少，但各因子的α系数均在0.54~0.94之间。总问卷的内部一致性系数高于两个分问卷的系数，两个分问卷的内部一致性系数又高于各自内部横向结构因子的系数。两个分问卷以及总问卷的重测信度非常高，短期孤独感维度各因子的重测信度低于长期孤独感对应因子的重测信度。

表6 大学生孤独感问卷的内部一致性系数（n=1502）和重测信度系数（n=73）

因子	Cronbachα 系数	重测信度 r	因子	Cronbachα 系数	重测信度 r
孤独感总问卷	0.93	0.93**			
短期孤独感	0.89	0.72**	长期孤独感	0.88	0.99**
短期发展孤独感	0.56	0.32**	长期发展孤独感	0.54	0.34**
短期社交孤独感	0.71	0.36**	长期社交孤独感	0.78	0.36**
短期友情孤独感	0.82	0.45**	长期友情孤独感	0.80	0.49**
短期生活孤独感	0.77	0.41**	长期生活孤独感	0.72	0.50**
短期亲情孤独感	0.72	0.13	长期亲情孤独感	0.72	0.46**
短期师情孤独感	0.61	0.38**	长期师情孤独感	0.69	0.44**
短期爱情孤独感	0.73	0.10	长期爱情孤独感	0.71	0.19

3 讨 论

3.1 大学生孤独感的水平

从图1中可见，虽然大学生孤独感各因子的平均得分主要集中在23~26分之间，但每个因子上都有相当比例的大学生得分超过了中点分，孤独感在大学生中普遍存在，尤其是爱情孤独感、师情孤独感和生活孤独感的水平较高。孤独感各因子的水平显示出鲜明的层次性。

3.2 大学生孤独感的结构模型

交叉验证的结果表明，在纵向结构上对短期孤独感和长期孤独感的划分是正确的；两个纵向结构因子都包含发展孤独感等 7 个横向结构因子，横向结构因子中也都包含一般孤独感这一内部结构因子。大学生孤独感的结构模型与理论构想基本吻合，而且大学生孤独感内部结构、横向结构和纵向结构都是稳定和可靠的。

3.2 大学生孤独感问卷的信效度

大学生孤独感问卷的内部一致性信度系数都在 0.54 ~ 0.94 之间，重测信度系数多在 0.30 ~ 0.99 之间，以 UCLA 孤独量表为效标问卷，孤独感各因子的效标效度也比较理想。表明自编问卷在评价大学生孤独感的实质内容上是较为有效的，自编问卷具有良好的信效度，是可靠的、适合于我国大学生的孤独感测量工具。自编的大学生的孤独感问卷整合并验证了已有孤独感理论和测量工具，可以全面反映大学生的孤独感的状况，研究者可根据研究的需要，选择使用一般孤独感水平或横向结构因子水平或纵向结构因子水平。

4 结 论

孤独感在大学生中普遍存在，而且结构复杂，需要对其全面测量才能真正了解大学生孤独感的状况。大学生孤独感的结构既是一个包含内部结构、纵向结构和横向结构的复合体系，也是一个包含两个方法因子和一般孤独感因子的一维结构。细分孤独感的横向结构，可以更好地研究大学生孤独感各因子的变化趋势、层次特征和差异特点，进行纵向结构分析可以了解大学生孤独感的累积性和时程特点，而内部结构分析可以帮助我们研究一般孤独感的核心动力和共变性。自编的大学生孤独感问卷可以全面测量我国大学生的孤独感。

在大学生孤独感测量中发现，大学生孤独感各因子表现出鲜明的层次性、阶段性和共变性等特征，今后的研究中需要对大学生孤独感的基本特征和变化趋势进行研究，以全面了解大学生群体的孤独感特点，有针对性地制订团体辅导方案。笔者在研究中发现，独处方式、归因类型等多个因素直接或间接对大学生孤独感形成重要影响，今后还需要对这些影响因素进行深入分析，以期找到预防或疏导大学生孤独感的最佳途径。此外，今后还需与时俱进地不断扩大样本的代表性和与大学生生活的贴近性，不断完善问卷结构。

参考文献:

[1] CACIOPPO T J, HAWKLEY C L, BERNTSON G G. The anatomy of loneliness [J]. Current Directions in Psychological Science, 2003, 12 (24): 71-74 (4).

[2] ADAM K E, CHYU L, HOYT T L, et al. Adverse adolescent relationship histories and young adult health: cumulative effects of loneliness, low parental support, relationship instability, intimate partner violence, and loss [J]. J Adolesc Health, 2011, 49 (3): 278-286.

[3] PINQUART M, SöRENSEN S. Risk factors for loneliness in adulthood and old age--a meta-analysis [J]. Advances in Psychology Research, 2003, 19 (15): 111-143.

[4] 李萌. 网络时代下大学生孤独感现状分析及教育引导研究 [D]. 南京: 南京邮电大学, 2013.

[5] MICHELA L J, PEPLAU L, WEEKS G D. Perceived dimensions of attributions for loneliness [J]. J PERS SOC Psychol, 1982, 43 (5): 929-936.

[6] DOANE D L, ADAM K E. Loneliness and cortisol: momentary, day-to-day, and trait associations [J]. Psychoneuroendocrinology, 2010, 35 (3): 430-441.

[7] VINCENIZ H G. Measuring the emotional/social aspects of loneliness and isolation [J]. Journal of Social Behavior and Personality, 1987, 2 (2): 257-270.

[8] RUSSELL D. UCLA Loneliness Scale (Version 3): Reliability, Validity, and Factor Structure [J]. Journal of Personality Assessment, 1996, 66 (1): 20-40.

[9] MCWHIRTER, BENEDICT T. Loneliness: A Review of Current Literature, With Implications for Counseling and Research [J]. Journal of Counseling & Development, 1990, 68 (4): 417 - 422.

[10] AUSTIN B A. Factorial structure of the UCLA loneliness scale [J]. Psychological Reports, 1983, 53: 883-889.

[11] HOJAT M. Psychometric characteristics of the UCLA Loneliness Scale: A study with Iranian college students [J]. Educational and Psychological Measurement, 1982, 42 (3): 917-925.

[12] 李艺敏, 蒋艳菊, 李新旺. 大学生孤独感结构研究 [J]. 心理

科学，2006，(2)：465-468.

[13] GERSON A C, PERLMAN D. Loneliness and expressive communication [J]. Journal of Abnormal Psychology, 1979, 88 (3): 258-261.

[14] YOUNG K S, ROGERS R C. The relationship between depression and Internet addiction [J]. Cyberpsychology & Behavior, 1998, 1 (1): 25-28.

[15] GIERVELD J J, TILBURG T V. A 6 - Item Scale for Overall, Emotional, and Social Loneliness: Confirmatory Tests on Survey Data [J]. Research on Aging, 2006, 28 (5): 582-598.

[16] SAWIR E, MARGINSON S, DEUMERT A, et al. Loneliness and International Students: An Australian Study [J]. Journal of Studies in International Education, 2008, 12 (2): 148-180.

[17] RUSSELL D W, CUTRONA C E. UCLA 孤独量表（第三版，1988）[J]. 中国心理卫生杂志，1999，(增刊)：286-287.

[18] 王淑娟，张建新. 心理测验中正反向表述项目对量表效度的影响 [J]. 中国临床心理学杂志，2009，17 (05)：554-556.

[19] 王孟成，蔡炳光，吴艳，等. 项目表述方法对中文 Rosenberg 自尊量表因子结构的影响 [J]. 心理学探新，2010，30 (3)：63-68.

[20] 顾红磊，王才康. 项目表述效应的统计控制：以中文版生活定向测验为例 [J]. 心理科学，2012，(5)：1247-1253.

[21] BORGES A, PRIETO P, RICCHETTI G, et al. Cross validity of the UCLA Loneliness Scale factorization [J]. Psicothema, 2008, 20 (4): 924-927.

（原载于《池州学院学报》2015 年第 6 期）

以主题班会为载体开展大学生孤独感团体辅导与干预

黄国萍

摘　要：大学生孤独感水平普遍较高，团体心理辅导难以充分开展。作为班级管理重要形式的主题班会具有常态性、灵活性和全员参与性等特点。以主题班会为载体，系统地开展大学生孤独感团体辅导，既可以提高心理辅导的效率，改善大学生的孤独感水平，以促进他们的身心健康发展；又创新了高校主题班会活动的开展模式，丰富了主题班会的内容，提高了大学生社交能力、生存能力等方面的素质，也有利于大学生心理健康状况的全面改善。

关键词：主题班会；孤独感；团体辅导

主题班会是贯穿于大学生整个大学阶段的重要活动内容和集体活动方式，具有全程性、全员性等特点，主题枯燥、内容僵化和操作不规范成为影响高校主题班会实效性的主要原因。大学生孤独感已经成为一种普遍心理问题，严重影响了大学生的心理健康和身心发展。将团体辅导技术引入高校主题班会和大学生孤独感心理辅导，三者有机结合，已成为加强大学生思想政治教育、提高大学生综合素质的有效途径。

一、大学生孤独感

孤独感是个体知觉到自身需要与需要满足程度之间存在差距而又不能

基金项目：安徽省高等学校省级优秀青年人才基金重点项目（2011SQRW149ZD）；教育部人文社会科学研究专项任务项目（高校思想政治工作）辅导员专项资助（10JDSZ3008）；池州学院研究生引进项目（XYK200806）。

作者简介：黄国萍（1979—），女，山东潍坊人，池州学院辅导员，讲师，教育学硕士。

获得相应的社会支持时产生的一种消极的主观体验。“孤独感”是人类普遍的情绪体验，是衡量一个人心理是否健康的重要标准。适度的孤独感有助于个体形成个性和独立性，持续的、高水平的孤独感则不利于个体的健康和发展。孤独感的影响范围在青少年时期达到顶点，并随着年龄的增长而降低（Goldenberg，Sheila，1981）[1]。孤独感的存在，在大学校园里已不是个别特殊的心理现象，而带有典型性、普遍性的特点。孤独的大学生更容易感到困惑和无助，因难以确定明确的发展目标而找不到生活和学习的意义。国内外研究者对大学生孤独感的研究给予了较多的关注，但是现有研究大多集中在现状和影响因素、预测因素等方面，孤独感的疏导和辅导策略研究尤其是团体辅导研究较少，而且研究结果缺乏系统性和可操作性。

我们采用自编问卷，随机抽取五个省份十二所高校的1700名大学生进行孤独感测量。测量结果表明，我国大学生的总体孤独感水平较高，大部分大学生有较高水平的孤独体验。从总体上看，大学生孤独感中水平最高的是爱情孤独感和发展条件孤独感，水平最低的是亲情孤独感和自我实现孤独感。大学生孤独感具有显著的累积特征、年龄和层次特征以及共变特征。根据不同阶段大学生的心理发展特点和孤独感特征，制定实践性较强的团体辅导策略是必要的也是迫切的。

二、孤独感的团体辅导

团体辅导是在团体情境下进行的一种心理辅导形式，它是以团体为对象，运用适当的辅导策略与方法，通过团体成员间的互动，促使个体在交往中通过观察、学习、体验，认识自我、探讨自我、接纳自我，调整和改善与他人的关系，学习新的态度与行为方式，激发个体潜能，增强适应能力的助人过程。团体辅导具有感染力强，影响广泛，效率高，省时省力，效果容易巩固等特点。团体辅导对于大学生孤独感疏导和调适有着重要的价值和意义。采用团体辅导可以缓解大学生对心理治疗和心理咨询的防御心理，也可以帮助大学生科学地认识自身的心理健康状况，积极主动地参与到孤独感的团体辅导活动中。

关于大学生孤独感的团体辅导研究，国内外学者作了一系列有效的尝试。我国学者李传银（2003）探讨了大学生孤独感的干预措施，该团体训练主要是为了帮助大学生摆脱孤独情绪而设置的，它并不针对有严重心理障碍的大学生[2]。赵晨等尝试了以团体咨询的方式对大学生的孤独感进行干预[3]。但是已有的孤独感团体干预没有形成一套完整的模式与体系，专业的团体心理辅导受财力、物力和人力的制约而难以充分开展，寻求团体心理辅导的普及途径、解决大学生“面”上的心理健康问题显得迫切而重要。

三、高校主题班会

主题班会是班级管理的重要形式，是辅导员对学生进行集体教育的有效手段，也是学生进行自我教育和施展才华的重要舞台，在高校学生的管理和思想政治教育中有着十分重要的作用。2004 年，中共中央国务院颁布的《关于进一步加强和改进大学生思想政治教育的意见》中明确指出，要着力加强班级集体建设，组织开展丰富多彩的主题班会等活动，发挥团结学生、组织学生、教育学生的职能。随着时代的发展，传统主题班会在内容、形式和组织过程上已经不能满足学生成长的需要，实效性越来越差。参与式、互动式和心灵体验式等新型主题班会的概念被提出，相关的实证研究也越来越多，如李俊玲等提出将主题班会作为职业规划课的开设途径[4]。这些新形式的主题班会强调的是主题教育过程的互动性、体验性和分享性，增强了学生接受主题教育的主动性，提高了学生自立、自主能力，让学生自我教育、自我管理和自我服务的效果得到明显提升。

因辅导员专业背景多元化和各班级管理水平不平衡的问题，主题班会的开展效果参差不齐，高校主题班会需要继续进行改革和创新，尽快实现课程化、系统化和规范化[5,6]。

四、大学生孤独感团体辅导系列主题班会

（一）主题与内容

主题班会的选题应该符合大学生思想、心理和行为的发展特点和规律，要从当前社会实际和学生年龄特点出发，体现主旋律和系统性，要契合时机又要具有延展性。孤独感的产生源于大学生各类需要的不充分满足和社会支持的缺乏，具有鲜明的年龄特征、层次特征、累积特征和共变特

征。以大学生孤独感团体辅导为主题的系列主题班会，要甄选出针对不同年级大学生在实际学习和生活中亟须解决的共性和个性的孤独感问题，并以此为依据制订系统的团体辅导方案。如表 1 所列，我们可以根据各年级大学生孤独感因子的水平和地位，设计大学生孤独感团体辅导系列主题班会，通过对学生进行调整认知方式、强化情绪体验和传授生存技巧等干预方式和内容，达到团体辅导的目标。

表 1　大学生孤独感团体辅导系列主题班会

主　题	形　式	功　能	原　则
感恩：感恩，用真情告白	故事会	学会感恩他人	教育性
恋爱：大学生是否应该谈恋爱	辩论赛	客观认识爱情	思考性
技巧：学会独处，悦纳孤独	讨论会	正确应对孤独	探索性
自我：爱我你就夸夸我	心理剧	加强人际管理	延展性
态度：我能，我来做	文艺会	建立积极取向	发展性

1. 感恩，用真情告白

感恩是一种生活态度，也是一种品德，体现了一个人对自己与他人和社会的关系有着正确的认识。亲情孤独感主要与个体和家人或其他重要他人的关系质量有关。大学生的亲情孤独感较低，一方面是因为大部分大学生已经习惯离家求学的生活，具有较强的独立性；另一方面是因为大学生已经逐渐步入成人阶段，具有了成人感，自身也努力摆脱父母的影响。与青春期的叛逆不同，大学生的成人感已有了较为成熟的心理和生理基础。加强大学生的感恩教育，对于增强大学生的社会责任感和家庭责任意识，确立良好的人际关系，提高他们的情商管理能力具有重要意义。这一期主题班会适合在新生入学教育阶段开展，内容应该包含爱国、亲情、友情、师生情等内容。

2. 大学生是否应该谈恋爱

大学生处于由青少年向成年人过渡的阶段，想获得亲密感而努力避免孤独感，体验爱情是本阶段最主要的任务和需要之一。大学生中正在恋爱的仅占少数，更多的大学生未恋爱，还有部分大学生处于失恋状态，所以大学生的爱情孤独感水平很高。大学阶段的恋爱不仅仅是为了满足对浪漫关系的需要，更注重获得来自恋人的陪伴、支持与理解。本期主题班会的目的是将大学里谈恋爱的利弊得失详细明白地呈现出来，引导大学生树立健康科学的恋爱观，学会正确处理恋爱过程中的学习、友谊、经济等问题。本期班会适合在第一个学期中后期开展。

3. 学会独处，悦纳孤独

要预防孤独感，一个关键因素就是学会如何有效地应对孤独。当个体找不到合适的孤独应对策略而无法摆脱孤独体验时，就容易对孤独情景更加敏感，也可能产生习得性无助，倾向于以退避的方式面对孤独。青春期的孤独感有利于个体实现独特性与同一性的发展要求。有中度孤独感的青少年比很少或经常感到孤独的青少年的调节能力更好[7]。由表 2 可知，大部分的大学生不喜欢或者不善于独处，独处型和非独处型大学生的孤独感水平差异达到显著甚至非常显著的水平。根据我们的调查，接近 80% 的大学生认为孤独体验虽然是不愉快的但作用是积极的。大学生对孤独感持有较为客观的态度，但缺乏应对独处和孤独的技巧。本期主题班会的目的是引导大学生学会独处，正确应对孤独，这对于调节大学生的孤独感水平，提高大学生的心理素质和心理健康状况有重要意义。本期班会适合在第二个学期开展。

表 2　大学生孤独感各因子在独处类型上的差异分析

	孤独感因子	短期独处类型				t	长期独处类型				t
		非独处型 (n=928)		独处型 (n=574)			非独处型 (n=1009)		独处型 (n=493)		
		M	SD	M	SD		M	SD	M	SD	
长期孤独感	友情孤独感	24.30	7.35	23.11	7.47	3.01**	24.43	7.27	22.64	7.57	4.43***
	社交孤独感	24.09	6.89	22.77	6.43	3.69***	24.05	6.72	22.65	6.73	3.79***
	生活孤独感	24.62	7.12	23.46	6.58	3.16**	24.81	6.99	22.86	6.65	5.18***
	亲情孤独感	20.99	8.05	19.86	7.56	2.72**	20.94	7.95	19.77	7.70	2.71**
	师情孤独感	25.80	7.45	25.71	7.36	0.21	25.96	7.31	25.37	7.60	1.46
	自我实现孤独感	21.04	8.02	21.10	8.02	-0.14	20.94	7.78	21.30	8.49	-0.80
	发展条件孤独感	28.83	8.10	27.79	7.95	2.43*	29.08	8.04	27.11	7.93	4.47***
	爱情孤独感	31.90	12.90	30.19	13.19	2.47*	32.06	12.93	29.57	13.09	3.49**
	长期孤独感总分	25.19	4.94	24.25	4.92	3.61***	25.29	4.89	23.91	4.96	5.10***

（续表）

	孤独感因子	短期独处类型					长期独处类型				
		非独处型（$n=928$）		独处型（$n=574$）		t	非独处型（$n=1009$）		独处型（$n=493$）		t
		M	SD	M	SD		M	SD	M	SD	
短期孤独感	友情孤独感	25.27	8.08	24.26	8.16	2.36*	25.34	8.03	23.96	8.24	3.09**
	社交孤独感	25.54	6.71	24.02	6.43	4.32***	25.20	6.63	24.47	6.64	1.98*
	生活孤独感	25.62	6.97	24.42	6.83	3.26*	25.43	6.93	24.60	6.93	2.18*
	亲情孤独感	20.73	7.87	19.73	7.62	2.44*	20.76	7.85	19.51	7.60	2.95**
	师情孤独感	26.17	8.24	26.16	8.25	0.03	26.52	8.25	25.45	8.16	2.37*
	自我实现孤独感	22.51	8.41	22.78	8.36	-0.59	22.55	8.26	22.75	8.65	-0.44
	发展条件孤独感	29.94	8.38	28.39	8.37	3.48**	29.66	8.23	28.70	8.74	2.09*
	爱情孤独感	32.12	13.26	30.45	13.42	2.35*	32.46	13.13	29.48	13.56	4.08***
	短期孤独感总分	25.99	5.02	25.03	5.09	3.59***	25.99	5.03	24.87	5.05	4.06***
	孤独感问卷总分	25.59	4.76	24.64	4.81	3.76***	25.64	4.76	24.39	4.78	4.77***

4. *爱我你就夸夸我*

人际关系是困扰大学生的一大问题。友情孤独感和社交孤独感是大学生孤独体验的重要组成部分。大学生人际关系困扰主要源于两大方面：一是社交观念的偏差，二是社交技巧的缺乏。社交礼仪是我们处理人际关系的重要依据，礼就是尊重别人，仪就是规范的沟通技巧。美国学者布吉林教授认为，在人际交往中要成为受欢迎的人，就必须注意善于向交往对象表达我们的善良、尊重、友善之意。恰到好处地表达对他人的善意才能够被容忍和接受，也就是实现有效的沟通和良性的互动，这就是社交技巧。本期主题班会的目的是通过鼓励大学生主动赞美别人，客观评价自己而树立良好的人际交往观念，并通过社交礼仪和社交技巧的传授，提高大学生的人际交往能力和人际关系质量。本期主题班会适合在第二学期开展。

5. 我能我来做

情商是最精确、最惊人的成就评定标准。认识并妥善管理自身的情绪，善于自我激励是情商管理的主要内容之一。发展条件孤独感是大学生知觉到缺乏个人完善与发展等方面的主客观条件时而产生的孤独体验。大学生要在竞争激烈的社会中实现自我发展和自我实现的目标，必须学会理性对待现实、客观评价自己，寻求科学的发展路径，而最重要的是确立积极的心理取向，树立正确的人生态度。本期主题班会的目的是引导大学生树立赢家的态度，“我能，我来做”，帮助学生全面剖析自己，学会认识和管理自己的情绪，培养他们的自信人格，引导他们建设一个肯定坚强的自我，善于自我激励。适合在大二、大三年级时开展。

大学生孤独感团体辅导系列主题班会的内容远不止于以上这些，其实际发挥的作用也不仅仅是缓解大学生的孤独感水平，这些主题班会的开展对于提高大学生心理素质和综合能力具有重要的积极作用。

（二）形式与过程

1. 形式：多种技术综合运用

高校主题班会的创新和改革不断加强，心理剧、拓展训练、多媒体等多种技术被引入主题班会中，增强了主题班会的吸引力。任何技术的使用都是主题班会开展的辅助手段，应该是取决于活动主题发挥的多种技术的有机融合。如“感恩，用真情告白”可以使用简单的故事会形式，引导同学们尽情诉说埋藏于心底的感动，同时辅以相关的情景节目表演，然后鼓励大家通过邮件、短信等方式现场进行感恩大告白，必然会使同学们的感恩之情达到高潮。“大学生是否应该谈恋爱”应该采用辩论赛的形式进行，在较为严肃的气氛中辩论、思考、权衡恋爱的价值和意义。“爱我你就夸夸我”可以先引导同学们静心思考并使用匿名纸条写出自己和别人的优点，然后运用心理剧展示社交礼仪和社交技巧的魅力，鼓励大家积极进行人际关系管理。当然，主题班会的效果绝对不能止于班会结束之时，应该在主题班会后及时启动一个相关的主题活动，以保证教育的延展性。

2. 过程：辅导员主导，学生主体、主动

主题班会的开展包含会前动员，会中进展、会后评估和后期延展等多个阶段，不同阶段中辅导员和学生的地位和作用也不同。“主导”一词的本义为：统领全局，推动全局发展。辅导员在主题班会开展中要积极发挥主导作用，主要体现在准备阶段的引导作用、进行阶段的调控作用、总结阶段的启发作用和延展阶段的升华作用，确保主题班会的教育性和班会效果的最优化。

促进个人和社会的发展是教育产生的原因和动力。学生心理素质的提高和人格品质的健全，绝不是单向教育所能达到的，它必然是以学生为主体的参与式活动过程。主题班会开展过程中必须切实尊重学生的主体地位，充分发挥学生的主体性和能动性，让学生体验、感悟、分享、力行，达到引导学生自我教育、自我管理、自我发展和提高的目的，真正实现主题教育促进学生发展的功能。同时辅导员要积极发挥主导作用，把握方向，适当控制，及时引导，坚持“普遍参与、重点参与和特殊参与相结合”，确保学生的主体性得到充分发挥，收到自我教育的良好效果，促进每一个学生的全面发展。

五、小　结

在大学生孤独感水平普遍较高，专业心理辅导难以充分开展，传统主题班会内容和形式僵化、实效性差的现实情况下，以主题班会为平台和载体开展大学生孤独感团体辅导，可以减少大学生对心理辅导的避讳和防御心理，改善大学生的孤独感状况，又丰富了大学生主题班会的内容和形式，活跃了课余生活，有利于大学生心理健康状况的全面改善。在主题班会的设计过程中，要坚持主题的教育性和系统性，内容的生活性和发展性，形式的多样性和灵活性，效果的震撼性和延展性。

参考文献：

[1] Goldenberg, Sheila. Adolescent Loneliness, 1981: 45, 66.

[2] 李传银. 大学生孤独心理的干预研究 [J]. 山东省青年管理干部学院学报, 2003, (1): 46-48.

[3] 赵晨. 大学生孤独感与社交能力、气质类型之间的相互关系及其干预研究 [D]. 北京: 首都师范大学, 2008.

[4] 李俊玲. 主题班会在大学生职业生涯规划教育中的作用 [J]. 高校辅导员学刊, 2011, (5): 72-74.

[5] 雷广宁, 聂久胜等. 高校主题班会教育“系列化、规范化、课程化”的探索及意义 [J]. 高校辅导员学刊, 2011, (3): 22-24.

[6] 聂久胜. 高校主题班会系列化、规范化、课程化建设的效用研

究——基于安徽中医学院两年来主题班会的实践探索［J］．高校辅导员学刊，2012，（4）：29-32.

［7］Sundberg，Carolyn Pickrell Loneliness：Sexual and Racial Differences in College Freshmen［J］．Journal of College Student Development，1988，29（4）：298-305.

（原载于《高校辅导员学刊》2012 年第 6 期）

大学生课堂沉默行为动机问卷的初步编制

汪义贵　汪迎迎

摘　要： 编制一份适合大学生群体使用的课堂沉默行为动机测量问卷。方法：在文献分析和开放式访谈的基础上编制项目，对600名大学生进行施测，所获数据进行因素分析形成最终问卷，并对问卷的信效度进行检验。结果：大学生课堂沉默行为动机问卷由18个项目组成，包括环境型动机、关系型动机和自我型动机三个维度；问卷具有较好的内容效度、结构效度以及内部一致性信度。结论：该问卷具有较好的心理测量学特征，可以用于有关的研究和实践中。

关键词： 课堂沉默；动机；大学生；问卷编制

一、引　言

课堂沉默（Classroom Silence）是课堂上一种比较常见的现象，主要是指学生在课堂上不发言和不参与的行为[1]。学生是课堂教学的主体，青少年学生参与课堂教学是学校教育的重要内容，也是青少年成长和获得良好学习效果的重要途径。但是，课堂沉默行为显然与这一途径相违背，学生没有获得较好的成长和学习机会。

作为课堂上的一种问题行为，课堂沉默背后的动机一直是国内外研究者感兴趣的问题。国内研究主要集中在两个方面：课堂沉默行为的功能[2]和课堂沉默行为的成因及解决策略[3]。其中后者是重点。国外研究主要包括两个领域：与性别有关的沉默研究[4]以及对跨文化背景中学生课堂沉默

作者简介： 汪义贵（1987—），男，安徽安庆人，池州学院音乐与教育学院助教，硕士。

的研究[5]。其中后者是研究的重点。结论表明，学生的课堂沉默的原因主要涉及文化、课堂环境、情感、学生及教师等诸多方面。

关于文化因素对课堂沉默的影响，李彬等人以教授中国学生英语的美国教师为对象，调查他们在教学中出现的问题。研究发现，中国学生在课堂上的沉默被美国教师称作没有反馈，学生在讨论或提问时表现得不安、焦虑甚至选择沉默，都是学生先前的被动学习习惯和教育经历使然，这也是中美两国在教育和文化上的差异[6]。Michael 认为社会文化因素促进了学生一定的学习态度的形成，这种学习态度反过来又影响了学生的学习行为[7]。Siti，Nik & Melor 在东西方文化的背景下，通过与马来西亚大学的学生进行面谈，探讨男女性别是否会影响课堂的沉默行为[8]。国外的研究多倾向于从东西方文化背景的差异性来解释学生在课堂上沉默的行为，多数认为文化差异是导致东西方学生在课堂上表现截然不同的原因。东方国家的学生普遍是谦虚内敛的特质，而西方国家的学生是善于思考探索的特质，这很大程度上影响了东西方学生在课堂上的表现[9]。

关于课堂环境对学生沉默的影响，主要集中在课堂气氛和班级规模两个方面。傅晨露发现创造轻松和谐的课堂气氛有利于减少学生沉默行为的发生[3]。谢元花认为良好的课堂气氛可以使学生有发言的欲望[10]。张恬的研究同样表明学生更希望在轻松愉快的课堂气氛中学习[11]。在班级的规模方面，我国的班级主要是大班教学，学生人数众多，老师为全班学生教学，很难顾及所有的学生，一部分学生就容易从课堂教学中流失。同时，大班教学的学生容易形成责任分散而选择课堂沉默[12]。

影响学生课堂沉默行为的情感成因包括学习动机影响、焦虑影响和不良的自我概念影响等。首先，应试教育的大背景，影响了学生积极参与课堂互动的动机。他们认为参与不参与课堂互动没关系，甚至认为过多的课堂互动就是在耽误时间[13]。陆梦菊对大学生英语课堂上沉默的研究表明，学生存在自我自信心不足，认为自己没有能力回答老师课堂提出的问题，顾及面子，害怕答错问题在老师和同学面前丢脸，不好意思发言等[14]。

不仅来自学生的因素是课堂沉默的成因，教师同样在学生沉默行为的形成过程中起到重要作用[15]。滕明兰认为沉默的根本原因在于师生之间的关系是否和谐，是否能达到一个和谐的教学氛围[16]。谢元花认为学生的课堂沉默也受到教师的教学风格的影响[10]。丁晓丽则认为学生在课堂上的沉默与教师的教学方式以及提问策略有关[17]。范龙等人也强调传统的师生关系是学生课堂沉默行为的一个重要原因，教师有绝对的权威，这影响师生之间的平等和交流，缺乏学生自由发言的环境，没有良好的学习氛围[18]。

教师的教学方式[19]、教师的反馈[20]、教师的互动策略[21]等都会对学生沉默产生很大影响。

综上可见，国内外关于课堂沉默行为的研究主要体现了以下一些特点：(1) 研究方法上，采用自编问卷、访谈、观察等多种方法相结合，对课堂沉默的原因进行描述性分析，还没有人专门编制相应的问卷。(2) 研究对象上，多数研究都集中在某一特定群体。(3) 研究结果上，得出的课堂沉默行为的原因比较分散、差异性也比较大。

大学生的课堂表现是大学学习的重要一环，课堂沉默行为也逐渐成为大学课堂上一种比较典型的特征。但是，大学生的课堂沉默行为也越来越受到教师及学校的关注。对于大学生课堂沉默行为动机的研究，编制一份有效的课堂沉默行为动机问卷，使学生认识到产生沉默的内在动机和外在动机，对促进大学生积极参与课堂教学、减少课堂沉默行为的发生具有现实意义。

二、研究方法

(一) 初始问卷的编制

1. 初始问卷的结构确定

基于以上五个方面的影响因素，首先，对20名大学生进行访谈，了解他们是否有课堂沉默的经历、在什么课堂上沉默、沉默的次数、当时沉默的原因以及内心感受等。然后，对开放式访谈中所收集的内容作归类统计，选取出具有代表性的沉默原因作为构想维度的参考依据。最后，编写问卷项目，问卷的初始项目编写完成后，请有关资深老师进行专家内容效度的评定。问卷共计36个项目，采用4级评分，从“非常不重要”“有点重要”“重要”到“非常重要”，依次计为1~4分。在统计分析时，分值越高代表该动机越重要。

2. 初始问卷的测试与分析

(1) 被试取样

从池州学院四个年级中选取315名学生进行测试，回收有效问卷300份，有效回收率为95.2%。其中，男生148名、女生152名，大一93名（男生48人，女生45人）、大二102人（男生55名，女生47名）、大三65人（男生28人，女生37人）、大四40人（男生17人，女生23人）。

（2）项目筛选

以300名学生的测试结果进行项目筛选：①以项目得分的理论中数（2分）为标准，将低于2分的一个项目（Q23）删除。②计算剩下35个项目的项目鉴别力，按照27%的比例进行高低分组，综合考虑题总相关、校正后的题总相关、独立样本t检验三个指标以及探索性因素分析的结果决定项目的取舍，拟删除12个项目（Q6、Q10、Q18、Q21、Q24、Q26、Q27、Q29、Q31、Q33、Q34、Q35），最终形成由23个有效项目组成的正式问卷。

（二）正式问卷的编制

1. 研究工具

自编“大学生课堂沉默行为动机问卷”，共由23个项目组成，同样采取4级评分，分值越高代表该动机越重要。

2. 被试取样

正式测试样本取自安徽、浙江、天津、河南四个地区的五所高校（黄河科技学院、天津师范大学、安徽农业大学、池州学院、宁波卫生职业技术学院）共计学生320人，得到有效问卷共300份，有效回收率为93.8%。具体被试分布状况见表1所列。

表1　被试分布状况

		黄科院	天师大	安农大	池院	宁职	总计
大一	男	2	9	18	10	8	47
	女	6	4	9	9	9	37
大二	男	13	8	7	7	5	40
	女	11	7	6	4	10	38
大三	男	9	10	7	13	8	47
	女	7	11	9	6	8	41
大四	男	10	0	2	10	4	26
	女	4	2	0	13	5	24
总计	男	34	27	34	40	25	160
	女	28	24	24	32	32	140

3. 项目甄选及探索性分析

首先，对23个问卷项目进行项目–总分相关分析。将相关系数小于

0.3 的项目（Q19、Q1）删除，问卷剩下 21 个项目。其次，进行取样适合度检验，结果 KMO 为 0.839，Bartlett 卡方值为 1408.07（$p<0.01$），说明该样本的数据适合做因素分析。采用斜交主轴因素分析法，结果特征根大于1.0 的因子共 6 个，碎石图显示提取 3 个因子合适。限定因子 3 个进行因素分析，累积方差解释率为 54.7%。根据（1）项目的因子载荷不小于 0.5、（2）项目的交叉载荷相差不低于 0.2 两条标准，删除 3 个项目（Q22、Q20、Q17），最终保留 18 个项目。将三个维度归结为：环境型动机、关系型动机、自我型动机。关于这 18 个项目的大学生课堂沉默行为动机问卷的因素分析见表 2 所列。据此，我们将这 18 个项目组成的最终问卷命名为"大学生课堂沉默行为动机问卷"（Classroom Silence Motivation Inventory – U，简称 CSMI – U）。

表 2　课堂沉默行为动机问卷的项目分布与因素载荷

	环境型	关系型	自我型
Q12 满堂灌，学生被动接受	0.704		
Q10 课堂互动仅限于问答式	0.689		
Q11 课堂缺乏合理设计	0.650		
Q6 老师突击提问，不给思考的时间	0.574		
Q5 老师的提问方式不恰当	0.561		
Q8 传统的以老师为中心的讲解方式	0.535		
Q2 老师提出的问题超出了可解决的范围	0.514		
Q9 大班教学	0.508		
Q15 不和谐的师生关系，师生无交流		0.700	
Q14 老师和学生的地位不平等		0.652	
Q4 不喜欢授课教师		0.559	
Q16 老师讲课是权威，顺从教师的权威		0.501	
Q13 我缺乏自信			0.696
Q21 有过挫败体验，为避免出错，我选择沉默			0.642
Q3 顾及面子，我害怕在老师和同学面前丢人			0.589
Q18 回答问题被认为是出风头，怕被团体排挤			0.581
Q23 课堂上沉默会让我感觉更加舒适			0.532
Q7 不喜欢自己的专业			0.522

三、信效度分析

（一）问卷的信度

对课堂沉默行为动机问卷进行 Cronbach α 信度分析，环境型动机、关系型动机、自我型动机以及问卷总的内部一致性分别为 0.823、0.801、0.748、0.839。结果表明，“自我型”维度的 Cronbach α 系数有一点偏低，“环境型”维度和“关系型”维度以及问卷总的信度是比较理想的，达到了心理测量学的要求，可用于团体施测。

（二）问卷的效度

量表的效度分析包含内容效度和结构效度。用专家评定法进行内容效度检验，结果表明该问卷反映了大学生课堂沉默行为动机的基本内容，行为样本具有代表性，可以有效地对大学生课堂沉默行为动机进行测量。同时，采用各维度与问卷总分的相关作为结构效度的指标，分析结果见表 3 所列。

表 3　问卷各维度间的相关

	1	2	3	4
1 问卷总分	1			
2 环境型	0.795	1		
3 关系型	0.822	0.465**	1	
4 自我型	0.769	0.325**	0.391**	1

$*p < 0.05$，$**p < 0.01$

分析结果表明，问卷总分与各维度均呈现显著的正相关关系，而维度之间呈现中等水平以下相关。

对问卷所有项目进行拟合检验，本研究问卷主要通过 x^2/df、CFI、IFI、TLI、RMSEA 等修正拟合指数来衡量潜在变量和外显指标之间的关系模型是否可以接受，并结合项目负荷量、修正指数放宽模型、使模型更拟合。对于拟合度指数，一般认为：如果 RMSEA 在 0.08 以下，越小越好；CFI、IFI、TLI 等在 0.9 以上，越大越好。分析结果见表 4 所列。

表 4　问卷的结构效度

拟合指标	x^2/df	CFI	IFI	TLI	RMSEA
指数	2.91	0.91	0.91	0.90	0.07

从表 4 可以看出，问卷的各项拟合度指标均达到统计要求，拟合比较好，可以接受。综上所述，表明问卷具有较好的结构效度。

四、讨　论

（一）大学生课堂沉默行为动机问卷的结构

探索性因素分析表明，问卷各项目的因子载荷均在 0.5 以上，我们将 18 个项目的大学生课堂沉默行为动机问卷归纳为环境型动机、关系型动机、自我型动机三个部分：（1）环境型动机主要与课堂安排是否合理、课堂教学设计、提问方式以及教学规模等有关，共计 8 个项目；（2）关系型动机主要与师生交流、教师权威、学生地位以及对教师的喜爱等有关，共计 4 个项目；（3）自我型动机主要与自我能力的否定、缺乏自信、自我逃避、顾及面子以及通过沉默来获取自我舒适等有关，共计 6 个项目。

尽管研究结果与理论构想不太吻合，但是根据心理学相关动机理论，推动个体从事某种行为的原因大体可以从外部原因与个体内部因素两个方面来解释[22]。我们认为，“环境型动机”与“关系型动机”属于外部动机，而“自我型动机”属于内部动机。因此，本研究结果与经典动机理论相吻合。

（二）大学生课堂沉默行为动机问卷的信效度

本研究经过文献分析、开放式访谈、专家内容评定、项目分析等，使问卷项目具有一定的代表性，可以保证问卷具有较好的内容效度。

“环境型动机”“关系型动机”“自我型动机”以及问卷总的内部一致性分别为 0.823、0.801、0.748、0.839，符合心理测量学的要求，具有较好的信度。

“环境型动机”“关系型动机”“自我型动机”与问卷总分之间呈中等程度以上正相关，在 0.769 ~0.822 之间；另外，三个维度之间呈现中等程度以下相关，在 0.325 ~0.465 之间，且均达到了显著性水平。这说明问卷的三个维度既相互关联又彼此独立，共同反映了大学生课堂沉默行为动机的基本类型，说明该问卷具有较好的结构效度。

（三）研究的不足

本研究的不足之处在于：由于研究条件限制，还没有提供问卷的重测信度和更多的效度指标，比如，关于大学生课堂沉默行为动机的三维结构是否适合于不同课堂或者不同专业的学生，也有待进一步验证。同时，被试数量较少、被试学校的选取没有足够的代表性，也是未来研究需要作进一步考量的地方。

五、结　论

大学生课堂沉默动机问卷包括三个维度：环境型动机、关系型动机、自我型动机，共 18 个项目。该问卷具有较好的内部一致性信度、内容效度以及结构效度，适用于大学生群体使用。

参考文献：

[1] Tan. Z. Questioning in Chinese university EFL classrooms: what lies behind it? [J]. Regional Language Centre Journal, 2008, 38 (1): 87-103.

[2] 徐金波．沉默的语用功能及其在英语课堂上的运用 [J]．当代教育科学，2012，(4)：63-64.

[3] 傅晨露．大学英语课堂消极沉默现象的起因及对策研究 [D]．金华：浙江师范大学，2014.

[4] Carrie A. O., Ashlyn H. M & John S. H. Silent students' participation in large active learning science classroom [J]. Journal of College Science Teaching, 2012, (2): 90-98.

[5] Nakane, I. Silence in the multicultural classroom: perceptions and perceptions and performance in Australian university classrooms [J]. Inter-Cultural Studies, 2002, (1): 17-28.

[6] 李彬等．课堂中的跨文化交际个案研究 [J]．外语教育，2010，(7)：9-14.

[7] Michael R. The new teacher's toolbox: when silence is not golden [J]. The Science Teacher, 2010, (11): 36-43.

[8] Siti, Nik & Melor. Factor influencing classroom participation: a case study of Malaysian undergraduate students [J]. Social and Behavioral Sciences, 2010, (9): 1079-1084.

[9] Xie Xiaoyan. Why are students quiet? Looking at the Chinese context and beyond [J]. ELT Joournal, 2010, (64): 1.

[10] 谢元花. 外语课堂学生沉默与教师的教学风格 [J]. 广东外语外贸大学学报, 2006, (17): 30-32.

[11] 张恬, 杨宏. 建构主义理论指导下英语课堂沉默现象的分析与对策 [J]. 语文学刊 (外语教育教学), 2012, (12): 157-158.

[12] 梁艳. 英语课堂沉默现象研究综述 [J]. 湖北大学成人教育学院学报, 2012, 30 (6): 40-42.

[13] 张磊. 中国大学生英语课堂沉默现象及其对策研究 [D]. 长春: 吉林大学, 2011.

[14] 陆梦菊. 大学英语课堂学生沉默行为实证研究 [J]. 桂林电子科技大学学报, 2007, (2): 161-164.

[15] 吴杨慧. 高职院校英语课堂上学生沉默与教师提问策略的研究 [D]. 武汉: 武汉理工大学, 2012.

[16] 滕明兰. 大学生课堂沉默的教师因素 [J]. 黑龙江高教研究, 2009, (4): 146-148.

[17] 丁晓丽. 大学生英语课堂沉默与教师课堂提问策略 [J]. 运城学院学报, 2008, (3): 71-73.

[18] 范龙, 王潇潇. 试论课堂中"信息沟"的形成与消减——以传播和舆论的视角 [J]. 现代教育科学, 2008, (3): 21-24.

[19] 王双全等. 论大学生课堂"沉默症"的教风因素 [J]. 赤峰学院学报 (自然科学版), 2013, (8): 208-210.

[20] 蓝桂花. 初中英语课堂沉默的原因及对策研究 [D]. 武汉: 华中师范大学, 2014.

[21] 张玲. 大学生课堂沉默及其影响因素研究 [D]. 上海: 华东师范大学, 2015.

[22] 孟凡韶. 建构主义学习理论指导下课堂沉默现象预防策略研究 [J]. 外语教学, 2009, (4): 71-74.

(原载于《现代职业教育研究》2016 年第 3 期)

积极心理学视域下高校辅导员对大学生学习动机的培养与激发

徐生梅　王文广

摘　要： 在高校的学风建设中，激发大学生的学习动机不仅是科任教师的责任，高校辅导员也是帮助大学生端正学习态度、培养和激发大学生学习动机的一支生力军。在积极心理学的视域下高校辅导员从班级管理的角度培养和激发大学生学习动机的策略有：构建积极和谐的班风、和科任教师积极交流、提升大学生幸福感体验的能力、适时的方法指导、师生有效的沟通。

关键词： 积极心理学；高校辅导员；学习动机；班级管理

一、引　言

积极心理学（positive psychology）是利用心理学目前已比较完善和有效的实验方法与测量手段，来研究人类力量和美德等积极方面的一个心理学思潮[1]。与传统心理学不同，积极心理学的研究对象是平均水平的普通人，它倡导心理学家用一种更加开放的、欣赏性的眼光来看待人类的潜能、动机和能力等，所以它更多地关注人类心理的积极方面，如健康、勇气和爱等。

对大学生而言，高校辅导员在其学习和生活中有其他科任教师所无法比拟的重要地位。高校辅导员对大学生的意义可以概括为两个方面：一方面，高校辅导员是促进大学生的思想、学习、生活等各个方面不断成长提

作者简介： 徐生梅（1980—），女，安徽泗县人，池州学院教育第讲师，硕士；王文广（1979），男，安徽长丰人，池州学院。

高的管理者和责任人；另一方面，是利用在对大学生各方面全面负责的基础上而确立的密切师生关系来激发、引导大学生的有效学习，其中包括对大学生学习动机的培养和激发。从当下的相关文献研究资料和对高校辅导员的走访看，高校辅导员的第一方面的作用日益凸显，而高校辅导员对大学生学习状况特别是学习动机的培养和激发一再被遮蔽。而更为普遍的问题却在走访中凸显，当谈及学生学习动机水平不理想的原因时，更多的高校辅导员是抱怨社会、高校等客观条件的负面影响和学生自身主观努力不够等等，缺乏对大学生学习动机培养和激发的正面积极的思考，也就更谈不上积极的策略引导。基于此，本文试图在积极心理学的视域下探究高校辅导员对大学生学习动机激发与培养的积极策略。

学习动机的有无和强度的高低对学生学习效果的影响至关重要，为此，激发学生的学习动机是学校教育的一项重要任务。在学校这个大系统中，班级是学校教育活动的基本单位，对大学而言，这个基本单位通常由高校辅导员（班主任）、科任教师和学生组成。在这个基本单位中，高校辅导员是班级的教育者和组织者，全面负责班级学生的思想、学习和生活等工作，是与学生关系最为密切的老师。从专业教育的角度说，作为一名科任教师，需在教学中采取各种方法与手段，培养和激发学生的学习动机，调动学生学习的积极性，不断提高学生的学习能力。而从学生管理的角度说，高校辅导员作为班级学生的直接管理者和组织者，如何利用自己和班级学生的密切的师生关系，引导大学生端正学习态度，激发其深层的学习动机，也是高校辅导员班级管理中的重要内容。玛格丽特（C. Margaret）等人研究发现："在影响学生学习的28种变量中，班级管理是作用最大的直接变量之一。"[2]

二、大学生学习动机的现状及存在的问题

和中学那如上弦箭般的紧张生活相比，大学的生活更多是丰富与无拘束，为此很多大学生不知道何去何从，学习动力不足的问题也不同程度地出现在相当一部分大学生身上。"某大学组织的校内调查显示有85%的学生认为自己没有学习目标，12%的学生表示有明确的目标，另有30%的学生不清楚自己是否有学习目标或学习目标不明确。当代大学生普遍存在学习动力不足、学习目标不明确等问题"[3]。

上大学前后的动机落差，自我控制能力不够，缺乏远大理想，没有树

立正确的人生观，都是导致大学生学习动机不足的重要原因。随着校园生活的多样化，大学生学习动机的内容呈现出多样化的趋势。它主要包括以下几个方面的内容：第一，跳出农村，在城市工作。第二，做一个大学生有较高的声誉，能被人尊重，这便成了他们的学习动机。第三，能够获得一个好的工作，追求较好的物质生活待遇。第四，做一个学识渊博的人，以便更好地推动社会的进步。第五，报答父母的养育之恩，实现亲人的美好愿望。第六，学业和就业压力。

这六个方面是促进学生努力学习的重要因素，然而大学生学习动机不良也是影响大学生学习的另一重要原因，其主要表现在以下两个方面：首先，学习动机过于狭隘。以自我为中心，漠视他人的存在，缺乏一颗感恩的心，甚至为了达到自己的目标，不惜采用不正当的方法而牺牲他人利益，这种现象在大学生中也在一定程度上普遍存在。其次，学习动机浅层化。“当今，大学生学习状况并不十分令人满意。许多社会问题，诸如就业、竞争等压力冲击着大学生，从而使他们的学习存在学习动机浅层化现象。”[4]笔者作为一名高校辅导员，在与学生的相处中总会发现一些学生学习只为得到某一类的奖学金、班干部的职位等，缺乏深层学习动机。

三、高校辅导员在大学生学习动机激发中的独特优势

从2004年《中共中央国务院关于进一步加强和改进大学生思想政治教育的意见》（中发〔2004〕16号）的深入学习，到2006年教育部《普通高等学校高校辅导员队伍建设规定》（中华人民共和国教育部令第24号）的实施，高校辅导员在高等教育发展中的作用受到了前所未有的重视。高校辅导员的工作千头万绪，在这琐碎而繁杂的工作中，学生的学习状况是每个高校辅导员关注的重点。而随着高校的大量扩招，学生素质参差不齐，高校辅导员已不仅仅是上传下达的传话筒，也是高校教育工作的得力助手、学校各级部门联系学生的桥梁和纽带、班级最有权威的教育者和组织者、学校和学生家庭及社会教育因素的协调者，同时还担负着对学生进行教育、管理、服务的三重责任。

从大学生的学习角度看，学习动机是指向学习活动的动机类型，是直接推动学生学习的一种内部动力，是学习活动顺利进行的重要支持性条件。学习动机和学习的关系主要表现为一种间接的促进或促退的关系。“要有效地进行长期的有意义学习，动机是必不可少的。”[5]高校辅导员如

何利用自身和学生这种情感上的密切关系，正确、有效地引导学生树立正确的学习态度，保持适度的学习动机强度，从而有效促进学习效果的最优化，是高校辅导员工作面临的挑战之一。

从高校辅导员的角度看，大学生虽然已经成人，但心理上并不够成熟，普遍具有强烈的倾诉欲和沟通需求；从大学生的角度看，生活中他们面对诸多压力，如社会上激烈的竞争、严峻的就业形势、繁重的学习负担、复杂的人际关系等，面对上述种种压力，他们需要情感的交流与倾诉，而这些事无巨细都可以和高校辅导员沟通交流。从这个角度看，高校辅导员和大学生情感交流的机会和渠道也远远超过其他教师，高校辅导员是学生的老师，也是知心朋友。由此可见，高校辅导员与学生之间情感上的密切关系是其他教师所无法比拟的。所以，和其他教师相比，高校辅导员因这种特殊的管理身份和与学生的情感密切程度而对班级学生学习动机的激发有其独有的优势。

四、培养和激发大学生学习动机的具体策略

在高校的学风建设中，激发大学生的学习动机不仅是科任教师的责任，高校辅导员也是帮助大学生端正学习态度、培养和激发大学生学习动机的一支生力军。高校辅导员要以班级管理为抓手，结合自身的工作实际，抓住自身与学生情感维度的独特优势，在积极心理学的视域下，以开放的、欣赏的眼光多给予学生积极且适时的引导、激发。

（一）构建积极和谐的班风：给学生学习动机的激发提供环境支持

班级的学风、班风本身就是大学生学习动机的重要因素之一。宽松、和谐、积极、团结的班集体，让班级的每个学生都有归属感，在班级都能找到自己的合适位置。从心理学的角度看，积极和谐的班风除了有利于大学生的心里健康发展外，还可以在情感上给予班级的每一名成员以特有的情感支持和智力支持。在积极团结的班集体中，每一名同学之间的情感基础大都是牢固的，当有同学在学习上遇到困难时，同学之间会互相帮助，一起成长。对遇到困难的学生自身而言，他有向班集体求助的诉求和心理指向，而其他同学的倾力相助，为他提供克服学习困难的支持与鼓励，从而降低焦虑、不安、恐惧等影响动机激发的负面因素，有利于其学习动机的激发。对为学习困难同学提供帮助的大学生而言，用自己的知识和技能

为同学提供了帮助，自身会有较深的满足感，有利于其以更好的状态投入学习活动中。对整个班级而言，每个成员在学习上的积极努力、互相帮助能有效地促进良好学风、班风的形成，而良好的学风和班风又反过来对每名学生形成积极的影响，从而在班级中形成互相帮助、相互激励的良性循环。

（二）和科任教师积极交流：为学生学习动机的激发提供智力支持

由于高校辅导员主要从事大学生的思想政治教育和管理工作，所以在高校辅导员的准入制度中对政治思想方面有较高的要求，而对专业大都没有过多的限制，因而高校辅导员自身所学的专业和所带班级大学生的专业并不一定相同或相近，甚至有的相差很远。为此，从专业引导的角度看，高校辅导员自身的知识储备和专业背景可能不能满足大学生的需求。而对大学生而言，各门课程的学习主要在科任教师的帮助下完成，为了给学生学习效果的提高和专业的发展提供尽可能多的支持与引导，高校辅导员和班级的科任教师之间进行积极有效的交流就显得尤为重要。例如，辅导员可以请专业教师为班级大学生做学术讲座，对学生所学的专业的现状、前景等做深入、细致的介绍与分析，以便学生做出适合自己的职业生涯规划，从而激发学生内在的学习动机；同时，也可以通过和班级科任教师的交流，了解学生不同的认知风格、帮助学生了解自己的学习风格、知觉、记忆、思考和问题解决策略的特点，为学生制订高效的学习计划提供帮助。需要注意的是：激发甚至增强学生学习动机的过程中要明确学生学习动机并非越高越好，而是要保持在适当的水平，过高或过低都不利于学生学习效率的提高。因为根据耶克斯-多德森定律（Yerkes & Dodson，1908）学习动机强度与学习效率之间的关系并不是一种线性关系，而是倒U形曲线。

（三）提升大学生幸福感体验的能力：给学生自身学习动机的激发提供心理支持

所谓的幸福感是“指人们根据内化了的社会标准对自己生活质量的整体性、肯定性的评估，是人们对生活的满意度及其各个方面的全面评价，并由此而产生的积极性情感占优势的心理状态”[6]。体验幸福感是一种能力，是可以培养和提升的。在简捷、快速的时代特征里，体验幸福感的能力钝化或缺失，表现在对自己“幸福”存在的漠视或根本体验不到幸福感。

对大学生来说，需要有幸福的意识，需要拥有在自身琐碎而平实的学习生活的细枝末节处发现、体验和创造幸福，从而培养自己幸福的能力。可以有意识地对自己的认知和行为进行反思，判断自己是否有幸福倦怠现象，并及时给予调节。在一定意义上，幸福如美一样需要用心去发现和创造，于琐碎的生活细节中发现并体验幸福，并为自己和他人创造力所能及的、简单的快乐感或幸福感。甚至可以通过手势和面部表情来影响情绪，增强幸福感体验。Clark 大学心理学家 James Laird 曾设计过一个测试。他巧妙地让学生做一个皱眉的表情——叫他们“收缩这里的肌肉”“拉紧你的眉毛”等——然后将电极附在他们身上，学生们都说感到有一点生气。不过，接着他发现，相对于那些皱眉的学生而言，那些被诱使去笑的学生感到更愉快，甚至当他们看卡通时也觉得卡通更幽默。因此，显然外在的微笑提升了内部的快乐。

（四）适时的方法指导：为不同年级学生提供各不相同的激发策略

大一的学生，刚踏入大学不久，大多是在适应大学生活，许多大学生面临从中学到大学的转变，经历从不适应到适应的过程。高校辅导员应从新生适应入手，帮助大学生树立远大的理想和正确的人生观，从而激发大学生深层学习动机。大二是相对平稳的一年，因为大部分大学生经过一年的调整，已经能够适应大学生活，完成了从中学生到大学生的角色转变。上课听讲，下课自己安排，没有老师的督促和家长的唠叨，没有月考、期中考试等考试压力，而大学毕业对自己来说还遥遥无期……生活平淡得像白开水。这种平淡易让很多大学生迷失自己，不知道该干什么，也不知道自己能做什么。为此，高校辅导员要引导学生正确认识学习在大学生活中的作用，同时建议大学生根据自己的人生目标制定一系列的阶段性目标，在实现阶段性目标中一步一步接近自己的人生目标，从而减少学习的盲目性，激发起深层的学习动机。大三、大四的学生已经面临就业和发展的困扰，高校辅导员要适时引导大学生早日确定自己的目标，同时处理好学业和就业（或考研）之间的关系，明确无论是找工作还是考研都需要全面地发展自己，从而保持学习的兴趣、激发学习的深层动机。

（五）师生有效的沟通：提供情感维度的动力支持

尽管大学生已经成人，但心理上往往不够成熟，具有较强的倾诉和沟通需求，在生活中他们面对诸多压力，如繁重的学习任务、复杂的人际关系、严峻的就业形势等，因而需要情感的交流与倾诉，而在这方面，平日里给予他们帮助最多的就是高校辅导员。高校辅导员和大学生有效的情感交流可以缓解大学生来自各方面的压力，同时积极的情感交流本身就对大学生学习动机有深刻的影响。有研究表明："近70%的同学表示'与高校辅导员缺乏沟通'或'存在误会对自己的学习态度有影响'"，同时，"男生方面，有67.3%的人在不同程度上认为与高校辅导员沟通情况会影响他们的学习态度；而女生方面，这个比例则要比男生高出8.6个百分点，达到75.9%"[7]。进一步的分析发现，直接造成男女生在这方面比例差异的原因在于，他们对于和高校辅导员沟通的期望程度的差别。数据显示，"女生中希望得到沟通的比例达34.5%，比男生在这方面的比例（25.7%）高出8.8%"[7]。这充分说明高校辅导员对于同学们的学习态度有着较大的影响，所以要积极利用自身和大学生之间情感维度的密切关系帮助他们树立正确的学习态度、培养和激发大学生的学习动机。

参考文献：

[1] F. Strack, M. Argyle, & N. Schwarz. Subjective well-being: An Interdisciplinary Perspective [M]. New York: Pergamon. happiness is frequency, 1999: 119-139.

[2] C. 玛格丽特. 为特殊需要的学生服务：平等与机会 [J]. 教育展望（中文版），1996，(2).

[3] 宋超. 影响大学生学习动机的主要因素 [J]. 新疆石油教育学院学报，2003，(2).

[4] 李凤杰，刘文. 大学生学习动机结构、发展特点及其对学业成绩的影响 [J]. 高等教育研究，2007，(3).

[5] 皮连生. 学与教的心理学（修订版）[M]. 上海：华东师范大学出版社，1997：285.

[6] 苗元江. 幸福感与现代心理教育 [J]. 上海教育科研，2003，(3).

[7] 吴振良，苏兴，陈智明，等. 大学生学习动机和态度调查[J]. 中国地质教育，2006，(2).

（原载于《黑龙江教育（高教研究与评估）》2013年第1期）

高校困难资助认定特点分析研究

——以池州学院为例

王海彬　何贵林

摘　要：当前高校资助认定工作任务重，且琐碎、繁杂。为了更加科学、有序地开展资助工作，帮助困难学生顺利完成学业，文章以池州学院数学与计算机科学系为例，分析研究高校困难资助认定特点，提出具有针对性的发展建议，为高校困难资助认定工作的顺利开展提供依据。

关键词：：高校资助；困难认定；诚信；感恩

1　困难资助认定现状

国家对教育高度重视，逐年加大了对教育的投入力度，2012 年已实现占国家 GDP 的 4% 的目标。国家在加大教育投入的基础上，逐渐加大了对困难学生的支扶力度，出台了一系列政策，有效地保障了困难大学生顺利完成大学学习。困难资助认定工作原则上要严格规范工作程序，做到公平、公正、公开，但是在实际操作过程中，受到众多因素的干扰，评定过程及结果存在不科学、不完善的地方。

1.1　资助认定范围广，形式多，力度大

国家提高了在校大学生的资助比例，困难生认定比例达到学校在籍学生数的 28%，获得国家助学金资助的比例已经达到学校在籍学生的 26.4%。当前国家出台了一系列帮扶困难大学生的措施，有国家奖助学

作者简介：王海彬（1981—），男，山东汶上人，池州学院数学与计算机科学系专职辅导员，讲师，硕士；

何贵林（1970—），男，安徽东至人，池州学院数学与计算机科学系党总支书记，主要从事人力资源管理与学生教育管理等方面的研究。

金、学杂费减免、校内资助、勤工助学、助学贷款五种形式。其中国家助学金金额由人均2000元提高至3000元，按照4000、3000、2000三个等级认定。为鼓励家庭困难且品学兼优的学生，专门设置的国家励志奖学金高达每人5000元。

1.2 资助认定的局限性

现行的资助认定方案能够较有效地把大部分困难学生纳入资助保障体系之中，但在结合地方性新升本科院校生源来源的实际情况下，以及在资助评审执行过程中仍存在不尽合理的情况，致使资助工作的开展出现偏差。

1.2.1 困难认定材料的真伪性难辨

部分学生提供了当地政府或者民政部门开具的特困证明，证明本身仅显示该生在当地属于困难家庭，而不能全面有效地反映该家庭的真实情况，甚至有部分学生缺乏诚信意识，填写虚假信息，以获得认定，造成班级困难认定特别是新生班级具有很大的不确定性。

1.2.2 认定程序的不科学性

认定程序通过班级、院系、学校三级评审，整个过程也是本着公平、公正、公开的原则进行审议，但是在班级具体操作过程中受到很多因素制约。

在高校资助贫困生的过程中，已经出现侵犯贫困生隐私权的问题。高校贫困生的隐私权与资助人知情在理论和现实中不可避免地存在冲突[1]。困难认定涉及个人隐私，有些困难学生自尊心特强，普遍对公开个人信息持反对态度，难免会影响到整个程序的公平、公正，导致评议结果与实际情况存在偏差。因此，我们必须采取相应对策，达到既保障贫困生的隐私权又能更好地实现对贫困生的资助。促使评审更加公平、公正，是我们亟须解决的问题。另外，申请困难认定的学生诚信意识不足，弄虚作假，夸大个人家庭困难程度，班级学生在评议过程中难免会夹杂个人主观因素，甚至存在舞弊的情况，使得评审流于形式，这也是导致认定结果不甚合理的一个重要因素[2]。

1.2.3 认定时效的局限性

困难认定工作基本上在每年9月份开学伊始进行，使广大困难学生能够顺利地办理相关申请。在实际情况中，有个别学生个人或者家庭突遇变故，错过了申请时间，不能获得学校及时资助，导致这部分学生失去生活来源，陷入困境，而直接影响到他们的正常学习和生活。目前高校针对此类突发情况的有效预案还不够健全。

2 研究对象与方法

2.1 研究对象

本研究以池州学院数学与计算机科学系困难认定学生为研究对象。2013—2014学年，数学与计算机科学系在籍学生1154人，男生647人，占56.1%，女生507人，占43.9%；全系贫困生认定352人（特困78人，困难116人，一般困难158人），认定比例达30%，男生152、女生200；国家励志奖学金认定43人，男生11人、女生32人。

2.2 研究方法

文献资料法，通过查阅相关文献，整理分析相关研究，确定研究方向。

数理统计法，以2013—2014学年数学与计算机科学系困难认定学生数据为统计对象，通过Excel进行X^2检验分析统计处理，分析研究高校困难认定特点。

3 结果与分析

3.1 资助对象以低收入农村家庭学生为主

池州学院作为新升地方性本科院校，主要生源来自安徽省内，农村生源占到70%以上。农村学生家庭经济情况比城镇学生较差，特别是皖北学生，家庭子女普遍多、学生多，父母以务农为主，家庭经济状况差，成为高校资助的主要对象，比例达到90%左右。城镇学生资助认定条件主要是家庭父母无稳定收入来源，父母身体患有疾病、需要长期医治，丧失部分或全部劳动能力的家庭，家庭经济负担重。另外家庭遭遇自然灾害或者突然变故，单亲和孤儿家庭认定后都给予特别照顾。

3.2 男、女生困难认定率的X^2检验

依据本系学生男女分布状态，对男女生不同性别、不同样本数的分析，可以采用X^2检验方法进行处理，见表1所列。

表1　困难学生认定情况统计表

	困难学生	普通学生	合　计
男生	152（a）	495（b）	647（a+b）
女生	200（c）	307（d）	507（c+d）
合计	352（a+c）	802（b+d）	1154（n）

$$X^2=(ad-bc)^2n/(a+b)(c+d)(a+c)(b+d)$$

$$=(152\times307-495\times200)^2\times1154/(647\times507\times352\times802)$$

$$=34.13>X^2_{0.05}(1)=3.84,\ P<0.05$$

困难男生与女生认定率差异显著。

女生困难认定率明显高于男生，由数据分析显示，男生申请困难资助的积极性比女生较低，其更多是由男生自尊心表现过度导致的，女生更多从家庭实际经济状况来考虑。由于受到社会传统观念的影响，家庭经济困难给很多困难学生带来困扰，他们一直感觉低人一等，在同学面前抬不起头，不能正确看待家庭困难问题。家庭困难学生自卑，影响到其正常的学习生活，是现在家庭困难大学生常遇到的心理问题。他们不愿申请，是男生申请率低的一个重要原因。女生对待家庭困难相比于男生更加公平客观，她们积极申请困难资助，既解决了个人实际困难，又帮家里减轻了经济负担。研究表明大学生心理理论发展水平存在显著的性别差异，女生优于男生[3]。我校困难学生在申请困难资格的表现上符合该理论。

3.3　困难学生励志奖学金获得率的 X^2 检验

国家励志奖学金是针对上学年认定为家庭困难、且品学兼优（双学期智育排名均在班级前20%）的学生设置的专项奖学金。符合此要求的在籍学生828人（2013级新生除外），男生469人，占56.64%；女生359人，占43.36%；获得国家助学金共计43人，男生11人、女生32人。两者可以采用 X^2 检验方法进行处理，见表2所列。

表2　国家励志奖学金认定情况统计表

	认定学生	普通学生	合　计
男生	13（a）	456（b）	469（a+b）
女生	30（c）	329（d）	359（c+d）
合计	43（a+c）	785（b+d）	828（n）

$$X^2 = (ad-bc)^2 n / (a+b)(c+d)(a+c)(b+d)$$

$$= (13\times329-456\times30)^2\times828 / (469\times359\times43\times785)$$

$$= 12.88 > X^2_{0.05}(1) = 3.84,\ P<0.05$$

困难男生与困难女生获得国家励志奖学金比例差异显著。

数据统计结果显示，女生获奖率明显高于男生。分析显示，家庭困难女生相比于男生学习更加勤奋刻苦，学习成绩更加优秀。女生通过国家资助及勤工助学，保证了自己的基本生活，她们有更充足的精力去学习，学习更加投入和刻苦。她们知道通过刻苦学习，会给她们带来更多的实惠，她们变得足够优秀，为将来就业打下良好的基础。因此她们目标性更加明确、有针对性，她们进入一个良性循环的过程中。困难男生过多纠结于贫困本身和贫困带来的困扰，而忽视了大学的内在含义，忘却了自己的任务。他们成绩不理想，专业课不扎实，不敢与人交流，成为双困生。就业时，亦是困难帮扶对象。

3.4 学生的金钱观不端正

当代“90后”大学生，他们富有个性，为人真诚；他们见多识广，更早、更多地接触到社会；他们对待很多问题有自己独特的见解，但还不够成熟稳定。他们在国家高额奖助学金的诱惑下，表现得不够理智，金钱观出现偏差。

3.4.1 不能正确对待资助评审

大学生对几千元的资助不能冷静对待，出现很多不和谐的举动。有些学生带着碰运气的心理申请，甚至有学生弄虚作假。获得资助的同学沾沾自喜，没有获得资助的同学心生怨意，从而导致同学之间、师生之间产生一些矛盾和摩擦。班级同学意见大，直接影响到班级的凝聚力，影响到学风建设。

3.4.2 不能正确分配使用资助金

大学生普遍缺乏理财观念，部分困难学生在获得资助后，不知道如何管理利用。不少同学不是把资助金有序地分配到整个学期或者学年，而是漫无目的、随心所欲地把钱迅速用掉；另有些学生拿到资助金后，请客吃饭，讲排场，爱慕虚荣，买奢侈品。两种表现在学生中间产生了比较坏的影响，国家资助也失去了其本身的意义。

3.5 学生感恩意识缺乏

当前大学生在特殊社会环境和家庭环境的影响下成长，感恩意识普遍淡薄，需要加强感恩意识的教育和培养。

3.5.1　理所应当，无须感恩

部分困难生认为钱是国家给自己的资助，就如同父母养育孩子一样，是理所应当的结果，与学校、老师、同学没有关系，不需要感谢。这是一种主观有意识的感恩淡化和缺失。

3.5.2　心存侥幸，沾沾自喜，无感恩意识

部分学生有占便宜的心理，认为机会过期无效，不申请白不申请。得到资助的同学不能正确认识资助本身的真正意义，感恩意识缺失。这是一种无察觉、无意识的感恩缺失。

4　结论与建议

4.1　结论

4.1.1　资助对象以农村学生为主体

目前，农村大学生家庭负担普遍过重，特别是家庭成员有疾病、多子女、家庭劳动力不足的农村家庭，依然是高校资助的主要帮扶对象。

4.1.2　困难学生困惑多，需要物质帮扶，更需要精神帮扶

家庭困难学生面对诸多困惑，尤其是男生自尊心过度，导致困难申请率偏低。在受助对象中，女生心理成熟度高于男生，女生承受压力能力较强，能较好地处理家庭贫困带来的消极影响，使压力转化为学习动力，学习成绩以及在校表现普遍优于男生。获得资助学生中，有部分学生金钱观有偏差，感恩意识缺乏，导致不能客观对待困难资助，出现不客观、不诚信，骗取资助认定的情况发生。

4.2　建议

国家加大对高校贫困大学生的支扶力度，目的是帮助更多的困难学生顺利完成学业，培养社会建设人才，构建和谐社会。为了促进今后困难资助工作科学、有效、顺利地开展，结合院系实情，提出以下建议：

4.2.1　加强资助工作的宣传与引导

学生对资助工作的指导方针和实施办法必须充分理解、领悟，资助工作者要借助学校、院系、班级、团学等平台积极向班级学生宣传国家资助的相关政策，切实做好学生对国家资助政策的正确理解和认识工作，不错误、不遗漏、不过度解读国家的相关政策，做到充分利用国家的资助政

策。只有基层教师和广大学生真正理解了国家的相关政策和实施办法，才能更加科学、有效地完成相关资助的申报与审批工作。

4.2.2 加强贫困学生资格认定程序的科学性

贫困生认定工作的好坏，不仅影响到广大学生的切身利益，而且会影响到班级学风、班级文化建设，影响到学校的和谐稳定。资助工作认定，要依据国家的资助政策，结合院系的实际情况，创新性地开展工作，建立一套科学可行的认定办法和实施要求，在充分考察学生家庭情况的基础上，让有责任心的同学参与评审，真正做到公开、公平、公正评审。

4.2.3 加强对大学生的诚信、感恩教育

首先，营造诚信、感恩氛围，加强情感教育，利用贫困生的日常助学工作，充分发挥其育人功能。其次，积极打造三大课堂，加强诚信、感恩教育。以专业课程为第一课堂，提升大学生诚信、感恩教育认知；以校园文化活动为第二课堂，深化大学生诚信、感恩教育情感；以实践活动为第三课堂，挖掘大学生诚信、感恩教育实践层次[4]。

4.2.4 完善资助工作体系的建设

完善资助体系建设，首先，需要建立资金来源多元化的资助体系，仅仅依靠国家扶植和学校自身的力量，是远远不够的，需要推进资助改革，加强与社会、企业的联系，争取更多的资源，以便保证资助资金来源的稳定；其次，高校资助体系建设需要加强政府、高校与银行的合作，大力发展生源地贷款，强化贷款资金的监督，弱化银行风险；再者，建立科学的贫困生评定指标体系，建立勤工助学基金，拓宽助学渠道，将助学金与勤工助学报酬相结合，并要建立完善的应对突发情况预案。

参考文献：

[1] 王伟满．论高校资助过程中贫困生隐私权的法律保护［J］．福建论坛（社会教育版），2009，(10)：36–37.

[2] 朱柠熙．高校家庭经济困难学生认定的问题及策略［J］．南昌教育学院学报，2013，(2)：35–36.

[3] 张璟，周丹，熊红星．大学生心理理论水平与宿舍人际接纳的关系研究［C］．华人心理学家学术研讨会论文摘要集，2013.

[4] 张园，孙宇，付昌义．高校资助工作视域下的贫困生感恩教育实践研究［J］．中国电力教育，2011，(35)：18–19.

（原载于《科技信息》2014 年第 6 期）

地方院校大学生就业质量与职业技能鉴定考试灰色关联性分析

陆志敏　吴新民

摘　要：目前我国职业技能鉴定工作已经由企业内部工人技术等级考核向社会化管理方式过渡，高等院校资格考核认证制度也向地方普通高等院校全面展开。职业技能鉴定考试制度的引入对高校学科建设、专业发展和课程教学改革都产生了一定的影响。利用2013年化学类专业毕业生就业和在校学习成绩、综合测评、职业技能鉴定考试、相关骨干课程考试等资料进行统计，再结合近10年来毕业生就业实际进行分析，探讨职业技能鉴定证书考试在普通高校大学生大学学习阶段的地位和作用，为应用型地方高校提供一定的参考。

关键词：就业质量；职业技能鉴定；灰色关联度分析

我国职业技能鉴定工作开展已有20年，在20年的发展历程中，完成了由企业内部工人技术等级考核向职业技能鉴定社会化管理方式的过渡，由鉴定社会化管理向技能人才多元评价方式过渡。高等院校资格考核认证制度由职业技术学院开始向地方普通高等院校全面展开。我校开展化学类（化学检验、食品检验和防腐蚀工）职业技能鉴定工作已有近十年，获得职业技能鉴定证书达3000人次。职业技能鉴定考试制度的引入对高校学科建设、专业发展和课程教学改革都产生了一定的影响，特别是对相关课程的教学，例如，化学检验工职业技能考试，要求在基础化学实验课程当中更多地融入实验室管理、仪器设备维护和维修等相关内容，教师和教辅人员工作责任和压力增大，学生学习动力和目的性增强，持证学生就业质量

项目基金：安徽省教育厅教学质量工程项目（2012jyxm568）资助。

作者简介：陆志敏（1981—），男，江苏海安人，池州学院材料与化学工程系讲师，硕士，主要从事大学生思想政治教育与管理研究。

得到一定的保证[1]。然而，大学教育是一个完整的体系，大学生就业质量也是由一系列自身和社会因素所决定的，引入职业技能鉴定证书制度对大学生就业质量的影响有多大、职业技能鉴定证书在大学校园一系列证书考试中的地位，一直是学校教育管理部门、教师和学生非常关注和热议的话题。本文利用2013年化学类专业毕业生就业和在校学习成绩、综合测评、职业技能鉴定考试、相关骨干课程考试等资料进行统计，再结合近10年来毕业生就业实际进行分析，探讨职业技能鉴定证书考试在普通高校大学生学习阶段的地位和作用，以期为大学教育，特别是应用型地方高校提供一定的参考。

1 研究对象及研究方法

1.1 研究对象

研究对象的选取关键是要有代表性。首先，学生个体对象具有代表性：我校化学检验工职业技能等级考试主办较早，参加人数较多，2012年参加化学检验工（三级）考试有111人，化学检验工（四级）考试有312人，共计413人，所以我们选取参加此类考试的同学作为分析对象，从学生专业角度，我们选取化工（专科）专业，该专业学生主要参加此类考试，为了使分析对象具有整体性和代表普遍意义，我们选取整个化工专业一个年级作为研究对象，考虑到2013届毕业班顶岗实习成绩、就业单位和岗位性质等居多信息采集可行、可信度等条件，我们选定2013届化工班参加职业技能鉴定考试的61名学生作为研究对象。其次，分析因子的可行性选择：化工专业专科毕业生大多数从事一线化学化工岗位的操作和实验工作，拥有扎实的专业知识是做好岗位工作的基础，掌握规范的专业技能是做好岗位工作的保证，自身的综合素质是做好岗位工作的保障。为此，我们将影响学生就业质量的因子划分为综合素质项、基本知识项、专业骨干课程成绩项、实验能力项、职业技能鉴定理论成绩项、职业技能鉴定实践成绩项等6个因子，分析各因子对就业质量的影响能力。其中，设定顶岗实习年度实习成绩、绩效工资，首次就业协议工资、就业单位和岗位综合值（通过历年该专业就业岗位稳定性简单排序所得）等要素加权值作为就业质量指标，将学生3年来学校综合测评值、文化课总成绩，专业理论课程成绩、实验课程成绩，职业技能鉴定考试理论成绩和实践成绩等作为因变量指标（分别为 X_0、X_1、X_2、X_3、X_4、X_5、X_6）进行分析。

1.2 研究方法

在灰色系统中，影响系统的子系统多种多样，各子系统表达方式也各有不同，相关性分析不能准确确定影响因子。灰色系统理论提出了对各子系统进行灰色关联度分析的概念，试图透过一定的方法，去寻求系统中各子系统（或因素）之间的数值关系。简言之，灰色关联度分析的意义是指在系统发展过程中，如果两个因素变化的态势是一致的，即同步变化程度较高，则可以认为两者关联较大；反之，则两者关联度较小。因此，灰色关联度分析对一个系统发展变化的态势提供了量化的度量，非常适合大学生素质培养的动态历程分析。

本研究的大学生就业质量保障体系中，学生本人的基本素质、学校的社会影响力和就业工作力度、社会发展、人才市场变化等都会产生作用，且这些因子评价标准难以统一。利用灰色关联度分析，把影响大学生就业质量的系统看成一个灰色系统，以就业质量指标作为主因素（X_{i0}，i 为学生序号），将学生 3 年来学校综合测评值、文化课总成绩，专业课程成绩、实验课程成绩，职业技能鉴定考试理论成绩、实践成绩等作为因变量指标（分别为 X_{i1}、X_{i2}、X_{i3}、X_{i4}、X_{i5}、X_{i6}，i 为学生序号），进行灰色关联度分析，利用 *Excel* 软件处理相关数据。具体步骤如下：

1.2.1 建立原始数据灰色系统

$X_{is}=\{X_{i0}、X_{i1}、X_{i2}、X_{i3}、X_{i4}、X_{i5}、X_{i6}\}$，$s$ 为影响灰色系统因子。

表 1 毕业生就业质量与影响因子

序号	X_{i0}	X_{i1}	X_{i2}	X_{i3}	X_{i4}	X_{i5}	X_{i6}
1	69	76	77	68	78	82	56
2	76	80	80	89	84	70	66
3	75	76	71	70	72	46	65
4	73	72	66	52	81	46	84
5	75	82	82	81	87	83	84
6	90	84	81	70	86	72	86
7	81	81	79	75	87	61	76
8	98	80	74	77	81	65	85
9	79	77	70	68	77	67	81

（续表）

序号	X_{i0}	X_{i1}	X_{i2}	X_{i3}	X_{i4}	X_{i5}	X_{i6}
10	92	83	81	74	90	62	75
11	73	76	75	72	83	52	78
12	64	74	70	87	91	81	72
13	79	84	84	86	88	77	68
14	71	75	70	70	71	57	71
15	77	83	83	76	86	60	71
16	74	75	87	60	80	38	65
17	79	82	79	78	77	60	77
18	73	73	67	65	68	62	75
19	77	77	75	55	77	72	78
20	85	82	80	80	84	75	82
21	72	74	90	70	78	79	80
22	73	74	68	56	66	61	75
23	78	79	80	81	90	79	73
24	71	78	77	74	87	87	81
25	69	72	67	73	80	67	78
26	81	80	80	80	89	80	81
27	75	83	85	90	90	80	91
28	75	82	83	81	90	86	84
29	79	79	76	60	84	54	67
30	67	73	69	75	83	60	78
31	96	83	76	82	81	60	75
32	69	77	74	76	66	50	75
33	77	81	80	86	91	78	72
34	75	80	79	86	88	76	75
35	75	80	81	76	89	79	73
36	96	79	74	77	76	67	82
37	77	80	80	86	84	84	74

（续表）

序号	X_{i0}	X_{i1}	X_{i2}	X_{i3}	X_{i4}	X_{i5}	X_{i6}
38	73	78	76	79	78	79	76
39	90	86	84	86	91	67	83
40	75	81	83	76	89	69	79
41	66	77	77	80	86	49	66
42	81	80	78	82	91	77	79
43	67	78	77	65	77	54	78
44	85	78	76	80	83	64	74
45	83	83	83	91	94	83	76
46	75	81	84	86	83	79	70
47	75	80	80	75	87	72	82
48	77	76	72	75	77	76	71
49	75	80	80	80	85	78	74
50	83	79	76	76	83	80	80
51	73	77	76	82	87	76	70
52	75	76	74	75	73	62	74
53	75	71	63	62	77	60	77
54	98	84	80	81	79	78	69
55	73	82	83	78	94	85	70
56	71	73	68	66	65	53	68
57	77	75	71	54	62	65	72
58	85	84	83	93	91	77	77
59	79	77	75	66	84	63	73
60	73	77	74	71	77	46	77
61	77	74	70	69	73	73	73

1.2.2 对原始数据进行无量纲（初值化）处理

$X'_{i(s)} = | X_{is}/X_{1s} |$[2]，其中 i 为学生序号，X_{1s} 为序号为 1 的学生各项指标数值，s 为 0 ~ 6 共 7 个变量，得无量纲数值系列 $X'_{is} = \{X'_{i0}$、X'_{i1}、X'_{i2}、X'_{i3}、X'_{i4}、X'_{i5}、$X'_{i6}\}$

表2 影响毕业生就业质量各因子的无量纲数值

序号	X'_{i0}	X'_{i1}	X'_{i2}	X'_{i3}	X'_{i4}	X'_{i5}	X'_{i6}
1	1.000	1.053	1.000	1.000	1.000	1.000	1.000
2	1.101	1.000	1.039	1.309	1.077	0.854	1.179
3	1.087	0.947	0.922	1.029	0.923	0.561	1.161
…	…	…	…	…	…	…	…
59	1.145	1.013	0.974	0.971	1.077	0.768	1.304
60	1.058	1.013	0.961	1.044	0.987	0.561	1.375
61	1.116	0.974	0.909	1.015	0.936	0.890	1.304

1.2.3 求灰色关联系数

由于是分析大学生就业质量的关联度，已将 X'_{i0} 作为参考系列，将 X'_{i1}、X'_{i2}、X'_{i3}、X'_{i4}、X'_{i5}、X'_{i6} 作为比较系列，得出 $|X'_{i0}-X'_{ij}|$，其中 i 为学生系列、j 为影响因子。

$\xi_{ij}=$（mini minj $|X'_{i0}-X'_{ij}|$ +λMaxi Maxj $|X'_{i0}-X'_{ij}|$）/（$|X'_{i0}-X'_{ij}|$ +λMaxi Maxs $|X'_{i0}-X'_{ij}|$）[3]，其中 ξij 为第 i 个学生在第 j 个影响因子与参考因子（就业质量）的关联系数；公式中的 λ 为分辨系数，其数值越小，分辨率越高，本项目中令 λ=0.5，得：$\xi_{ij}=\{\xi_{i1}$、ξ_{i2}、ξ_{i3}、ξ_{i4}、ξ_{i5}、$\xi_{i6}\}$，见表3所列。

表3 影响毕业生就业质量的关联系数

序号	ξ_{i1}	ξ_{i2}	ξ_{i3}	ξ_{i4}	ξ_{i5}	ξ_{i6}
1	1.000	1.000	1.000	1.000	1.000	1.000
2	0.871	0.841	0.614	0.931	0.571	0.811
3	0.791	0.667	0.852	0.668	0.386	0.817
…	…	…	…	…	…	…
59	0.715	0.659	0.654	0.829	0.467	0.675
60	0.880	0.773	0.960	0.823	0.399	0.510
61	0.699	0.615	0.765	0.647	0.594	0.638

ξ_{ij} 为 i 个学生在第 j 个影响因子与参考因子（就业质量）的关联系数

1.2.4 求灰色关联度

$$n = 61$$

根据 $R_j = \sum \xi_{ij}/n$ 公式[4]，对6个影响因子的关联系数进行求和平均得出

$$i = 1$$

各因子对参考系列为：

R_j = {0.800、0.745、0.759、0.781、0.574、0.616}，即得表4。

表4 影响毕业生就业质量的关联度

三年综合测评		文化课		专业课程成绩	职业技能鉴定
平均成绩	总成绩	理论课	实验课	理论成绩	实践成绩
0.800	0.745	0.759	0.781	0.574	0.616

2 结 果

灰色关联度分析在许多关联性因子不确定，或者因子间考评指标不一致的灰色系统中得到了很好的应用。在大学生人才培养这个体系中，影响因子多种多样，每个因子对结果的影响程度也因不同的学生个体而各显不同，正所谓“以生为本、因材施教”[5]。利用灰色关联度分析手段，分析大学教育相关阶段、环节和措施与人学生就业质量的关系，揭示各影响因子对主导因素的影响力大小，对进一步实施相关过程的教学改革具有一定的指导意义。通过上述模型运算我们得到以下结果：学生在大学阶段取得的综合素质测评值、文化课总成绩，专业课程成绩、实验课程成绩，职业技能鉴定考试理论成绩、实践成绩等指标，对学生就业质量产生的影响系数分别为0.800、0.745、0.759、0.781、0.574、0.616，即有 $R_1>R_4>R_3>R_2>R_6>R_5$，表明大学阶段学生的综合素质提高最为关键，学生综合素质是影响学生就业质量的最主要的因子；其次是实践操作技能、专业基础知识、文化课成绩等，职业技能鉴定考试成绩指标与大学生就业质量关联度也很密切，其理论考试和实践操作考试关联度值都在0.5以上，达到显著水平，特别是实践操作技能考试关联度达到0.616，表明一次考试对就业

质量影响的重要性不可忽视。

3　结论与建议

影响学生就业质量的因素组成比较复杂，通过对我校化工专业学生就业质量影响因子的灰色关联度进行分析，结合几年来我们对应用型专业学生就业情况跟踪服务的体会，进行综合分析，我们认为：

（1）职业技能鉴定制度对应用型专业大学教育具有促进作用。职业技能鉴定考试是国家人才培养战略的重要组成部分，职业技能鉴定证书是大学毕业生进入职场的重要依据之一，高校有义务适应这个制度并实施相关教育教学改革，以满足社会对大学教育的需求。

（2）职业技能鉴定制度与大学教育体制还有许多需要磨合的地方。一方面职业技能鉴定考试随着的社会发展、科学技术的进步，变化非常迅速；另一方面大学教育由于其惯性体制，改革相对滞后。例如，本文中职业技能鉴定考试的理论成绩因子与就业质量的关联度为0.574，在六个关联因子中关联度最低，说明专业理论课程教学仍然有巨大的改进空间，实用新型、共性技术理论基础仍然需要加强，特别是对应用型专业教育，“够用、能用和会用”的理论储备是非常必要的。盲目强调专业理论体系会导致应用性专业特设丧失，但忽视理论教学或者削弱理论教学地位必然导致学生总体素质下降，影响大学生潜力的后续发挥。同时，专业理论教学内容的选择要与时俱进，尽可能保持与人才市场的贴切、与专业应用契合、与学生实际结合，努力做到学有所用。在专业技能培养方面，应加强技能培养体系建设。大学实验、实践课程往往多依附于理论课程，强调的是课程单项技能训练，对综合技能培训和岗位素质养成教育略显不足。例如，前文中职业技能鉴定考试的实践成绩因子与就业质量的关联度为0.616，在六个关联因子中关联度倒数第二，说明专业实践课程教学也有需加强和改进的地方，如实验室管理、仪器设备维护和维修、实验结果可应用性、结果价值分析和实验环节变性预测等内容，应在实践教学体系中有所体现。

（3）职业技能鉴定证书制度是大学教育以人为本的较好体现。对于应用型普通院校学生来说，学生职业意识还很模糊，如何调动学生的学习兴趣不是易事。学校通过引入职业技能鉴定证书制度，让学生通过学习培训，取得国家职业资格鉴定等级证书，无疑可激发学生主动学习的积极性，开启职业生涯道路。

（4）本文是针对我校特定班级参加职业技能鉴定考试的同学相关要素实施分析，由于资料来源所限，不同学历层次、专业和高校类型差异性分析没有涉及，所以案例可参考的范围仅限于地方高校应用型专业，相关更广泛的研究需要进一步分析。

参考文献：

[1] 吴新民，陈平，伍光辉．高校化学实验课程考试的实践与分析［J］．化学教育，2004，(10)：26-27.

[2] 吴新民，潘根兴．影响城市土壤中重金属污染因子的关联度分析［J］．土壤学报，2003，40（6）：921-929.

[3] 吴新民．常绿落叶阔叶混交林群落灰色分析［J］．安庆师范学院学报，2001，(3)：27-32.

[4] 邓聚龙．灰色系统理论教程［M］．武汉：华中理工大学出版社，1990：26-98.

[5] 吴新民，张静平．化学专业学生实验能力与就业能力关联度分析［J］．合肥师范学院学报，2008，26（3）：93-95

（原载于《池州学院学报》2014 年第 3 期）

后　记

新时期高校学生工作面临着巨大的挑战，学生工作出现了一系列新情况、新问题、新矛盾。《新时期大学生成长成才的实践与探索》是安徽省高等教育振兴计划思想政治教育综合改革计划名师工作室（辅导员）项目研究的成果。我校广大学生管理干部和思政工作者认真研究和分析新形势下高校学生工作的目标、任务、特点和规律，边工作、边研究、边实践、边创新，积极探索新形势下学生工作的新方法、新模式、新路子，积累了不少有益的经验。论文集主要涉及马克思主义理论与课程教学、辅导员队伍建设与学生管理、校园主流文化建设与就业指导、实践情境模式创新与实证分析等方面的内容。我们把这些研究成果汇编成书，希望这些成果能对广大学生管理干部和思政工作者有所启发、有所借鉴，更希望有更多的人来关心和支持学生工作，投入高校学生工作的研究中去。

论文集得到了学校党委的亲切关怀和有关部门的大力支持。校党委副书记孙晓峰在百忙之中审阅了论文集中的文稿，特别是针对论文集的模块设置提出了宝贵的修改意见，并为本书作序。论文集也得到了宣传部、学生处和马克思主义学院等单位的大力支持。在论文集编写过程中，合肥工业大学出版社的同志做了大量耐心细致的工作。值此论文集付梓之际，一并表示诚挚的谢意！

论文集对于高校的学生工作管理人员、思想政治理论课教师和从事教育研究的同志以及教育主管部门具有一定的参考价值。由于时间仓促，加之编著水平有限，论文集中诸多不足在所难免，恳请专家、学者及广大读者批评、指正。